기독교문서선교회 (Christian Literature Center: 약칭 CLC)는 1941년 영국 콜체스터에서 켄 아담스에 의해 시작되었으며 국제 본부는 미국 필라델피아에 있습니다. 국제 CLC는 59개 나라에서 180개의 본부를 두고, 약 650여 명의 선교사들이 이동도서차량 40대를 이용하여 문서 보급에 힘쓰고 있으며 이메일 주문을 통해 130여 국으로 책을 공급하고 있습니다. 한국 CLC는 청교도적 복음주의 신학과 신앙서적을 출판하는 문서선교기관으로서, 한 영혼이라도 구원되길 소망하면서 주님이 오시는 그날까지 최선을 다할 것입니다.

전요섭 박사
한국복음주의상담학회장, 성결대학교 상담심리학 교수

근래 동성애에 대하여 관대한 입장을 취하는 사람들이 늘고 있는 현상이 나타나고 있다.

이런 사회 분위기에서 동성애 반대 입장을 드러낼 경우, 이른바 '성 소수자 집단'의 법적 저항이 나타나기 때문에 이것을 공론화하여 반대하거나, 죄를 '죄'라고 말하기 어려운 사회적 상황에 이르렀다.

그들은 성소수자들에 대한 법적 보호라는 방호막을 쳐놓고 동성애를 정당화하거나 이에 대한 사회적 인식을 긍정적으로 바꾸고, 이를 확산시키려는 움직임이 나타나고 있다. 심지어 그리스도인조차도 동성애에 대한 비판 의식이 약화되거나 혼란, 묵인, 방관, 모호한 입장을 취하는 경우가 많다.

이에 동성애에 대한 성경적 입장, 가족 치료적 입장, 심리 상담적 입장, 목회 상담적 입장에서 경종을 울리고, 명확한 지침과 해답을 제시하는 도서가 출간되었다. 바로 미국의 대표적인 기독교 가족치료 전문가인 마크 야하우스(Mark Yarhouse)의 『동성애와 그리스도인』(Homosexuality and the Christian)이다. 이는 매우 시기적절하고 반가운 일로서 복음주의 입장을 견지하는 기독교문서선교회(CLC)에서 이 책을 선정하여 간행한 것만으로도 번역과 내용의 신뢰성이 확보되었다고 볼 수 있다.

이 책을 통해 그리스도인들이 동성애에 대한 확고한 입장을 수립하고, 이에 노출된 가족 및 주변인들을 잘 돌보고 상담할 수 있는 자료로 활용되기를 바라는 마음에서 이 책을 한국교회와 모든 성도들 앞에 기쁘게 추천하는 바이다.

장 보 철 박사
부산장신대학교 상담학 교수

최근 들어, 한국 사회와 교회에 동성애, 양성애, 성전환만큼 민감하고 중요한 이슈는 아마도 없을 것이다. 아쉽게도 이 주제의 시급성과 중요성에 비해서 실제적이고 깊은 성찰에서 끌어올린 도움이 될 만한 자료는 쉽게 찾아보기 어렵다. 그런 의미에서 이 책은 성적 지향, 성적 정체성, 그리고 기독교인으로서의 정체성에 대하여 균형 잡힌 방향을 잡는 데 매우 큰 도움이 될 것이다. 강력하게 추천한다.

동성애와 그리스도인

Homosexuality and the Christian
Written by Mark Yarhouse
Translated by Sunyoung Jung

Copyright © 2010 by Mark Yarhouse
Originally published in English under the title
Homosexuality and the Christian
by Bethany House Publishers,
a division of Baker Publishing Group,
Grand Rapids, Michigan, 49516, U.S.A.
All rights reserved.

Translated and printed by permission of Baker Publishing Group.
Korean Edition Copyright © 2019 by Christian Literature Center, Seoul, Republic of Korea.

동성애와 그리스도인

2019년 6월 20일 초판 발행
지은이　｜　마크 야하우스
옮긴이　｜　정선영

편집　｜　변길용
디자인　｜　박인미
펴낸곳　｜　(사)기독교문서선교회
등록　｜　제16-25호(1980.1.18)
주소　｜　서울특별시 서초구 방배로 68
전화　｜　02-586-8761~3(본사) 031-942-8761(영업부)
팩스　｜　02-523-0131(본사) 031-942-8763(영업부)
이메일　｜　clckor@gmail.com
홈페이지　｜　www.clcbook.com
송금계좌　｜　기업은행 073-000308-04-020　(사)기독교문서선교회

ISBN 978-89-341-1986-9 (93230)

이 도서의 국립중앙도서관 출판예정도서목록(CIP)은 서지정보유통지원시스템 홈페이지 (http://seoji.nl.go.kr)와 국가자료공동목록시스템(http://www.nl.go.kr/kolisnet)에서 이용하실 수 있습니다. (CIP제어번호: CIP2019018849)
이 한국어판 저작권은 Baker Publishing Group과 독점 계약한 (사)기독교문서선교회가 소유합니다. 신저작권법에 의하여 한국 내에서 보호를 받는 저작물이므로 무단 전재와 무단 복제를 금합니다.

동성애와 그리스도인

마크 야하우스 지음
정 선 영 옮김

CLC

일러두기
목차 번호 체계를 본문 내에서는 가독성을 위해 제1부와 제1장 형식으로 표기한다

목차

추천사	전요섭 박사, 장보철 박사	1
감사의 글	마크 야하우스 박사	10
역자 서문		13
들어가는 말		16

I. 큰 그림   22
01 하나님은 동성애에 대해 어떻게 생각하시는가?   23
02 왜 성적 정체성이 문제의 핵심인가?   54
03 동성애의 원인은 무엇인가?   85
04 성적 지향은 변화 가능한가?   122

II. 가정에서 직면한 질문에 대한 솔직한 대답   144
05 어린 자녀나 청소년 자녀가 동성애자 정체성을 선언한다면?   145
06 성인 자녀가 동성애자 정체성을 선언한다면, 이제 어떻게 해야 하는가?   176
07 나의 배우자가 동성애자 정체성을 선언한다면?   203

III. 교회를 향한 질문   230
08 우리는 누구의 사람들에 대해 말하고 있는가?   231
09 지속적인 상황에 대해 교회는 어떻게 반응하는가?   264
10 맺는 생각   299

부록	동성애와 그리스도인	330
참고 문헌		370
미주		372

우리로 하여금

성적 정체성과 종교적 정체성의 문제를 안고 항해하는 이들에게

바른 지침과 영적 자양물을 공급하는

신실한 증인이 되게 하소서

감사의 글

마크 야하우스 박사
리젠트대학교(Regent University) 심리학과 교수

사람들은 항상 교수들에게 가르치는 과목이 무엇인지, 어떤 책을 집필했는지, 연구 주제는 무엇인지에 대해 질문한다. 그것에 대해 대답하면, 대화는 종종 불쑥 다른 주제로 변경되거나, 아니면 새로운 차원으로 옮겨진다.

무슨 뜻인가 하면, 사람들은 이런 주제를 아예 피하고 싶어 하거나, 아니면 매우 강한 어조로 자신의 의견을 나누고 싶어 한다는 것이다. 나는 기꺼이 나에게 자신의 의견을 나누어 주고, 나의 시야를 넓혀 주었으며, 이 어려운 주제에 관해 도전을 주었던 몇몇 분들에게 감사를 표하고 싶다.

나는 수년간 동료들과 학생들과 나누었던 대화의 질과 양으로 인해 축복을 받았다. 리젠트대학교(Regent University)의 심리상담학 학부와 임상심리학 박사과정은 이런 주제의 토론에 활력을 불어넣는 학부와 프로그램이 되었다.

나는 이곳 리젠트대학교에서 함께하는 동료들에게 감사의 마음을 전한다. 특별히, 윌리엄 해서웨이 William Hathaway, 제임스 셀스 James Sells, 제니퍼 리플리 Jennifer Ripley, 글렌 모리아티 Glen Moriarty, 주디스 존슨 Judith Johnson, 라 트렐 잭슨 La Trelle Jackson, 린다 바움 Linda Baum, 린 올슨 Lynn Olson, 빅키 맥클린 Vickey Maclin, 조셉 프랜시스 Joseph Francis, 엘리자베스 수아레스 Elizabeth Suarez, 코넬리어스 베커 Cornelius Bekker, 그리고 에리카 탄 Erica Tan은 이 분야와 이와 연관된 주제에 관한 끊임없는 토론을 통해 나의 사고에 신선한 자극을 주었다.

'성적정체성연구협회' SSI: the Study of Sexual Identity 의 핵심 구성원들과 관계자들 역시 수년간 나의 사고를 형성하는 데 있어서 중요한 역할을 해 주었으며, 이에 감사를 전해야 할 분들이 너무나 많다.

성적 정체성 토론에 참여 중인 현재의 팀 구성원은 오드리 애트킨슨 Audrey Atkinson, 캐서린 치솜 Catherine Chisholm, 크리스티나 하이 Kristina High, 로버트 케이 Robert Kay, 티파니 얼스파머 Tiffany Erspamer, 캠던 모르간테 Camden Morgante, 해더 포마 Heather Poma, 및 알리시아 토마서노 Alicia Tomasuno이다. 질 케이스 Jill Kays, 베로니카 존슨 Veronica Johnson, 트리스타 카르 Trista Carr, 케이티 매슬로 Katie Maslowe, 하이디 조 에릭슨 Heidi Jo Erickson, 해더 포마 Heather Poma, 메리 자헤르 Mary Zaher, 및 드보라 맨검 Deborah Mangum을 포함한 몇몇 '성적정체성연구협회'의 팀 구성원은 이 책의 초기 원고를 읽는 독자로서 봉사해 주었다.

스탠튼 존스 Stanton Jones, 워렌 스록모턴 Warren Throckmorton, 앤드류 마린 Andrew Marin, 스티븐 스트래튼 Stephen Stratton, 자넷 딘 Janet Dean, 개리 스트라우스 Gary Strauss, 해더 셀즈 Heather Sells와 로리 야하우스 Lori Yarhouse를 포함

한 동료, 친구, 가족들 역시 초기 원고에 의견과 제안으로 함께 해 주었다.

다이앤 쿡Diane Cook은 청년들을 위한 성적 정체성 DVD의 제2장, 제8장, 제9장을 편집하는 데 도움을 주었다. 나는 이들 한분 한분에게 지난 수년 동안 나에게 베풀어 주었던 지지와 격려, 그리고 의견에 대해 감사를 전하고 싶다.

나는 또한 내가 개인적으로나 직업적으로 알고 있는, 성적 정체성의 문제를 놓고 힘겨운 싸움을 해 오신 분들에게 감사를 표한다. 이분들은 우리가 함께 쌓아온 관계를 통해 나의 성적 정체성에 관한 사고를 형성해 주었다. 나는 이분들이 오랜 시간 마주한 삶과 선택에 대해 알 수 있었던 기회로 인해 특별히 감사한다.

미국 버지니아에서

역자 서문

정 선 영
풀러신학교 임상심리학 박사과정

누군가를 사랑하고, 또 그 대상으로부터 사랑받고자 하는 감정은 모든 인간이 공유하는 가장 자연스럽고도 숭고한 감정일 것이다. 이것은 아마도 영원 속에서 우리를 향한 하나님의 사랑과 열정, 그리고 그분을 향한 우리의 사랑과 갈망을 이 땅에서 조금이나마 맛볼 수 있도록 하나님께서 우리 마음에 심어주신 고귀한 선물이리라.

그런데 이러한 인간의 가장 자연스럽고도 기본적인 감정을 느끼는 것 자체로 죄책감과 수치심을 느껴야 하는 사람들이 있다. 바로 동성을 향한 끌림과 갈망을 지닌 사람들이다. 특별히 그들이 하나님을 사랑하고 그리스도를 삶의 구주로 고백했다면, 그들은 이 양립할 수 없는 감정으로 인한 혼란과 내적 갈등, 외로움과 거절감으로 인해 메말라가고 있을 것이다. 어쩌면 극단적인 선택을 향해 내달리고 있는지도 모른다.

이 책은 이러한 사람들을 위해 쓰인 책이다. 이 책은 동성애라는 주제를 가지고 씨름하는 그리스도인들에 관한 이야기이며, 이는 곧 우리의 사랑하는 가족, 친구, 한 몸 된 교회 공동체의 형제와 자매에 관한 이야기이다. 이 책은 그들을 사랑하며 그들과 동행하기를 원하는 부모와 친구, 목회자, 교회 공동체, 그리고 상담사들에게 실제적 가이드를 제공하는 책이다. 그리고 이 책은 하나님의 진리의 말씀에 기초하여 살아가고자 하는 그리스도인들이 어떻게 동성애적 끌림을 경험하거나 동성애적 지향을 가진 사람들에게 그리스도의 사랑으로 다가갈 것인가에 관한 실천적 도전을 제시하는 책이다.

동성애에 관한 신학적 논쟁을 기대하고 이 책을 펼친 독자들이 있다면 잠시 실망할 수도 있겠다. 저자인 마크 야하우스는 확고한 한 가지 방향으로부터 출발한다. 즉, 저자는 동성애적 행위가 타락의 결과, 곧 죄의 영향으로 인한 것임을 분명히 밝힘으로써 시작한다.

따라서 야하우스의 초점은 이 주제에 관한 신학적 논쟁을 넘어선, 동성애적 끌림과 지향으로 고군분투하는 우리의 사랑하는 형제, 자매들이 따를 수 있는 실천적 대본을 제시하는 데에 있다. 야하우스는 이를 "그리스도 안에" 정체성이라고 이름하였으며, 이를 통해 우리의 최우선적 정체성이 개인의 성적인 지향이나 그 어떤 다른 요소가 아닌, 오직 "그리스도 안에" 있다는 소망의 메시지를 전한다.

야하우스는 미국에서의 오랜 임상 경험을 바탕으로 실제 사례(내담자의 신원을 파악할 수 없도록 각색된)를 소개하면서 각 장의 이야기를 풀어나간다. 현재 한국의 문화적 상황에서 이 사례들이 다소 생소하거나 급진적으로 느껴질 수 있겠으나, 급변하는 한국의 문화적 흐름을 고려할 때 이것 역시 우리 미래의 한 부분이 될 수도 있음을 기억하며 열린 마음을 가질 수 있기를 바란다. 또한 저자가 언급했듯이, 동성애라는 논쟁의 중심에 있는 주제에 있어서 우리는 아직도 신앙 안에서 바른 길을 찾아가는 과정 중에 있다.

이 책 역시 그 과정에 놓인 하나의 의미 있는 시도이며, 따라서 이 책은 그 길을 순례하는 이들이 도달해야 할 최종 목적지를 제시하기보다는 함께 찾아가야 할 길의 방향을 제시하는 이정표의 역할을 감당하고 있음을 기억해 주기 바란다.

야하우스의 마지막 당부처럼, 이 책을 통해 우리 모두가 동성애라는 주제에 다가감에 있어 '겸손'과 '관용'의 마음을 품게 되기를 기대하며, 이 책이 외로움 속에서 고통받고 있는 절박한 그 누군가에게 작은 소망의 노래가 되어줄 수 있기를 간절히 기도한다.

동성애라는 민감한 주제의 책이 번역되고 출간될 수 있도록 믿음의 후원을 아끼지 않으신 기독교문서선교회(CLC)의 박영호 목사님과 직원분들에게 진심을 담은 감사 인사를 전한다. 또한, 자녀들을 위해 평생 사랑의 수고를 아끼지 않으신 엄마 박향희 권사님과 사랑받는 기쁨을 알게 해 준 남편 최승근 교수에게 사랑을 담은 감사의 인사를 전한다.

들어가는 말

나는 최근 기독교대학에서 열렸던 한 강연에서 청중들에게 다음과 같이 질문했다.

"여러분 중에 보수적인 그리스도인이 동성애라는 주제로 강연하는 것을 듣기 불편한 분이 계시면 손을 들어주십시오?"

몇몇 사람들이 손을 들었다. 분위기를 부드럽게 하려고 했던 질문이었지만, 이 질문은 오늘날 교회가 직면한 실제적인 문제를 보여 준다. 넓게는 섹슈얼리티 sexuality[1]가, 구체적으로는 동성애가 갈수록 더 민감한 분열을 초래하는 주제가 되고 있다.

어떤 사람들은 교회가 동성애에 관한 가르침을 변경하도록 강하게 압박하고 있다. 대부분 주요 교단들은 이 주제를 놓고 분열하고 있다. 사람들은 그리스도와 우리 문화 사이의 일종의 분수령과 같이 되어버린 이 주제에 대해 타협처럼 들리는 어떠한 소리도 듣고 싶어 하지 않는다.

그러나 이 결정적인 대화는 단순히 교단 내에서, 또는 교단과 교단 사이에서만 일어나는 것이 아니다. 우리의 문화가 변해감에 따라, 그리고 젊은이들이 자신들만의 문화를 형성해 감에 따라, 이런 논의는 세대를 가로지르며 일어나고 있다. 교회의 젊은이들은 자신들이 신학적으로 보수적이라도, 자신이 속한 사회적 범주에서 맺고 있는 관계들에 비추어 이 주제에 접근하는 새롭고 창조적인 길을 찾고자 한다.

이 책은 이런 토론의 한 부분이 되기 위해 쓰였으며, 어떤 면에서는 이런 대화가 더욱 건설적으로 진행될 수 있도록 돕기 위한 것이다. 나는 성적 지향sexual orientation의 원인과 그것의 변화 가능성에 대해 토론하고 논쟁하는 진부한 방식으로부터 거리를 두는 것이 도움이 되리라 생각한다. 동성애의 원인과 그 변화 가능성에 대한 지식적 토론이 필요한 자리가 있다. 그러나 이 두 가지에 대한 지나친 강조로 인해, 많은 사람이 성적 정체성sexual identity과 종교적 정체성religious identity의 방향을 찾는 데 필요로 하는 자원들은 너무나 희박하게 되었다.

로버트 프로스트Robert Frost에게는 미안한 일이지만, 나의 초점은 아직 개척되지 않은 분야, 즉 성적 정체성과 종교적 정체성의 교차점에 있다. 나는 사람들에게 이 부분에 더 많은 시간을 쏟기를 격려하는데, 이는 성적 정체성이 다른 사람들과 좀 더 건설적으로 교류하는 방법이 될 수 있을 뿐만 아니라, 개인적인 성찰에서도 지금껏 간과되어 왔으나 중요한 영역이 될 수 있다고 여기기 때문이다.

이것은 상담을 통해 사람들을 변화시키려는 것이 아니라, 사람들이 자아와 목적이라는 더욱 넓은 의미에서 자신의 끌림attraction을 이해할 수 있도록 준비시키는 것이다. 이런 부분은 성적 지향이 변하든지 그렇지 않든지(그 정도와 상관없이) 개발될 수 있다. 다르게 표현하자면, 동성애적 지향의 원인과 변화 가능성에 대한 질문이 그 자체로 의미 있는 주제들이라 할지라도, 정체성과 성화sanctification, 청지기적 사명stewardship이라는 더욱 절박한 질문들과 비교해서는 이차적이라는 것이다.

나는 이 책을, 내가 중요하다고 믿는 부분에 대한 질문에 더하여, 사람들이 나에게 직접 물었던 질문을 중심으로 구성했다. 예를 들어, 몇 년 전 한 젊은이는 나에게 질문했다.

"하나님은 동성애에 대해 어떻게 생각하실까요?"

이 질문은 비록 내가 이런 질문을 구성하는 방식과는 달랐지만, 이런 주제에 대해 고민하는 많은 사람이 직면하고 있는 문제를 대변한다. 이와 비슷한 질문들이 있다.

"동성애의 원인은 무엇인가?"

"동성애는 변화 가능한가?"

앞서 언급했듯이, 특별히 오늘날의 교회에 있어서 이런 질문들이 가장 중요한 것인지는 확신할 수 없지만, 나는 이런 질문들이 중요하며, 따라서 사람들은 정직하고 바른 지식에 기초한 답을 원하고 있음을 알고 있다.

다른 질문들은, 내가 보기에는 중요한 내용이지만 종종 무시되어 왔던 주제들을 파고든다.

"왜 성적 정체성이 문제의 핵심인가?"

이 질문에 답하는 장은 우리의 논의가 또 다른 차원으로 나아가도록 돕는다. 나는 내가 왜 우리의 초점을 성적 지향에서 성적 정체성으로 전환하는 것이 섹슈얼리티를 포괄하는 전인적인 청지기가 되는 것이 의미하는 바를 더 잘 이해하도록 돕는다고 생각하는지 설명하고자 한다.

교회는 성적 정체성이라는 주제와 동성애적 끌림 same-sex attraction 을 경험하는 사람들의 필요를 어떻게 채울 수 있는가에 대하여 씨름하고 있다.

"우리는 누구 이야기를 말하고 있는가?"

"지속적인 상황에 대해 우리 공동체는 어떻게 반응해야 하는가?"

내가 보기에 우리가 스스로에게 던져야 할 다른 질문들도 제기된다. 이런 질문에 대한 대답은 상담과 목회적 돌봄을 제공하는 틀을 형성한다. 이런 대답은 더불어 우리 가정 안에서 성적 정체성의 문제에 대응하는 방법에도 도움을 줄 것이다.

이에 이 책의 제2부에서는 가정에서 제기된 다음과 같은 몇 가지 질문에 답한다.

"만약 나의 어린 자녀, 또는 사춘기 자녀가 자신이 동성애자라고 선언한다면?"

"나의 성인 자녀가 동성애자 정체성을 선언한다면, 이제는 어떻게 해야 하는가?"

"나의 배우자가 동성애자 정체성을 선언한다면?"

이 책은 수년에 걸쳐 집필되었다. 어떤 면에서 이 책은 몇 해 전에 칼빈대학 Calvin College 의 초청으로 열렸던 그리스도인들 사이에서의 성적 정체성 발달에 대한 강연으로 거슬러 올라간다. 내가 강연을 했을 때, 논평을 위해 초청받은 한 남성은 내가 종교적인 사람들이 동성애자가 될 가능성이 얼마나 낮은지에 대해 강연하거나, 아니면 그렇기에 그들은 성적 지향을 바꿀 수 없다고 강연할 것으로 생각했다.

그래서 그는 종교적인 사람들이 어떻게 실제로 동성애적 성적 지향을 지니고 있는지 이야기한 후, 사람들이 자진해서 성적 지향을 바꿀 수 있는지도 질문했다. 두 가지 모두 타당한 논제였지만, 그가 이해하지 못했던 것은 나의 이야기가 성적 지향에 관한 것이 아니었다는 사실이다.

그보다는, 나는 성적 정체성, 즉 성적 끌림에 기초하여 자신을 분류하는labeling 행동에 대해, 그리고 성적 정체성에 영향을 미치는 것은 무엇인지와 시간의 흐름에 따라 성적 정체성이 어떻게 발달하는지에 대해 이야기하고 있었다. 나는 이 과정에서 종교적 신념과 가치의 역할뿐만 아니라, 개인의 성적 끌림으로부터 의미를 창출하는 데 관여하는 심리적 작용과 어떻게 그러한 의미가 성적 정체성의 분류로 이어지거나 혹은 이어지지 않는지에 대해 탐구하고 있었다.

이는 마치 나와 그 강연자가 같은 주제에 관해 이야기한다고 생각하면서 각기 다른 주제에 관해 이야기하고 있는 것과 같았으며, 나는 이런 식의 대화가 동성애와 성적 정체성에 관한 토론에서 자주 일어난다는 것을 발견하게 되었.

이는 부분적으로는 사람들이 익숙한 주제(예를 들어, 동성애의 원인과 그 변화 가능성)에 사로잡혀 있기 때문이거나, 아니면 이 주제(오직 성적 지향에 대해 토론하는 것)에 대한 일반적인 사고방식에서 벗어나는 것이 어렵기 때문이다.

대부분 장은 내가 상담이나 자문으로 참여했던 이야기를 소개하면서 시작된다는 것을 주목해 주기 바란다. 등장하는 사람들과의 이야기는 사실이지만, 그들의 신원 정보 보호를 위해 이름과 이야기의 세부 사항을 변경했다.

이 책은 일반 그리스도인 독자들을 대상으로 집필했다. 나는 이 책을 통해 동성애적 끌림을 경험하고 있는 동료 신앙인들의 부모와 목회자, 친구들이 도움을 받을 수 있기를 바라며, 또한 스스로 이 주제에 대한 해답을 찾고 있는 그리스도인들에게도 이 책의 내용이 유익하게 다가갈 수 있기를 기대한다.

이 책은 기독교 공동체, 특히 동성애적 끌림을 경험하고 있는 사람들이 속해 있는 기독교 공동체에게 있어 하나의 자원이다. 우리에게는 이 주제에 대해, 또한 어려운 길을 항해하면서 격려가 필요한 사람들에 대해 생각할 수 있는 새로운 방법이 필요하다.

1. 큰 그림

01

하나님은 동성애에 대해 어떻게 생각하시는가?

그 당시 내 기억 속의 스콧Scott은 눈에 띄는, 꽤 독특한 십 대였다. 최근 스콧은 아버지에게 자신이 다른 남자에게 호감을 느낀다고 고백했고, 이런 이유로 그의 아버지는 스콧을 데리고 상담받으러 왔다. 스콧의 아버지는 자신의 아내에게 이 이야기를 전했고, 부부는 스콧이 "도움을 받기" 원했다. 내가 스콧의 어머니에 관해 묻자, 스콧의 아버지는 그녀가 일하는 중이고, 또 아버지 혼자서 스콧을 데려가기 원했다고 말해 주었다.

스콧의 부모는 그리스도인이었다. 내가 그들에게 이 문제가 그들의 신앙과 얼마나 관련 있는지를 묻자, 스콧의 아버지는 자신들은 동성애가 스콧에게 좋은 생각이라고 생각지 않는다는 말 외에 별다른 말을 하지 않았다. 나는 혹시 스콧의 아버지가 진정 동성애가 스콧에게 어느 날 갑자기 떠오른 "생각"이라고 생각하는지 궁금했다. 하지만 이런 논의를 하기 위해서는 조금 더 기다려야 했다.

스콧의 부모는 두 분 모두 같은 사고방식을 가지고 청소년 상담에 접근했다. 즉, 스콧을 상담소에 데려다 주고, 한 시간 후에 데리고 가는 것이었다. 스콧의 부모 중 어느 한 분도 상담에 참여하고 싶어하지 않았지만, 나는 스콧의 아버지를 설득하여 상담에 몇 번 참석하게 했다. 이 기회를 통해 스콧의 문제에 대한 아버지의 생각을 알 수 있었다.

스콧의 관심사는 자신의 부모와는 사뭇 달랐다. 스콧은 자신이 경험한 동성애적 끌림에 관해 이야기하는 것에는 관심이 없었다. 사실 스콧은 섹슈얼리티보다는 신학에 관해 이야기하고 싶어했다. 그는 이 질문으로 시작했다.

"하나님은 동성애에 대해 어떻게 생각하실까요?"

권위의 원천

이것은 내가 이런 질문을 구성하는 이상적 방식은 아니지만, 어떤 사람들, 특별히 그리스도인들이 동성애적 끌림으로 고민하고 있을 때 하는 질문이다. 다른 그리스도인들의 마음속에서 이 질문은 이미 아무런 갈등 없이 정립되어 있다.

그들은 하나님이 동성애를 용납지 않으시며, 아니면 적어도 동성애적 행위를 용납지 않으신다고 믿는다. 그러나 그리스도인이 포함된, 갈수록 더 많은 사람이 이 질문을 제기하고 있다. 당연히, 이런 현상은 동성애를 수용해 온 대중문화, 엔터테인먼트 산업, 그리고 미디어에서 이루어지는 광범위한 사회적 전환과 관련된다.

우리는 하나님이 무언가에 대해 어떻게 생각하시는가에 관한 질문에 겸손히 다가가야 한다. 이는 우리가 궁극적 결론에 도달할 수 없기 때문이 아니라, 우리가 이 질문에 대해 매우 신중하게 접근해야 하기 때문이다. 무엇보다, 이 질문에 대답하고자 할 때 우리는 이런 경험 뒤에 있는 "사람"을 놓쳐서는 안 된다. 우리는 이 책 전체에 걸쳐 이 마음을 품고자 노력할 것이다.

어떤 상황에서든, 이 질문에 대해 우리가 먼저 할 일은 그 해답을 찾기 위해 어디로 향해야 할지 결정하는 것이다. 스콧과 같은 그리스도인들은 오늘날 이런 지침을 받기 위해 다양한 권위의 원천을 고려해볼 수 있다.

- 성경 Scripture
- 기독교 전통 Christian Tradition
- 이성 reason
- 개인의 경험 personal experiece[1]

네 가지 원천 모두가 중요하므로, 한 가지씩 보도록 하겠다.

성경

기독교 교리는 성경이 신앙인에게 있어 신뢰할 만한 지침이라는 사실을 확언한다. 성경은 "모든 가르침에 있어 완전히 진실하다."[2] 성경은 신앙과 삶에 있어서 "지침의 확실한 근원"이며, 비록 인간의 섹슈얼리티에 대한 상세한 교본은 아닐지라도, 성과 성적인 행동과

관련된 일에 관한 신뢰할 만한 지표가 된다.³

동성애와 관련성이 있는 성경 구절만을 보기보다는, 하나님의 말씀이 섹슈얼리티를 전체적으로 어떻게 다루고 있는가에 대한 폭넓은 시각을 갖는 것이 중요하다.⁴ 성(性)에 대한 기독교적 이해는 성경의 구원 역사의 네 단계, 즉 창조creation, 타락the fall, 구속redemption, 영화glorification를 통해 가장 잘 이해될 수 있다. 각 단계는 하나님이 섹슈얼리티에 대해 어떻게 보시는지에 대한 고유한 내용을 가르쳐 준다.

창조. 우리는 창세기 1장과 2장의 창조 이야기에서 시작하려 한다. 이 부분은 우리가 인간으로서 누구이며, 특별히 섹슈얼리티와 관련해서 우리가 누구인지를 가르쳐 준다.

첫째, 우리는 하나님께 전적으로 의존된 존재이지만, 동시에 하나님과 구별된 존재이다.⁵

둘째, 우리는 창조의 한 부분이다.

셋째, 인간은 관계 속에 놓여 있으며, 우리는 가족 관계 안에 놓여 있다.

이런 가족 관계의 본질은 무엇일까?

우리는 창세기를 통해 하나님이 이성 결혼heterosexual marriage을 가정의 기초로 삼으셨음을 보게 된다. 이는 신약에서 예수님과 바울, 그리고 다른 이들에 의해 확증된다. 하나님은 성적 행동을 이성 결혼이라는 경계 내에 두셨기에, 그리스도인은 성을 하나님이 창조시부터 의도한 선한 것으로 이해해야 한다.

창세기는 하나님이 남자와 여자라는 두 종류의 성별을 창조하셨으며, 성적 친밀함이 이성 간의 연합 내에서만 유지되기를 원하셨음을 분명히 밝힌다. 창조는 특별히 중요한데, 이는 타락의 영향이 미치기 전의 삶이 어떠했는지를 보여 주기 때문이다.

하나님이 좋았더라고 말씀하신 것은 하나의 상태였기에, 따라서 그리스도인들은 창조 이야기를 섹슈얼리티와 성적 행동에 대한 중요한 함축적 의미를 지닌 것으로 보아야 한다. 그리스도인은 하나님의 설계와 선포된 말씀을 통해 하나님이 일부일처제, 그리고 이성 간의 연합을 축복하심을 이해해 왔다.

우리는 이 지점에서, 하나님이 왜 인간의 성적 표현을 이성 결혼 안에만 두셨는지 의문을 품을 수 있다. 이 질문에 대한 여러 답이 있을 수 있다.

첫째, 결혼 안에서의 성은 초월적이며 영적인 목적에 연결된 "생명을 연합시키는 행위"이다.[6] 다르게 표현하면, 성은 육체와 관련되지만, 단순한 육체 활동을 초월한다.

성이 어떻게 그것을 초월하는 목적과 연합되어 있는지에 대해 그리스도인들이 이야기할 때, 이는 성에는 그 행동 자체보다 이를 더 중요하게 만드는 영적 영역이 있음을 의미한다. 성은 진정으로 신성하다. 따라서 결혼을 벗어난 성은 남성과 여성의 생명 연합이라는 성의 본래 목적을 침해한다.

성은 또한 새 생명을 불러올 수 있는 잠재력을 가진다. 창세기를 보면, 부부가 "생육하고 번성하는 것"은 당연하다. 물론 결혼 안에서의 모든 성이 새 생명을 불러오는 것은 아니다. 어떤 부부는 아이를 갖지 않기로 결정하며, 어떤 부부는 불임으로 인해 생물학적 자녀를 갖지 못한다. 그러나 이런 예외적인 경우에도 불구하고, 이성 간의 성은 새 생명이 형성되는 수단이며, 성경은 이런 새 생명이 형성되는 방법을 이성 결혼이라는 특정한 관계 안에 두었다.

만약 우리가 성을 그 행동 자체를 넘어선 무언가 더 중요한 것에 대한 상징으로 볼 때, 이성 결혼 안에서의 성은 우리에게 무언가를 가르쳐 준다. 나는 위에서 성은 초월적인 목적과 연합되어 있다고 언급했다. 어떤 면에서, 우리의 섹슈얼리티, 그리고 다른 존재와 하나가 되기를 바라는 열망은 초월성에 대한 우리의 갈망, 즉 우리가 알고 있는 세상을 초월하는 그 이상의 무언가에 대한 갈망을 반영한다. 이것은 그 자체로 교훈적이다.

그러나 우리는 구약을 통해 하나님이 자신의 백성들과 세우신 언약, 혹은 약속에 대해서도 배운다. 하나님은 자신과 백성과의 관계를 신의 있는 남편과 음란한 아내와의 관계를 통해 설명하셨다. 하나님은 이런 이미지를 통해 하나님의 백성들이 다른 신들을 섬길 때, 즉 하나님의 백성들이 우상을 취할 때 당신이 어떻게 느끼시는지를 전달하신다.

신약에서는 예수 그리스도께서 새로운 언약의 도래를 알리신다. 교회를 그리스도의 신부라고 명명함으로써, 남편-아내의 관계는 다시 한번 예수님과 교회 사이의 관계를 설명하는 데 사용된다. 무슨 이유에서인지, 하나님은 남녀 사이의 결혼을 구체적 실례로써 반복하여 사용하신다. 남녀 사이의 결혼은 당신의 백성을 향한 하나님의 사랑을 우리에게 말해 주며, 교회를 향한 그리스도의 사랑도 말해 준다.

그러나 성에는 생명의 연합이나, 출산, 혹은 교훈적이라는 것 이상의 의미가 있으며, 이것도 이런 각 요소만큼 중요하다. 성은 우리가 성경의 다른 부분에서 읽었듯이 즐거움을 준다.[7] 이는 부부가 함께 기쁨을 누리는 것이다. 그러나 다시 한번, 성경에서 이 모든 것은 남성과 여성 사이의 생명 연합이라는 맥락 안에서 이루어진다.

음식을 먹는 것에 대해 잠시 생각해 보자.

물론 이것이 성에 대한 불완전한 비유analogy일 수 있지만, 결혼 밖에서의 성관계는 오로지 즐거움을 위해서만 음식을 먹는 경험에 비유할 수 있다. 음식을 먹는 여러 목적이 있다. 음식을 먹는 주된 이유는 생존에 필요한 영양소를 몸에 공급하기 위함이다. 음식을 먹는 것은 또한 교훈적이다. 음식을 먹는 것은 우리에게 하나님이 필요함을 상기시킨다. 이는 하나님이 우리의 모든 필요를 공급하시는 분이기 때문이다.

금식은 오랜 시간에 걸쳐 중요한 영적 훈련이 되어 왔다. 금식은 우리가 생명을 유지하기 위해 하나님께 의존하고 있음을 기억하게 해 준다. 이런 실용적인 목적에 더하여, 음식을 먹는 것은 즐거움을 줄 수 있다. 그러나 쾌락을 주는 음식에만 초점을 맞출 수는 없다. 잘 알려진 표현인 "디저트를 먼저 먹어라!"와 오직 디저트만을 먹는 것은 다른 일이다. (그러나 비유는 깨진다-우리의 섹슈얼리티와 그것의 표현이 인간의 경험에 있어 중요하고 의미 있는 부분일지라도, 우리는 살기 위해 음식을 먹어야 하지만, 살기 위해 성관계를 해야 하는 것은 아니다.)

핵심은 이것이다. 우리는 음식이 지닌 참된 목적을 박탈하는 방식으로 음식을 먹고자 하지 않는다. 마찬가지로 우리는 성의 참된 목적을 박탈하는 방식으로 생식기적 성행위에 접근해서는 안 된다.

타락. 음식이나 성의 초월적인 목적의 상실이라는 개념은 타락과 직접적으로 연관된다. 우리는 타락으로 인해 행위가 지닌 참된 의미와 단절된 방식으로 행위에 참여하게 되었다. 성경은 창조된 모든 것이 타락에 의해 퇴색되었다고 말한다.

복음주의 그리스도인들은 종종 개인적 죄, 즉 잘못된 행동을 하거나 의로운 행동에 실패한 부분을 강조한다. 그러나 죄는 또한 하나의 상태 혹은 조건이다. 우리는 타락했다. 그리고 우리는 타락한 세상 속에 살고 있다.

타락에 대해 연구한 한 저자는 세상은 "의도했던 원래의 모습이 아니다"라고 기록했다.[8] 다른 저자는 죄를 배경에 존재하는 "백색 소음"white noise 으로 표현한다.[9] 당신은 어쩌면 상담사의 사무실에 있는 백색 소음 기계를 본 적이 있거나, 숙면을 돕기 위해 이런 기계를 사용해 본 적이 있을지도 모른다. 이 기계들은 낮은 소리의 소음을 방출함으로써 다른 소음들을 덮어 주어, 사람들이 대화 중에 소음을 듣거나 다른 소리에 의해 자각되는 것을 막아 준다.

죄는 이와 같다. 사실 죄는 이보다 훨씬 더 만연하며 더 광범위하게 영향을 미친다. 죄는 인간 존재의 배경 소음과 같다. 죄는 항상 작용하고 있다. 너무나도 그러해서, 우리는 죄에 적응하게 되고, 죄가 존재하고 있다는 사실조차 잊는다. 죄는 인간관계와 섹슈얼리티에 영향을 미친다. 다시 말하지만, 이는 단순히 우리가 무엇을 하거나 무엇에 실패했는지에 관한 것이 아니다. 이는 우리가 우리 주변의 세상을 어떻게 바라보고 이해하는가에 관한 것이기도 하다. 그렇다면 질문은 바로 이것이다.

타락이 섹슈얼리티에 미치는 영향은 무엇인가?

개인적 단계에서의 "타락"은 아마도 의지의 분열로 이해하는 것이 최선일 것이다.[10] 로마서 7장에서 바울은 하나님께 순종할 것인가 안 할 것인가에 관한 자신의 내적 싸움에 관해 말한다. 이는 분열된 의지를 나타내며, 섹슈얼리티라는 영역에 있어서 이런 분열은 더욱 분명해진다. 많은 사람은 섹슈얼리티와 성행위에 대해 하나님이 계시하신 뜻에 순종하기 위해 고군분투하고 있다.

이런 타락은 동성애와 직접 관련되지 않은 다양한 부분에서도 섹슈얼리티에 여러 방면으로 영향을 미쳐 왔으며, 그 다양한 예시는 성경 전반에서 찾아볼 수 있다.

예를 들어, 신약의 한 장면에서 예수님은 이혼에 관해 질문을 받으셨다. 예수님은 비록 구약은 이혼을 허용했지만, 그것이 인간을 위한 최선은 아니며 하나님의 마음도 아니라고 말씀하셨다. 성경에 따르면 결혼 밖에서 일어나는 성행위와 관계(예를 들어, 혼전 성관계나 외도)도 역시 죄다.

덧붙여서 품위를 훼손하는 성관계는, 그것이 결혼 안이든 밖이든 타락의 결과이며, 섹슈얼리티를 향한 하나님의 목적으로 여겨질 수 없다. 아마도 오늘날 우리가 씨름하고 있는 타락에서 오는 가장 보편화된 영향은 사람을 사물화하는 풍조일 것이다.

하나의 사회로서, 우리는 다른 사람들을 파괴하고, 개인의 성적 만족을 위해 인간을 대체 가능한 사물로서 생각하는 죄악된 가능성을 지니고 있다.[11] 이는 인터넷, 잡지 등을 통해 이런 이미지에 대한 접근이 쉬워지면서 점점 큰 문제로 대두되고 있다.

마지막으로, 두 동성 간의 관계가 아무리 중요하고 의미 있을지라도, 이들의 성적 행동은 하나님이 계시하신 목적을 벗어난 여러 일 중 하나로 간주된다.

그리스도인이 다른 죄와의 싸움은 간과하거나 중단하면서도, 성적인 죄를 포함한 다른 이의 죄에는 촉각을 곤두세운다. 탐심, 시기, 교만같은 관심이 필요한 여러 분야는 다루지 않는 반면, 동성애는 불균형적으로 많은 관심 분야 중 하나라는 것에 많은 그리스도인이 자각하기 시작했다.[12]

구속. 그리스도인은 하나님이 그분의 자비로 우리를 죄 가운데 버려두지 않으셨다고 이해한다. 하나님은 우리를 타락한 상태로 방치하지 않으셨다. 더 정확히 말하면, 하나님은 선택된 사람들과 세상을 위한 구원 계획을 갖고 계셨다.

구속은 타락 이후 즉각 시행되었으며, 예수님의 탄생, 삶, 죽음 그리고 부활로 정점에 이르게 된다. 그러나 그리스도 안에서 신앙인들이 경험하는 승리는 아직 완성되지 않았다. 한 신학자의 표현처럼, 그리스도인은 "사이에 놓인 시간" 속에 in between times 살고 있다.[13]

우리는 그리스도 안에서 얻은 승리의 "지금"과 "아직" 사이에 있다. 즉, 우리는 하나님의 목적에 따라 구속되고 구별된 삶을 살아가지만, 아직 모든 부분이 완전해진 것은 아니다.

하나님은 특정한 관계와 제도를 사용하여 우리를 보호하시며, 우리 안에 중요한 자질들을 키워가신다. 예를 들어, 교회는 우리에게 공급하시고 우리를 보호하시려고 하나님이 세운 제도라고 볼 수 있다. 건강한 교회는 신앙인을 구비시키는 하나님의 축복이다.

이와 비슷하게 결혼을 하나님의 섭리로써 볼 수 있는 여러 방법이 있다. 결혼은 섹슈얼리티와 풍부한 성적 표현이 지닌 다양한 목적을 반영하도록 하나님이 인정하신 관계이다. 따라서 결혼은 성관계가 "생명의 연합"이 되는 장소이다(아니면 적어도 그런 잠재성을 지닌 장소다). 결혼은 하나님이 당신의 백성들과 당신의 관계가 어떤 것인지를 우리에게 말씀하는 교훈적 측면을 제공하는 장소이다. 그리고 결혼은 성관계가 주는 육체적 쾌감을 즐기고 기뻐할 수 있는 장소이다.

결혼을 벗어난 성관계가 성적 행동에 대한 하나님의 목적을 반영하지는 않지만, 결혼에서 벗어난 성관계에 대한 개인의 경험이 결혼 안에서 이루어진 성관계에서의 경험과 크게 다르지 않을 수도 있다. 즉, 그리스도인들은 이성 결혼이라는 범주 밖에서도 의미 있는 관계가 형성되고 유지된다는 사실을 부정할 수 없으며, 여기에는 동성 간의 관계도 포함된다. 결혼을 벗어난 성관계도 즐거움을 줄 수 있으며, 심지어 자녀가 생기기도 한다. 그러나 이것이 성의 풍부한 표현을 위해 하나님이 의도하신 관계임을 의미하지는 않는다.

그리스도인은 예수께서 십자가 위에서 승리를 보장하신 역사적 시간에 있음을 확신한다. 그러나 그 승리는 아직 완성되지 않았다. 지금은 구속의 시대이며, 하나님은 우리를 통해 그 구속 사건을 매일 우리 삶에서 확장하신다.

영화. 창조와 타락, 구속의 이야기는 예수님의 재림으로 그 완전한 성취를 이룬다. 이것은 구속사 마지막의 가장 중대한 사건으로, "영화"glorification라고 한다.

그렇다면 섹슈얼리티에 관한 우리의 시각에 영화가 어떤 영향을 미치는가?

영화는 교회가 우리의 "첫 번째 가족"이며, 천국에서는 생물학적 유대 관계가 우리의 최고 우선순위가 될 수 없음을 확인시켜 준다.[14] 우리의 최우선적인 정체성은 그리스도인이며, 우리는 이 외의 모든 것을 이 사실에 비추어 생각해야 한다.

> 교회는 이 지구상에서 가장 중요한 하나님의 제도이다. 교회는 그리스도인의 특성을 가장 중요하게 형성하고 구체화하는 사회적 요소이다. 교회는 또한 기다림 속에 절망하는 세상에 하나님의 은혜와 구원을 전달하는 가장 중요한 매개체이다.[15]

당신은 천국에서의 결혼이 어떤 모습일지에 대해 예수께서 질문받으셨던 것을 기억하는가?

이는 곤궁에 빠뜨리려는 질문이었다. 사람들은 당시 논쟁 중이던 신학 논쟁에 대해 예수께서 언급하도록 유도했다. 그러나 예수님은 이에 속지 않으셨다. 예수님은 천국에서는 남편과 아내를 보냄과 취함이 없을 것이라고 말씀하셨다.

그렇다면 우리는 천국에는 결혼이 존재하지 않는다고 가정해야 하는 걸까?

아니다. 정확히 그런 것은 아니다.

비록 두 사람 사이의 결혼은 더 이상 없겠지만, 결혼은 그리스도의 신부된 교회와 신랑되신 예수님 사이에 있게 될 될 것이다.

이런 사실은 오늘날 우리에게 섹슈얼리티에 대한 통찰을 제공한다. 영화를 우리 마음속에 새김으로써 우리는 섹슈얼리티와 그 표현의 위치를 이해하는 데에 도움을 얻는다. 섹슈얼리티는 여러 이유로 중요하지만, 이것이 우리의 가장 중요한 정체성은 아니다. 우리의 최우선된 정체성은 우리가 그리스도와 결혼한 신앙인으로 이루어진 몸의 한 부분이라는 사실에 있다. 이것은 우리가 미혼이든 기혼이든 상관없다. 우리 각자는 신부의 한 부분이다.

교회는 "하나님의 은혜를 전달하기 위한 가장 중요한 매개체"이자, 그리스도인, 즉 그리스도를 따르는 사람이라는 신앙인의 가장 주된 정체성을 대표하기도 한다. 교회가 그 잠재적 중요성을 지닌 영역, 즉 우리가 공동체로서 성적 정체성에 대한 질문을 풀어가고 있는 동료 신앙인들에게 어떻게 반응할 것인가와 같은 영역에 있어 제 역할을 못할 때, 실망스러울 수도 있다. 반면에 우리 중에, 혹은 공동체 안에서 갈등하고 있는 사람들에게 우리가 어떤 사람이 될 수 있을까에 대한 비전을 품게 될 때, 이는 고무적일 수 있다.

또한 영화는 우리가 개인으로서 그리고 믿음의 공동체로서 무엇을 향해 나아가고 있는지를 기억하게 해 준다. 하나님의 관심은 우리가 지닌 가능성이 충만한 데까지 자라도록 돕는 데 있다.

우리가 지금까지 다룬 내용을 요약하면, 성경은 세 가지 근거를 통해 이성 결혼 내의 성을 확증한다.

첫째, 결혼 안에서의 성은 하나님과 우리의 관계에 대한 상징이다. 이는 구약에서 하나님과 이스라엘 사이의 비유를 통해, 그리고 신약에서 그리스도와 교회 사이의 비유를 통해 나타난다.

둘째, 결혼 안에서의 성은 이것이 창조해 내는 한 남자와 한 여자 사이의 연합으로 인해 선하다.

셋째, 결혼 안에서의 성은, 비록 출산하지 않기로 선택하거나 불임 같은 이유로 출산이 불가능해도, 출산의 유일한 방법이기 때문에 선하다.

성경에 따르면 이성 간 연합 이외의 성은 우리를 향한 하나님의 목적과 의도를 벗어난다. 이것이 동성애적 성에만 국한되는 것은 아니지만, 동성애적 성이 여기 포함되는 것은 분명하다. 일부 신학자들이 새롭게 해석을 시도하지만, 성경이 동성애적 행동을 일치된 목소리로 이야기하고 있음은 분명하다.

이제 우리의 관심을 기독교 전통으로 전환해 보자.

기독교 전통

성경은 기독교 전통의 토대를 형성한다. 실제로, 기독교 전통은 신앙인들이 자신의 신앙에 대한 새로운 진리를 발견하는 것이 아니다. 그것은 진리를 다음 세대에 전하고, 개인의 신앙에 비추어 현재의 문제를 풀어가는 것이다. 기독교 전통은 우리보다 앞선 이들이 그리스도의 인격과 사역의 측면에서 진리로 이해한던 것들에 대해 신의를 갖는 것을 포함한다.

그렇다면, 기독교 전통은 동성애를 어떻게 이해해 왔는가?

동성애와 기독교 전통을 고려할 때, 기독교 안에 매우 다양한 신앙의 형태가 나타남을 인지할 필요가 있다. 이 책의 제한된 분량으로 모든 범위의 신앙 형태를 다룰 수 없기에, 여기서는 로마 가톨릭과 개신교의 입장만 간략히 살펴보겠다.

로마 가톨릭.[16] 로마 가톨릭은 전통적으로 성경과 역사적 전통에 대한 교회의 해석에 의해 형성되어 왔다. 로마 가톨릭의 공식 가르침의 요약서인 『가톨릭교회 교리문답서』Catechism of the Catholic Church에 따르면, 결혼의 목적 안에 자녀의 출산과 교육뿐만 아니라 배우자들의 유익도 포함된다.[17] 역사적으로는 출산이 더 강조되었지만, 최근에 이르러는 그리스도의 교회를 향한 사랑을 상징하는 언약으로써의 남편과 아내의 관계도 강조되고 있다.[18]

12세기 가톨릭교회에서는 결혼을 성례로 인식했는데, 이는 피렌체 공의회 the Council of Florence, 1439 와 트리엔트 공의회 the Council of Trent, 1545-1563 를 통해 공식적으로 인정되었다.[19] 성례로서의 결혼이란, 결혼 예식이

"인간을 죄로부터 치유하여 그들을 신성한 삶으로 고양하는 하나님의 은혜(호의)를 전달하는 주요한 수단"임을 의미했다.[20] 또한 "이런 맥락에서 시작된 결혼 생활은 구원의 신비를 향해 더욱 깊이 나아가는 여정에 공동으로 헌신한다는 함축적 의미를 담고 있다"라고 주장한다.[21]

결혼에 대한 이런 이해가 동성애에 관한 가톨릭 견해와 어떻게 연관되는가? 가톨릭교회는 동성애를 실재하는 성적 지향으로 인정하는데, 이 말은 곧 성적, 감정적 끌림의 지속적 형태를 의미한다. (이것은 동성애를 중독이나 다른 문제로 여기면서, 이성애만을 유일하게 실재하는 성적 지향으로 보는 일부 기독교인들과는 상반된다). 그러나 이런 견해에도 불구하고, 가톨릭교회는 동성 간의 성행위는 자연법에 위배되기에, 동성애는 성을 창조하신 하나님의 본래 의도에 위배된다고 주장한다.

이와 더불어 로마 가톨릭은 동성 성관계에서 출산이 가능하지 않다는 것을 심각히 받아들인다. 동성 성관계는 가톨릭에서 발견되는 다양한 결혼의 의미를 반영하지 못한다. 따라서 동성에 대한 끌림을 경험하는 사람은 이런 동성애적 끌림을 하나님과 동행하는 과정에서 오는 개인적 시험으로 받아들임으로써 순결한 삶을 살도록 부름받는다.[22]

개신교. 개신교의 교단의 다양성에도 불구하고 대다수는 섹슈얼리티와 결혼에 대한 유사한 견해를 보이는데, 이는 유럽과 영국의 개혁 운동이라는 역사를 함께 공유하기 때문이다.[23] 남편과 아내의 관계는 "언약적 결속"covenantal bond 으로 여겨진다. 이 언약은 구약에 나타나 하나님과 당신의 백성의 관계(렘 3:14), 혹은 신약에 표현된 그리스도와 교회의 관계를 상징한다(엡 5:22-23).[24]

개신교도 사이에서 하나의 현대적 경향은 결혼 안에서의 동반자 지향적 견해를 확장하기 위해 출산에 대한 강조를 감소시킨다는 것이다.[25] 따라서 개신교에서 결혼의 주요한 목적들 중 하나는 남편과 아내 사이의 사랑과 동반자적 관계이다. 자녀를 갖는 것은 이차적인, 결혼에 따른 하나의 결과물이 되었다.[26]

어떤 이들은 이런 동반자적 관계라는 경향을 좀 더 세속적, 현대적, 서구적 현상으로 보면서, 보수적인 개신교 그리스도인들은 이성 간의 결혼과 관련하여 여전히 출산의 중요성과 적어도 출산에 대한 가능성을 강조한다고 믿는다.

개신교 전통에서는 남성과 여성으로 이루어진 결혼이라는 맥락 내에서의 성을 인류 창조의 정상적이고 긍정적인 산물로 본다.[27] 즉, 성은 이성 결혼이라는 맥락 내에서 선하고 타당하며, 오직 이 맥락 안에서만 그러하다. 개신교는 독신을 가치 있게 여기지만, 결혼을 더 선호한다.[28] 가톨릭은 다른 선호를 보인다.

섹슈얼리티와 결혼에 대한 전통적 입장에 반대하는 개신교도들은 보수적이거나 복음주의적 교단보다는 대부분 주류 교단에서 왔다. 1970년대 초부터 다수의 주류 교단에 속한 교회들이 동성애 행동의 윤리성에 관해, 그리고 동성의 연합을 축복해야 하는지에 관해 논의하기 시작했다. 물론 기독교 전통이라는 역사적 합의가 있었지만, 이것은 오늘날의 많은 개신교 교단들에 의해 도전을 받는 중이다.

이런 도전은 더 광범위한 문제들을 보여 주는데, 다수의 도전자는 성경 권위에 의문을 제기하고, 구속적 고난이 지닌 잠재적인 가치를 인정하는 신학에 반대한다. 그러나 이런 도전에도 불구하고 대부분의 개신교 교단들은 여전히 동성의 연합을 축복하지 않으며 동성애자에게 안수를 주지 않는다.

일부 개신교 그룹은, 만약 사람이 자신의 성적 지향을 변화시킬 수 없다면, 이들은 성경과 기독교 전통의 전통적인 해석을 따르는 순결한 삶을 살도록 부르심을 받았다고 주장하는 로마 가톨릭과 유사한 입장으로 움직여 왔다.[29] 바꾸어 말하면, 그들이 동성애적 행동에서 금욕하는 한, 동성에게 끌리는 개인에게 죄는 없다는 입장이다.

이처럼, 로마 가톨릭과 개신교에서 공통으로 나타나는 전통적인 기독교 성 윤리가 있다. 이 윤리는 성경에 기반을 두고 있으며, 교회 역사 전반을 통해 지지받아 왔다. 오늘날 그리스도인들이 동성애적 행동과 관계를 포용하고자 하는 것은 교회 전통에서의 급진적 일탈이라 할 수 있다. 이런 변화를 만들어가는 그리스도인들은 성경이나 교회 전통의 가르침보다는 이성과 개인 경험에 그 기반을 두고 있는 것으로 보인다.

이성

"이성"을 권위의 원천으로서 참조할 때, 사람들은 일반적으로 동성애에 관한 우리 이해를 증진시켜 준 과학적 진보에 대해 생각한다. 나와 공동 저자는 다른 책에서 교회의 도덕적 논쟁과 과학의 관련성을 논의했다.[30] 우리는 사람들이 동성애에 관한 논의를 교회의 전통적 성 윤리로부터 분리하려고 시도하는 몇 가지 방법들을 확인했다. 우리가 논의한 주요 영역은 이렇다.

- 동성애의 보편성
- 동성애의 원인
- 정신 건강 문제 여부
- 동성애에서 이성애로의 성적 지향의 변화 가능성 여부

아래는 과학을 이용하여 위의 영역들에서 교회를 전통적 성 윤리로부터 멀어지도록 시도한 몇몇 사람들의 인용문이다.

· 동성애의 보편성: 만약 최고의 과학적 데이터가… 전 세계의 남성 동성애자와 여성 동성애자의 수를 인구의 10% 정도로 본다면… 그렇다면 당신과 나는 10%가 우연일 수 없는 상당히 큰 비율임을 깨달을 필요가 있다.[31]

· 정신 건강 문제: 만약 동성애를 충족되지 않은 감정의 필요나 사회적 응의 어려움에 대한 일반 증상으로 볼 수 있다면, 이는 하나님과 다른 사람들과 관련된 문제임을 나타내는 것일 수 있다. 그러나 일반적으로 그리 볼 수 없다면, 동성애는 은혜의 삶과 조화를 이룰 수 있다.… 과학적 증거는 동성애가 병리적이거나 혹은 그 반대로 성도착, 발달장애, 혹은 삶의 일탈 형태라기보다는, 건강하고 전인적인 인간의 이형(異形)이라는 주장을 뒷받침하기에 충분하다.[32]

· 성적 끌림의 원인: 그러나 만약 유기적인, 혹은 신체화학적 설명이 우세하다면, 우리는… 이것이 어떻게 동성애 선호에 대한 도덕적 정죄와 동성애가 비정상이라는 주장을 더욱 옹호할 수 없는 것으로 만드는지… 기억하게 된다.[33]

제3, 4장에서는 이런 대담한 주장을 지지하는 데에 사용되고 있는 몇 가지 연구들을 살펴보겠다. 여기서는 과학이 종종 불완전하게 이해되고, 과장되며, 또한 섹슈얼리티와 성 윤리에 관한 교회의 역사적 가르침을 변질시키려는 사람들에 의해 근본적으로 악용되고 있다는 것만을 언급하겠다.

최고의 연구들은 전체 인구의 단지 2-3%만이 동성애적 성적 지향을 가진다고 제시한다. 그러나 이런 수치 결과가 기독교 입장에 영향을 미칠 수는 없다. 적어도 행동에 관한 한, 식인과 같은 죄는 흔치 않은 반면, 교만과 같은 형태의 죄는 흔하다. 핵심은 어떤 것이 희귀하고 흔한가는 그것이 잘못된 것인가, 아닌가의 문제와는 별개라는 것이다.

동성애의 원인을 살펴볼 때, 왜 어떤 사람들은 동성애적 끌림을 경험하는지 혹은 왜 동성애적 성적 지향을 갖는지를 우리는 알지 못한다. 아마도 이러저러한 방법으로 기여하는 개인마다 다른 다양한 요인이 존재할 것이다.

최종적인 분석으로, 동성애적 끌림의 원인이 기독교 성 윤리를 근본적으로 변화시키는가?

아니다. 우리 모두는 섹슈얼리티와 성적 행동이라는 면에서 하나님이 우리에게 선하다고 계시하신 길을 따라 살도록 부름을 받았다.

3, 40년 전, 동성애가 더 이상 정신 장애가 아님을 정신 건강 전문가 단체들이 공표한 시기가 명백한 전환점이 되었으며, 최근에는 동성애를 성적 다양성의 건강한 표현으로 묘사하려는 시도를 보게 된다. 그러나 이런 주장의 진실성에 엇갈리는 증거가 있다. 또한 우리 문화가 변화되고 있다는 사실이 기독교 성 윤리의 근본적인 핵심은 아니다. 즉, 어떤 것이 정신 장애로 정의되는지의 질문은 그것이 죄인지 아닌지와는 거의 관련이 없다. 조현증의 예처럼, 다양한 행동 유형이 "정신 장애"로 간주되지만, 죄의 행동 유형은 아니다. 반면에, 탐욕의 예처럼, 다양한 죄의 행동 유형이 "정신 장애"는 아니지만, 죄의 행동이나 태도이다.

마지막으로, 자신의 성적 끌림이나 성적 지향을 스스로 바꿀 수 있는지의 논쟁은 계속되고 있다. 이 논쟁을 살펴볼 때, 우리는 이런 논쟁 역시 도덕 문제와 직접 관련이 없음을 알아야 한다. 그리스도인은 하나님이 계시하신 뜻에 충실해야 한다. 대부분 그리스도인이 관심을 두어야 할 것은 끌림이나 지향보다는 행동이다. 행동을 변화시키는 것은 또 다른 문제이다.

이것이 원인과 과학에 관한 일반적 논증이다. 과학이 교회가 성경과 교회 전통에서 얻은 결론과 다른 방향으로 들어서게 하는 근거로 종종 인용된다.

개인의 경험

동성애 논쟁에 거론되는 마지막 권위의 원천은 개인의 경험이다. 동성애적 끌림을 경험하는 동료 신앙인들의 이야기를 듣는 것은 중요하며, 이를 통해 동성애자 그리스도인들이 제시하는 중요한 관점을 얻을 수 있다.

그러나 우리는 동성애자 정체성을 형성하지 않은 성소수자들의 목소리도 경청해야 한다. 여기서 내가 의미하는 동성애자 정체성을 형성하지 않은 성소수자란 동성에게 끌림을 느끼지만 이런 끌림을 기반으로 행동하지 않으며, 동성애자 정체성을 형성하지 않기로 결단한 그리스도인이다. 이 사람들은 논쟁하는 양편 모두에게 비난받는 것처럼 보인다.

많은 보수적인 그리스도인이 이들의 이야기를 듣지 않는 이유는 교회의 일부 사람들이 동성에 끌리는 사람들이 치유되거나 완전히 변할 수 있다는 주장을 해 왔기 때문이다. 그들은 믿음만 충분하다면 이성에게 끌림을 느끼는 정도까지 성적 지향을 바꿀 수 있다고 생각한다. 이것은 일부 동성애적 끌림을 느끼는 그리스도인들이 실제로는 그렇지 않지만, 자신은 "치유"되었고 완전히 변화되었다고 주장하도록 만들 정도의 큰 부담이 될 수 있다.

이런 가중된 부담은 덜어져야만 한다. 또한 변화를 시도한 후 완전히 변화되지는 않았지만, 이런 시도에서 유익을 얻은 사람들의 경험은 탐구되고 더 깊이 이해되어야 한다.

반대편에서는 많은 그리스도인 공동체가 동성애자 정체성을 후원하는 새로운 단체들을 일으키고 있다. 로마 가톨릭교회에서 이런 단체를 볼 수 있는데, 그룹 디그너티 the Group Dignity 는 공식적인 로마 가톨릭교회 그룹은 아니나 이런 목적을 염두에 두고 발전되었다.[34]

오늘날 이와 유사한 단체들이 거의 모든 개신교 주류 교단에서 형성되고 있다. 동성애자 그리스도인들은 동성애적 성향이 "자신의 진정한 모습"이라고 강조하는 경향이 있다. 아프리카계 미국인들이 흑인이라는 사실을 자신의 정체성에서 분리할 수 없는 것처럼, 그들은 동성애적 성향을 자신의 전체적인 정체성에서 분리할 수 없다고 말한다.

동성애자 그리스도인에 관한 우리 연구에서 가장 공통적인 주제는 진정성에 관한 것이었다. 그들은 자신의 동성애적 성향을 부정하는 것은 진정성이 결여된 것이라고 했다. 우리가 인터뷰한 여성은 동성애자 그리스도인으로서의 자신의 정체성을 확인했던 경험을 말해 주었다.

> 확신을 얻었죠.… 다른 여성과 함께 하면서 행복과 만족을 찾았어요.… 제가 자연스럽게 행동하기로 선택할 때마다, 그것이 확신같이 느껴져요.

섹슈얼리티가 한 사람의 정체성을 중심으로 경험되어야 한다는 사실을 인지하는 것은 중요하다. 하나님이 그렇게 의도하셨다고 나는 생각한다. 우리는 본질적으로 육체적 존재이며, 본질적으로 성적 존재이다. 따라서 우리는 자신의 섹슈얼리티가 자신에게서 어떻게든 제거되는 것을 원치 않는다.

반면에 중요한 또 한 가지는, 우리가 하나님이 동성애를 어떻게 생각하시는지 질문할 때, 행동 양식과 그 사람을 혼동하기 쉽다는 사실을 인지하는 것이다. 즉, 일부 동성애자 그리스도인들은 행동과 정체성이 분리될 수 없다고 말하지만, 다른 그리스도인들은 정확히 그것을 분리하고 있다. 그들은 행동과 정체성을 구분하는 것을 자신의 신앙에 비추어 섹슈얼리티를 찾아가는 과정 속의 불가피한 단계로 바라본다.

하나님이 동성애적 지향을 지닌 사람들에 대해 어떻게 생각하시는지, 또는 동성애적 끌림을 경험하는 사람들에 대해 어떻게 생각하시는지 질문할 때, 주저 없이 하나님이 그들을 사랑하신다고 대답할 수 있다. 그리고 그리스도인으로서 우리는 실제적이고 지속적인 관계 속에서 그들에게 하나님의 사랑을 적극적으로 표현하는 데 앞장서야 한다.

교회인 우리가 성소수자들의 이야기를 듣도록 요청받을 때, 나는 그저 경청하는 것이 중요하다고 생각한다. 그러나 우리는 동성애자 정체성을 포용하기로 선택한 사람들에게만 귀를 기울여서는 안 된다. 앞서 언급했듯이, 우리는 자신의 성적 끌림을 행동으로 통합하지 않기로 선택한 사람들에게도 귀를 기울여야 한다.

이들의 개인의 경험은 동성애자 정체성을 받아들인 사람의 경험과는 확연히 대조된다. 스스로를 동성애자로 정의하지 않는 사람들이 동성에 대한 끌림을 부정하는 것은 아니다. 그보다는 자신의 끌림을 중심으로 정체성을 형성하지 않기로 결단한다. 우리의 조사에 따르면 그들은 자신이 누구인지에 대한 다른 측면들을 중심으로 정체성을 형성하는 경향이 있다. 그 예로, 한 사람은 다음 내용을 나누었다.

나는 믿음으로 나의 상처받은 부분을 치유하시도록 그분께 내 삶을 내어
드렸습니다. 치유와 함께 능력과 성숙이 찾아 왔고, 내가 (동성애적 끌림
에서) 벗어나 성장할 수 있게 해 주었습니다. 그리고 동성애적 끌림을 느
끼는 순간에는, 나는 왜 이런 일이 생겼는지를 기억하고, 하나님에 대해
그리고 내가 그분 안에서 누구인지를 생각합니다. 나는 그 끌림을 흘려
보낼 수 있고, 더 나아가 평안 속에 거할 수 있습니다.[35]

우리가 영화glorification의 관점으로 섹슈얼리티를 살핀 부분에서 논의했듯이, 어떤 그리스도인들은 그리스도 안에서 정체성을 공유하는 더 넓은 신앙 공동체의 한 부분으로서 일차적인 정체성을 형성해 간다.

그들의 경험은 기독교 전통과 성경적 계시에 대한 이해와 과학의 바른 역할이 함께 만들어낸 것으로, 오늘날의 성소수자들에게 중요한 메시지를 던져 준다. 그것은 바로 하나님의 공급하심 속에서, 그리고 개인의 섹슈얼리티와 성적 정체성을 이루어가는 과정에서 발견되는 의미와 목적에 관한 메시지이다. 성경과 기독교 전통 속에서 이해된 기독교적 성 윤리로 살아가려는 사람들이 있기에, 오늘날의 교회는 이들의 목소리와 개인의 경험에 귀를 기울여야 한다.

당신이 강조하는 권위의 원천은 무엇인가?

교회의 사람들이 동성애라는 쉽지 않은 주제에 대한 지표를 얻고자 할 때 고려하는 네 가지 주요 원천에 대해 살펴보았다. 물론 대부분 사람이 네 가지 원천에 동일한 권위를 부여하지는 않는다. 우리 각자는 이것보다 저것에 상대적으로 더 큰 무게를 둔다.

이 중요한 정보의 다양한 원천에 대해 다른 사람들이 어떤 무게를 두는지를 생각하는 것뿐 아니라, 우리 자신이 각각의 원천에 어떠한 무게를 두는지에 대해 생각해보는 것은 중요하다.

일부 그리스도인들은 개인의 경험과 이성에 더 큰 무게를 실어야 한다고 주장한다. 그러나 내 생각에 그들이 실제로 하는 것은 동성애자 정체성을 받아들인 그리스도인들의 경험에 더 큰 무게를 두는 것이다.

반면에, 그들은 동성애자 정체성을 받아들이지 않기로 선택한 그리스도인 성소수자들의 개인의 경험에는 그리 열려 있어 보이지 않는다. 또한, 그들은 특정 과학 자료를 선호하는 것으로 보인다. 그들은 이런 과학적 이해를 교회 내의 도덕적 논의에 적용하고, 그렇게 함으로써 이런 논의에 대한 성경과 기독교 전통의 관련성을 낮출 수 있다고 믿는다.

그 후에 그들은 성경과 기독교 전통에 대한 의문을 제기한다. 이는 자신들이 변경한 믿음과 가치에 부합하도록 성경을 재해석하는 흥미로운 노력으로 이어지기도 한다.

이해가 가는 일이다. 당신과 가까운 누군가, 즉 당신이 알고 사랑하는 아들이나 딸이 이런 문제로 씨름하고 있을 때, 성경을 통해 해결하려는 노력이 힘겨울 수도 있다. 어쩌면 그들은 이런 문제로 씨름하지 않으면서, 오히려 동성 관계를 맺는 동성애자로서 더 큰 행복감이나 만족감을 표현할지도 모른다.

다른 그리스도인들은 성경과 교회 전통에 더 큰 무게를 두는 것으로 보인다. 이는 바람직하다. 물론 모든 네 가지 권위의 원천이 고려되어야 하지만 말이다. 그들에게 있어서 성경이 "으뜸"이며, 기독교 전통에도 상당한 무게를 둔다. 그들이 과학적 연구 결과에 관심을 둘 수 있지만, 교회의 도덕 논쟁을 과학이 해결할 수 없음도 믿는다.

과학은 무엇이 발생하는가와 무엇을 측정할 수 있는가를 설명한다. 그러나 과학은 우리가 어떻게 살아야 하는지 혹은 우리가 왜 이 행동이 아닌 저 행동을 선택해야 하는지에 대해 설명해 주지 않는다. 즉 이 그리스도인들은 윤리적 의사결정에 대한 과학적 한계를 인지한다.

그들은 그리스도인 성소수자들 이야기를 귀담아 들으면서도, 동성애자 정체성을 형성하지 않은 그리스도인들의 이야기에도 귀를 기울인다. 그들은 이런 개인의 경험의 측면을 가치 있게 여기지만, 동성애자이면서 그리스도인 정체성을 갖는 사람들에 대해서는 성경과 기독교 전통에 반대하는 성 윤리의 변화를 추진하는 사람들로 바라보며 의구심을 품는다.

결론

"하나님은 동성애에 대해 어떻게 생각하실까요?"
스콧이 질문했다. 이 질문은 신앙에 대해 진지하게 생각하는 16세 소년에게 있어 중요한 질문이다. 또한 스콧을 사랑하고, 스콧과 비슷한 이들을 사랑하는 사람들에게도 동일하다.

그 당시에는 스콧, 특히 십 대 청소년이었던 스콧의 질문이 특별하게 보였지만, 지금은 점점 더 많은 청년이 이런 질문을 하는 것을 본다. 안타깝게도 이런 질문은 사람과 행동의 구분을 불분명하게 한다. 동성애적 끌림을 경험하는 사람들이나 동성애적 지향을 지닌 사람들이 동성애적 행동을 할 수도 있고, 안할 수도 있다. 이런 행동은 그리스도인에게 있어 중요한데, 그 이유는 하나님이 의도하신 섹슈얼리티와 그것의 표현에 대한 우리의 믿음 때문이다.

그렇다면, 이 질문에 대한 우리의 대답은 무엇이어야 하는가?

동성애에 관해 직접적으로 다루는 성경 구절들을 찾아볼 수도 있으나, 많은 그리스도인은 성경 전체를 보는 것이 더 도움이 됨을 발견한다.

결국, 성경은 이 문제에 관해 한 가지로 말한다. 즉, 기독교 전통 위에 성경의 무게를 더할 때, 성 윤리 문제와 과학적 연구 결과와의 관련성을 주의 깊게 살펴볼 때(과학은 자연에서 무엇이 발생하는가에 대해서 설명할 수 있지만, 우리가 어떻게 살아야 하는가에 대해서는 설명할 수 없다), 그리고 마지막으로, 자신의 끌림을 동성애자 정체성으로 통합시킨 성소수자들의 개인의 경험과 하나님의 뜻에 따라 살려고 동성애자 정체성을 거부하기로 선택한 성소수자들의 개인의 경험을 깊이 생각해 볼 때, 증거는 하나님이 동성애를 어떻게 보시는가에 대한 전통적인 이해로 향하게 된다. 즉, 우리의 결론은 그리스도를 따르는 자들에게 동성애적 행위는 합당하지 않다는 것이다.

성소수자 개인에 관해 말하자면, 하나님이 그들을 사랑하신다. 그리고 다른 누구와 동일하게 그들과의 교제를 갈망하신다.

따라서 그리스도인들은 하나님이 동성애에 대해 어떻게 생각하시는가를 대답할 때, 신중하고도 겸손해야 할 것이다.

동시에, 동성애적 행동의 도덕성에 대한 교회와 기독교 윤리의 가르침을 바꾸려는 엄청난 문화적 압력이 존재한다. 그런 의미에서, 이 질문은 어느 때보다도 자주 제기되고 있으며, 목회적 돌봄과 존중이라는 맥락 안에서 교리적 명확성을 가지고 답변해야 할 필요가 있다.

섹슈얼리티를 포함한 모든 문제에 있어서, 우리가 받은 부분의 선한 청지기가 되는 것에 관해 이야기하는 것이 도움이 된다. 이 부분은 다음 장에서 더 자세히 논의하겠다.

그러나 이런 논의에 대한 목회적인 부분도 존재한다. 나는 하나님이 거리를 두고 떨어져 앉아, 사람들이 자신이 처한 상황에서 어떻게 행동하는지 보고만 계신다고 생각하지 않는다. 나는 하나님이 우리의 삶 속에 적극적으로 일하고 계시며, 동성에 대한 끌림과 완전한 성적 친밀감을 경험하려는 갈망을 포함한 우리의 열망과 고통도 아신다고 생각한다. 또한 그리스도인들이 하나님을 그 열망의 경험 가운데로 초청할 수 있다고 여기며, 그 갈망 가운데 있는 남성과 여성에게 하나님이 말씀하도록 초청할 수 있다고 본다. 프랑스 작가

폴 끌로델 Paul Claudel 은 이렇게 말했다.

> 예수 그리스도는 세상의 고통을 제거하기 위해 오시지 않았다. 고통에 대해 설명하러 오신 것도 아니다. 그분은 자신의 친밀함으로 고통을 채우러 오셨다.

이런 말들이 우리 귀에 낯설게 들릴 수도 있다. 오늘날 우리 문화는 자기 충족과 개인적 성취를 강조한다. 그러나 이것은 하나님의 말씀에 순종하는 삶이 의미하는 바는 아니다. 그리스도인은 자신이 느끼는 필요와 자기 실현 selfactualization 에 초점을 맞춘 서구 문화와는 전혀 상반될지라도, 하나님이 계시하신 뜻에 순종하는 삶에 '네'라고 말하기 위해 다른 경험들에 '아니요'라고 말하도록 부름받았다.

우리가 이해하는 계시된 뜻은 성경 속에서 발견되고, 기독교 전통 안에서 목격되며, 올바르게 수행되고 해석된 과학에 의해 밝혀지고, 하나님 앞에서 신실하게 살아가는 사람들의 삶을 통해 증명된 것이다. 그리스도인 성소수자를 통해 우리는 그리스도인의 삶이란 우리의 잠재성을 충족시키는 삶이 아닌 그리스도를 더욱 닮아가는 삶임을 배운다.

좀 더 정확히 말하자면, 우리의 잠재성은 섹슈얼리티와 그 표현을 포함하여 하나님에 대한 순종과 우리의 삶을 향한 그분의 뜻에 대한 순종 안에서 진실로 성취될 수 있다.

기억해야 할 포인트!

- 성경을 발췌해서 읽는 것을 피하도록 한다.

- 섹슈얼리티와 성적 행동에 관한 성경적 이해는 창조, 타락, 구속, 영화의 네 가지 성경 이야기를 반영하는 것이어야 한다.

- 네 가지 일반적인 권위의 원천이 있다: 성경, 기독교 전통, 이성(과학), 개인의 경험.

- 개인의 경험은 동성애에 관한 교회의 가르침을 변경하고자 하는 사람들과 섹슈얼리티와 성적 행동에 대하여 하나님이 계시하신 뜻에 순종하는 삶을 살고자 하는 사람들을 모두 포함해야 한다.

- 모든 사람은 한 가지나 두 가지 권위의 원천을 다른 권위의 원천들보다 중요하게 여긴다. 당신이 선호하는 권위의 원천은 무엇인지, 그리고 그 이유가 무엇인지 깊이 생각해 보는 것은 도움이 될 것이다.

02

왜 성적 정체성이 문제의 핵심인가?

그러므로 나는 이제 여러분이 이렇게 살기를 바랍니다. 하나님이 여러분을 도우실 것입니다. 여러분의 매일의 삶, 일상의 삶을… 하나님께 헌물로 드리십시오. 하나님이 여러분을 위해 하시는 일을 받아들이는 것이 바로 여러분이 그분을 위해 할 수 있는 최선의 일입니다. 문화에 너무 잘 순응하여 아무 생각 없이 동화되어 버리는 일이 없도록 하십시오. 대신에 여러분은 하나님께 시선을 고정하십시오. 그러면 속에서부터 변화가 일어날 것입니다(롬 12:1-2, 메시지 성경).

사도 바울은 우리에게 "문화에 너무 잘 순응하여 아무 생각 없이 동화되어 버리는 일이 없도록" 하라고 말한다. 우리는 그리스도를 따르는 사람으로서, 동성애에 관해 토론하고 논쟁하기 위해 사용하는 언어와 분류에 있어서 이런 가르침을 따르지 못해 왔다. 우리는 이런 논쟁에 사용되는 용어를 우리 문화가 선택하도록 허용해 왔다.

그리고, 여기에는 희생이 따른다.

  자유주의와 보수주의 양측은 동성애의 원인에 너무 많은 에너지를 쏟는다. 두 진영 모두 이 싸움에서 이기는 진영이 이 도덕적 논쟁을 평정할 것으로 생각한다. 자유주의적 목소리는 대개 동성애의 생물학적(선천성 nature) 근거를 지지하며, 만약 생물학이 원인이라면 우리는 동성애적 성적 지향을 가진 사람들을 전통적인 기독교 성 윤리에 가둘 수 없다고 주장한다.

  반면에 보수주의는 대개 개인의 책임을, 그리고 스스로 자신의 성적 지향을 바꿀 수 있다는 주장을 강조하는 환경적(양육 nurture) 원인을 지지한다. 자유주의와 보수주의 모두 자신들의 주장에 복음이 전적으로 달린 것처럼 강력하게 논증한다.

  당신에게 묻고 싶다.

  이 문제를 잠시 미뤄도 괜찮겠는가?

  잠시 후 이 문제로 다시 돌아오도록 하겠다. 지금은 다른 것에 우리 관심을 집중하려 한다. 나는 최종 목적지인 성적 정체성 sexual identity 에 대해 생각해 보고자 한다.

  초등학생때, 나는 퍼즐과 미로 문제 푸는 것을 좋아했다. 내가 미로에 접근한 한 방법은 최종 목적지를 먼저 찾아 길을 거슬러 올라가는 것이었다. 나는 내가 어디로 향하고 있는지를 아는 것이 어느 길로 가야 할지를 결정하는 데에 도움을 준다는 사실을 깨달았다.

  이 방법은 결과적으로 실수를 적게 하면서 미로를 훨씬 더 빨리 완성하도록 도와주었다. 사실, 이것은 삶에서 어떠한 어려운 길도 성공적으로 찾아가게 해 주는 흔한 전략이다. 당신이 어디로 향하고 있는지를 먼저 확인한 후, 최종 목적지로부터 거꾸로 찾아가는 것이다. 이것이 이번 장에서 우리가 성적 정체성에 중점을 두면서 해야 할 일이다.

성적 정체성을 이해하는 것은 교회가 당면한 중요한 사안이다. 사실 이 장에서 소개하려는 개념은 많은 독자가 동성애라는 주제에 대해 생각하는 데 있어서 혁신적일 수 있다. 여기서 나의 목표는 그야말로 대화 자체를 변화시키는 것이다. 그리고 어떤 면에서, 이 책의 남은 부분은 이번 장에서 우리가 논의하게 될 내용에 달려있다.

성적 정체성이란 무엇인가?

당신은 동성애의 원인이 무엇인가와 동성애는 변할 수 있는가에 대한 논쟁으로 너무나 바빠 정체성에 대한 생각은 전혀 해 보지 않았을 수도 있다.

결국, 성적 지향과 성적 정체성은 같은 것이 아닌가?

사실, 둘은 같지 않다.

간략히 답하면, 성적 정체성이란 한 개인이 자신의 성적 선호sexual preference에 따라 자신을 어떻게 분류하는가labeling이다. 일반적인 성적 정체성 분류에는 이성애자heterosexual, 게이gay,[1] 레즈비언lesbian,[2] 그리고 양성애자bisexual[3]가 포함된다. 그 외에 퀴어queer,[4] 탐색자questioning,[5] 그리고 양성매녀자bi-curious[6]가 있다.

공개적 성적 정체성이란 당신이 다른 사람들 앞에서 자신의 성적 선호를 어떻게 인정하는가, 혹은 다른 사람들이 당신을 어떻게 분류하는가이다. 반면 개인적 성적 정체성이란 당신 스스로 자신의 성적 선호를 어떻게 인정하는가이다. 이 두 가지의 정체성은 같을 수도 있고, 다를 수도 있다. 어떤 사람은 공개적으로 동성애자나 양성애자로 알려져 있고, 스스로도 그렇게 생각한다. 반면에 어떤 사람은 공개적 성적 정체성은 이성애자이지만, 개인적으로는 자신을 동성애자라고 생각할 수도 있다.

대부분 사람은 어떤 사람이 동성애자나 이성애자, 양성애자라고 말할 때, 그 말이 무엇을 의미하는지 안다. 그들은 자신의 성적 선호에 대해 다른 사람들에게 어떤 정보를 전달하는 언어를 사용한다. 바로 이것이 우리가 성적 정체성이라고 부르는 것이다.

따라서 성적 정체성은 분류에 관한 것이다. 그러나 한 개인의 정체성의 원천은 복잡할 수 있다.

한 개인이 하나의 분류 대신, 다른 분류를 사용하도록 영향을 미치는 것은 무엇일까?

여기에 한 사람의 정체성에 기여할 수 있는 여러 가지 항목이 있다. 이것은 공식 목록은 아니며, 나의 연구와 임상 경험을 토대로 작성된 것이다. 기억할 것은 이런 영향은 사람에 따라 다르게 작용한다는 것이다.

- 당신의 **성적 끌림**
- 당신은 **남성**으로 태어났는가, 아니면 **여성**으로 태어났는가
- 당신은 얼마나 **남성적 혹은 여성적**으로 느끼는가

- 당신이 지닌 성적 끌림에 대해 무엇을 하려고 **의도하는가**
- 당신이 지닌 성적 끌림에 대해 **실제로 무엇을 하는가**
- 성적 끌림과 성적 행동에 대한 당신의 **신앙과 가치관**

당신이 공개적으로, 그리고 개인적으로 자신에 대한 분류에 기여하는 것은 무엇인지 생각해 보라.

어떤 부담, 또는 기대가 작용하는가?

예를 들어, 남성 혹은 여성이라는 부분이 기여 요인이 될 수 있다. 따라서 우리는 성적 정체성이라는 측면에서 생물학적인 성이 중요하다고 말할 수 있다.

또한, 당신이 스스로를 얼마나 남성적, 혹은 여성적으로 느끼는지가 사회적 규범과 연관되어 있다. 즉, 다른 사람들이 당신에게 남성적이거나 여성적인 행동과 특성이라고 말하는 것들이다. 성적 끌림도 중요하다. 예를 들어, 당신은 동성, 이성, 혹은 양성에 끌리거나 어떤 성에도 끌리지 않을 수도 있다.

그러나 이것은 당신이 어떻게 느끼느냐에 관한 것만은 아니다. 당신의 행동 역시 중요하다. 누군가에게 끌림을 느끼는 것과 그 끌림에 대해 어떻게 행동하느냐는 별개의 문제이다. 그리고 만약 당신이 대부분 사람과 비슷하다면, 당신의 의도와 행동 사이에는 때로 갈등이 일어날 수 있다. 당신의 끌림에 대해 실제로 어떻게 행동하는가는 당신의 정체성의 일부가 될 수 있지만, 반드시 그런 것은 아니다.

벌써 혼란스러운가?

그러면 당신의 신앙과 가치관은 어떠한가?

이 부분이 당신의 정체성에 있어서 하는 역할은 무엇인가?

물론 이 질문은 우리를 기독교적 맥락으로 인도한다. 다른 모든 것들과 마찬가지로, 종교적 신앙과 가치관은 사람에 따라 다른 무게를 갖는다.

두 가지 예로, 이런 요인의 무게에 대해 설명해 보자.

나는 일주일 전쯤 두 명의 젊은 남성을 만났는데, 그들을 통해서 어떻게 사람마다 개인의 다양한 면을 각기 다르게 인식하는지 이해할 수 있게 되었다.

한 젊은 남성은 상당히 강렬한 동성애적 끌림을 경험했다. 그는 스스로 동성애자이면서 그리스도인이라고 인식했다. 우리는 여러 다른 요소가 어떻게 정체성과 분류에 영향을 미치는지 이야기를 나누었다. 그는 자신의 가치관과 동성애적 끌림이 자신에게 있어 "으뜸"이라고 말했다.

그는 하나님이 자신을 동성애자로 만드셨다고 믿었으며, 따라서 공개적으로 또 개인적으로 동성애자라고 밝히는 것을 편안하게 느꼈다. 그는 강렬한 동성애적 끌림을 느끼고 있었고, 아직 동성애적 행동에 참여하지는 않았지만, 그것에 있어서 의문이나 염려는 없었다. 자신의 다양한 측면에 부여하는 상대적인 무게에 기초하여, 그는 자신을 동성애자로서 인정했다.

그 주가 끝나갈 즈음, 나는 강렬한 동성애적 끌림을 경험하고 있는 다른 젊은 남성을 만나게 되었다. 흥미롭게도, 그는 자신을 동성애자로 인식하지 않았다. 우리는 정체성과 분류에 영향을 미치는 다양한 요소에 관해 이야기를 나누었는데, 그는 자신에게 있어 가장 중요한 것은 자신의 가치관과 행동이라고 말했다. 그의 가치관은 전통적인 기독교 성 윤리에 찬성하는 것이며, 이것이 그의 행동에 큰 영향을 끼쳤다. 그는 이런 가치관으로 인해 동성애적 행동에 참여하지 않았다.

사실, 그는 하나님이 자신이 순결의 삶을 추구하기를 원하신다고 느꼈으며, 그것을 평안하게 받아들였다. 그의 최우선적인 정체성은 동성애적 끌림이라는 자신의 경험이 아닌, 신앙인(또는 "그리스도 안에" 있다는 사실)이라는 데에 있었다. 즉, 자신의 다양한 측면에 부여하는 상대적인 무게에 기초하여, 그는 성적 끌림보다는 신앙적 정체성에 초점을 맞추었다.

결국, 두 젊은이 모두 동성애적 끌림을 경험하고 있었다. 두 젊은이 모두 아직 동성애적 행동을 하지는 않았지만, 그것에 대해 다른 의견을 가지고 있었다.

이 두 가지 예에서처럼, 한 개인이 공개적인 정체성과 개인적인 정체성을 결정하는 데에 이바지하는 다양한 요인이 있다. 한 사람에게는 동성에 대한 끌림의 감정이 좀 더 무게 있게 다가올 수 있고, 다른 사람에게는 종교적인 신앙이 더 큰 역할을 할 수도 있다. 그리고 또 다른 사람에게는, 이 모든 것이 결국 자신이 취하는 행동으로 귀결된다. 당신이 자신에게 어떤 정체성을 부여하는가는 다양하고 복잡하게 작용하는 여러 요인에 기초한 결정이다.

그렇다면 성적 지향과 관련해서, 우리는 성적 정체성을 어떻게 생각해야 하는가?

3단계 구분법

동성애를 이야기할 때, 성적 끌림, 성적 지향, 성적 정체성이라는 3단계로 구분하는 것이 유용하다고 생각한다. 아니다. 이 세 가지는 같은 것이 아니다.

첫째 단계는 동성애적 끌림이다.

이 용어를 사용함으로써 사람들은 자신의 감정에 대해 가장 묘사적으로 설명할 수 있다. 이것은 스스로 통제할 수 없는 상황의 일부이다. 어떤 사람들은 원인이 무엇이든, 동성에 대한 끌림을 경험한다. 그러나 이 사실이 그들의 정체성이나 행동에 대한 어떤 암시를 주지는 않는다. 이는 상황에 관한 기술descriptive이다. 우리는 단순히 한 사람이 동성애적 끌림을 경험하고 있다는 사실에 대해 이야기하고 있다.

둘째 단계는 동성애적 지향이다.

사람들이 자신에게 동성애적 지향이 있다고 이야기할 때, 그들은 본질적으로 동성을 향한 성적 지향이 있다고 느낄 만큼 충분히 강렬하고, 충분히 오래가며, 충분히 반복되는 동성애적 끌림을 경험하고 있다고 말하는 것이다. 만약 이것이 오직 동성만을 향한 것이라면 그들은 동성애적 지향이 있다고 말할 것이다.

반면 이것이 양성 모두를 향한 것이라면, 그들은 양성애적 지향이 있다고 말할 것이다. 그들은 자신이 끌림이라고 자각하는 것에 기초하여, 단순히 끌림의 양과 지속성에 대해 묘사하는 것이다. 이는 미세한 차이처럼 보이지만 깊이 생각해야 할 중요한 문제이다. 왜냐하면 개인이 자각하는 끌림이 올바른 것일 수도 있고, 왜곡된 것일 수도 있기 때문이다.

자신의 성적 지향이 현재 동성애 혹은 양성애라고 느끼기 위해서 어느 정도의 동성에 대한 끌림이 필요한지는 아무도 모른다. 이것은 측정이 불가능하다. 어떤 사람들은 약간의 동성애적 끌림을 경험하지만, 여전히 자신의 성적 지향은 이성애라고 말하는 데 아무 불편함이 없음을 안다. 우리는 이것을 동성을 향한 끌림이 특별히 강렬하지 않거나, 그냥 스쳐 지나가는 것이거나, 아니면 특정한 개인에게만 국한되는 것을 의미하는 것으로 받아들인다.

셋째 단계인 동성애자 정체성은 가장 규범적prescriptive이다.

이는 사람들이 자신을 설명하기 위해 사용하는 사회-문화적 분류이며, 우리의 문화가 의미를 불어 넣은 분류이다.

역사를 통틀어, 오직 현대 서구 문화만이 자기-정의적self-defining 동성애 귀속을 사용하고 있음을 당신은 알고 있는가?

역사적으로 다른 문화에서도 동성애적 행위가 존재해 왔지만, 우리가 이런 방식으로 자신에 대해 언급하기 시작한 최초의 문화이다. 이를 위한 언어가 있었던 적도 없었고, 이런 종류의 정체성이나 분류를 후원하는 공동체가 있었던 적도 없었다. 최근까지 이것을 말하는 방법조차 없었다.

동성애적 정체성에 대해 말하는 것은 근대와 현대의 움직임의 일부이다. 이런 분류를 취할 때 사람들은 자신의 경험을 묘사하는 것을 넘어, 자신의 정체성을 형성하게 된다. "동성애자가 되는 것"에 대해 이야기할 때, 대부분 사람은 대개 동성을 향한 끌림 이상을 드러낸다. "동성애자가 되는 것"에는 특정한 의미가 함축되어 있는데, 어떤 사람들은 여기에는 그들만의 삶의 방식이 있다고 말할 것이다.

여기에 3단계 구분법을 살펴보는 또 다른 방법이 있다. 대다수는 이성에게 끌림을 느끼며, 대략 남성의 6%와 여성의 4.5%가 동성에게 끌리는 감정을 보고한다.[7] 분명한 것은 오직 남성의 2%와 여성의 1%만이 스스로 동성애적 성적 지향이 있다고 말할 정도의 강렬한 동성애적 끌림을 지니고 있다는 것이다.

그렇다면 추측건대, 동성애적 지향을 지닌 사람 중 일부만이 자신의 끌림과 지향을 동성애자 정체성으로 통합한다. 그 비율이 어느 정도인지는 나도 알지 못하는데, 이는 일반적으로 연구자들이 그 부분을 파악하려 하지 않기 때문이다.[8]

연구자들은 성적 끌림과 성적 지향에 대해서는 질문하기도 하지만, 대체로 성적 정체성에 대해서는 질문하지 않는다. 흔히 우리는 이 세 가지를 동일한 것으로 가정한다. 즉, 우리는 이 3단계를 하나로 압축시켜, 동성애적 끌림을 경험하는 사람들은 곧 동성애자라고 가정해 버린다.

어느 날 나는 토드Todd에게 이 부분에 대해 설명해 주었다. 20대 중반의 청년인 토드는 성적 정체성의 고민으로 나와 만나고 있었다. 그는 이 3단계 구분법에 대해서 말하기를, 이 구분법은 자신이 동성애자 공동체에서 알고 있는 대부분 사람이 잘 알지 못하는 개념이며, 아마도 그 사람들은 이렇게 구분하는 것을 "머리카락 가르기"splitting hairs9라고 느낄 것이라고 했다. 하지만 토드는 이 3단계 구분법이 자신의 성적 정체성을 찾아가는 데 필요한 "지적 공간"intellectual space을 제공해 준다는 점에서 큰 도움이 되었다고 말했다.

이 3단계 구분법은 이런 끌림이 그에게 의미하는 바는 무엇인지, 이런 끌림은 그의 정체성에 대한 전반적인 느낌과 어떻게 조화되는지, 그리고 이런 끌림이 그리스도를 따르는 자로서의 자신의 개인적인 신앙과 어떻게 연관될 수 있는지의 질문을 제기하고 대답하기에 충분한 공간을 형성해 주었다.

내가 제안하고 싶은 것은, 우리가 이 3단계 구분법을 유지하면서 좀 더 설명적으로 되자는 것이다. 3단계 구분법을 유용하게 사용할 사람들을 위해서 우리는 이런 "지적인 공간"을 창조하고 열어 놓아 그들이 정체성의 감각을 찾아갈 수 있도록 도울 수 있다. 사람들에게 끌림에 대한 구체적인 용어를 사용하여 말하는 것이 이런 끌림을 중심으로 이미 정체성이 형성되었다고 가정하는 것보다 훨씬 도움이 된다.

흥미롭게도 1970년대에 자신을 동성애자로 분류하는 사람들의 평균 연령은 스무 살이었다. 오늘날 자신을 동성애자로 분류하는 사람들의 평균 연령은 15세이다.10 동성애자 공동체에게 이것은 발전으로 보일 것이다. 그들은 청년들이 어린 나이에 자신이 누구인지를 알게 되는 것은 좋은 일이라고 믿는다. 어쩌면 그들은 좀 더 어린 나이에 자신의 정체성에 대해 더욱 개방적이었기를 바랬는지도 모른다.

어떤 경우에서든지, 이른 공개와 분류가 청년들이 자신이 누구인지에 대해 숨기거나 의구심을 갖는 것을 막을 수 있다고 믿는다. 반면에, 사회보수주의Social conservatives는 전반적으로 이런 발견에 경계를 표한다. 그들은 15세는 하나의 정체성에 헌신하기에는 너무 어린 나이라는 우려를 나타낸다.

언제 그리고 어떻게 성적 정체성이 나타나는가?

성적 정체성의 분류는 어느 날 갑자기 나타나는 것이 아니며, 이는 보통 더디고 힘든 과정이다. 우리가 가장 먼저 해야 할 질문은 이것이다.

청년들이 처음으로 자신의 성적 정체성에 대해 질문하게 된 계기는 무엇인가?

물론 사람마다 다르지만, 연구에 따르면 소녀들의 경우에는, 동성 친구에 대한 끌림이 분류에 있어서 큰 역할을 한다. 다른 요인은 수업에서, 영화에서, 그리고 다른 형태의 엔터테인먼트에서 동성 간의 끌림에 대한 주제에 노출되는 것이다. 소년들과 비교했을 때, 소녀들은 이런 가능성을 기존의 관계에서 시도해 보는 경향이 크다. 여기서 기존의 관계란, 대부분 현재 친구 관계나 다른 소녀와의 데이트 관계를 의미한다.[11] 한 연구자가 이런 발견에 대해 요약한 것이다.

종합적으로, 여성은 남성보다 더욱 안정적인 동성 관계를 유지하며, 적은 수의 성관계 대상을 만나고, 성적 행동에 앞서 동성 관계에 정서적이고 로맨틱한 의미를 부여한다.[12]

소년들 역시 어떻게 동성에 대한 끌림이 자신의 정체성 고민의 한 부분이 되었는가에 대해 이야기하지만, 대개 소녀들보다는 성적 행동의 부분이 더 큰 역할을 한다. 소년들의 첫 번째 동성 행위는 다른 남성과의 "순전히 성적인 만남"에서 발생할 가능성이 크다.[13] 즉, 여성의 동성애자 정체성은 보통 한 소녀가 다른 여성 친구에게 끌림을 느끼는 것을 자각하면서 발생하는 반면, 남성의 동성애자 정체성은 종종 전적으로 성적인 만남 후에 발생한다.

이 연구의 참가자들은 대부분 이미 자신을 동성애자라고 밝힌 청소년들을 위해 특별히 설립된 지역 센터나 지역 후원 단체에서 모집되었다. 개인적으로, 나는 이들이 동성애적 끌림을 경험하는 모든 청소년을 대표한다고 생각하지는 않는다. 하지만 이 연구와 다른 연구들을 통해서, 비록 남성과 여성의 분류에 대한 경험은 다르겠지만, 남성보다 여성이 자신의 끌림이나 정체성에 대해 더욱 긍정적 태도를 보이는 경향이 있음을 알게 되었다.[14] 여성들은 자신의 섹슈얼리티와 성적 정체성을 좀 더 유동적인 것으로 경험할 가능성이 크다.

앞선 언급처럼, 성적 정체성은 단순히 켰다껐다 할 수 있는 것이 아니다. 이는 발달 과정을 통해 나타난다. 처음에는 대체로 끌림으로 시작하여 어떤 형태의 행동으로 이어진다. 따라서 대개 초기에는 동성에 대한 끌림에서 시작하여 동성애적 행동으로 발전된다. 이는 다시 정체성에 대한 의문으로 이어져, 결국 자기 분류self-labeling라는 행동으로 마무리된다. 몇몇 연구는 여성이 끌림, 행동, 의문, 분류의 과정을 거치는 데 보통 3-4년이 걸리며, 남성은 5-6년이 걸린다고 말한다.[15] 인정하건대, 이런 연구의 대부분은 남성을 대상으로 시행되었다.

물론 이것은 단지 평균일 뿐이다. 어떤 연구에서는 초기의 끌림에서 분류까지 진행하는 데에 15년이라는 긴 시간이 걸리기도 한다.[16] 나의 연구에 따르면, 그리스도인은 이보다 더 긴 시간이 걸릴 수도 있다.[17] 나는 이런 현상이, 그리스도인이 정체성과 끌림에 있어서 신앙적 헌신에 두는 무게와 상관이 있다고 생각한다. 교회에 다니는 사람 중 어떤 이들은 자신의 성적 정체성에 관한 심각한 갈등을 느끼는데, 이는 이로 인해 많은 것이 위태로워질 수 있기 때문이다(예를 들어, 대부분, 교회에서의 인간관계가 위험에 처할 수 있다). 이들은 문제를 해결하려고 시간을 할애하지만, 이런 문제는 빨리 해결되지 않으며, 수년이 걸리기도 한다.

성적 정체성 발달은 만 10세에서 12세의 어린 나이부터 오는 성적 끌림에서 시작되는 것으로 보이며, 그 후 아마 만 13-14세 즈음에 동성애적 행위로 넘어간다. 만 14세 경이 되면 정체성에 대한 의구심이 일어나, 만 15세 즈음에는 분류가 뒤따르게 된다.[18]

이런 과정 동안 발달학적으로는 무슨 일이 일어나는가?

사춘기의 아이들은 다양한 역할을 시도해 본 후, 궁극적으로 하나의 정체성으로 통합한다. 이것은 아이들에게 있어 중대한 발달학적 임무이다. 다수의 동성애자 학자들은 성적 정체성이 어떻게 발달하는지에 대한 모델 혹은 이론을 제시해 왔다.

만약 당신이 인간의 섹슈얼리티라는 수업을 통해 이런 분야를 공부하고자 한다면, 당신의 교수는 비비안 카스(Vivian Cass)가 제시한 모델을 인용할지도 모른다.[19] 이 모델은 정체성 혼란에서 시작한다. 한 사람은 동성에 대한 끌림으로 인해 자신이 또래들과는 다르다고 느끼며, 자신의 경험으로 인해 혼란스럽다. 그리고 다름에 대한 자각은 "나는 동성애자이다"라는 가능성에 대한 포용이 된다. 다음으로, 개인의 동성애가 발달해 가면서 "이것이 나의 정체성이다"라는 사실을 인정한다. 마음의 추(pendulum)가 정체성으로 흔들리면서, 동성애에 관한 모든 것은 좋고 이성애에 관한 모든 것은 의문스럽다는 결론을 내린다. 그러자 마음의 추가 다시 중심으로 돌아온다. 이 사람은 자신의 정체성을 이 세상에서 자신이 누구인가라는 더 넓은 의미 속으로 통합시킨다.

이것이 전형적인 모델이지만, 다른 모델들도 제시되어 왔다. 동성애자 정체성 발달에 관한 초기 모델들이 소개되었을 때에는 본질적으로 남성과 여성을 동일하게 다루는 경향이 있었다. 남성들에게 초점을 맞추어 연구한 후, 이를 단순히 여성들에게 적용하는 것이 심리학자들 사이에서 너무나 흔하게 행해졌다. 여성 동성애자들은 당연히 연구 대상의 대다수가 남성인 연구에 근거하여 동성애 공동체에 대한 일반적인 결론을 도출하는 것은 오해의 소지가 있다고 느꼈다.

결국, 여성 동성애자 정체성과 남성 동성애자 정체성을 구분하는 모델들이 발전되었다. 그러나 그 후에, 동성애자 공동체 내의 양성애자들이 자신들의 경험이 남녀 동성애자들의 경험과는 다르다고 지적했고, 따라서 그들만의 추가 모델이 제시되었다. 동성에게 끌림을 느끼는 소수 민족 집단들도 자신들의 경험이 이전 모델에서 설명된 경험들과는 다르다고 지적했다. 따라서 그들도 자신들만의 모델을 발전시키고 제시했다.

성적 정체성 모델들 내에서의 이 모든 구분에서 나는 어디로 향하고 있는가?

실은, 이런 연구에서 여전히 배제된 그룹이 있는 것 같다.

동성에게 끌리지만, 동성애자 정체성을 받아들이지 않는 사람들은 어떠한가?

이런 사람들은 종종 동성애자 공동체와 이들을 후원하는 기관으로부터 소외된다. 대부분 모델의 일반적인 결과는 동성에게 끌리는 사람들이 게이, 레즈비언, 또는 양성애자 정체성을 취하게 되는 것이다.

그렇다면 그런 정체성을 취하지 않는 사람들은 어떠한가?

일반적으로, 연구자들은 동성애적 끌림을 경험하는 사람들이 다음 세 단계를 경험하는 자신을 발견하게 된다는 데에 동의한다.

1단계 정체성 딜레마: 즉, 다른 사람들이 경험하는 것과 무언가가 다르다.

2단계 정체성 발달: 이것은 성적 정체성과 동성에 대한 끌림이 의미하는 바가 무엇인지 고찰하는 전체 과정이다. 성적 정체성의 발달 과정을 통과하는 사람은 다음과 같이 질문한다.

동성에 대한 감정이 나에게 보내는 신호는 무엇인가?
나는 이런 끌림에 어떤 의미를 부여하는가?
이런 끌림은 한 인간으로서 나 자신의 핵심인가?
이런 끌림은 나의 한 부분이지만, 내 정체성의 가장 중요한 부분은 아닌가?

사람들은 아마 평생에 걸쳐 이런 질문들에 대한 대답을 반복하여 평가할 것이다. 그렇기에, 개인의 정체성에 관한 부분은 어느 정도 유동성을 지닌다. 모든 사람이 하나의 과정에만 머무는 것은 아니다. 사람들은 자신을 어떻게 인식하는가에 있어서 삶의 다른 단계마다 다른 결정을 내린다.

3단계 정체성 통합: 마지막으로 그들은 정체성 통합, 혹은 정체성에 "안착했다"는 느낌, 혹은 자신이 누구인가에 대한 의식에 도달한다. 그들은 자신의 정체성에 만족하고 있는 자기 자신을 발견하게 되고 이것에 대해 편안하게 이야기한다. 몇몇 연구들은 분류라는 측면에서 섹슈얼리티를 "열린 결말"로 남겨 두는 것이 종착점보다 중요하다고 제안함으로써, 이 마지막 상태에 대한 의문을 제기한다. 그러나 대부분 연구자는 여전히 통합이나 성취가 사람들이 지향하는 합리적 목표라고 여긴다.

앞서 다룬 것처럼, 최근의 연구들은 정체성 분류는 시간에 흐름과 함께 변하며, 특별히 여성에 있어서 그러하다고 제시한다. 동성애적 끌림을 경험하는 89명의 여성을 대상으로 10여 년 전에 시작한 연구에서는 여성들이 동성에 대한 끌림과 이성에 대한 끌림 모두를 경험하는 것이 일반적이었다. 즉, 이 여성들은 독점적으로 다른 여성들에게만 끌림을 느낀 것이 아니었다. 그리고 대부분은 삶의 흐름과 함께 정체성 분류를 변경했는데, 21%의 여성은 자신의 정체성 분류를 "이성애자"로 전환했다. 또한 다수는(37%) 스스로 분류하지 않는 것을 선호했다.[20]

성적 정체성에 대한 다른 연구자들도 청소년들 사이에서 이와 비슷한 경향을 목격한다.[21] 그들은 동성애자라는 용어가 그 어느 때보다도 모호하다고 보는데, 이는 동성애적 끌림을 경험하는 십 대 중 자신을 분류하기로 선택하는 십 대의 수가 나날이 줄어들고 있기 때문이다.

성적 정체성은 발달학적 과정이다. 한 개인이 자신의 정체성 딜레마에 어떻게 접근하는가와 그 후에 정체성 발달이라는 측면에서 무엇이 일어나는가는 그 개인이 정체성의 통합이나 정체성의 종착점에 이르기 위한 과정에서 매우 중요하다. 우리가 다음으로 논의할 내용처럼, 핵심은 청년이 "동성애자 대본"the gay script이라 불리는 내용에 반응하는 방법이다.

동성애자 대본

"대본"이라는 용어를 사용할 때, 나는 우리 자신과 삶을 이해하는 방식에 대해 말한다. 대본은 우리가 어떻게 살아야 하는지와 어떻게 관계를 맺고 행동해야 하는지의 측면에서 우리 문화의 기대를 반영한다.

우리에게는 다양한 인간 경험을 둘러싼 대본이 있다. 여기에는 언제 "정착"하여 결혼하며, 언제 아이를 낳고, 결혼 속에서 어떻게 관계할 것인가에 관한 결정뿐 아니라, 이성, 혹은 동성과의 관계에 대한 기대도 포함된다.

대본은 또한 섹슈얼리티와 자신을 어떻게 경험하고 표현하는가에 관해 우리가 지닌 기대의 세상으로 확장된다. 그 후에 대본은 성적 정체성에 대한 논의로 확장된다. 오늘날 우리 문화에서 동성에 대한 끌림의 경험은 일반적으로 동성애자 정체성과 동의어로 여겨지며, 동성애자 정체성은 그 자체로 다양한 함축적 의미를 전달한다.

예를 들어, 당신이 동성에게 끌림을 느낀다면, 당신은 동성애자이다. 하지만, 동성애자가 된다는 것은 당신이 동성에게 끌림을 느껴, 동성애적 행동에 참여함으로 개인적으로 성취된다.

우리가 앞서 만든 3단계 구분이 저절로 허물어진다. 대본에 대해 하려는 나의 말을 이해하려면, 배우들의 삶에서 대본이 어떤 기능을 하는지 이해하는 것이 중요하다. 배우들은 항상 대본을 읽는다. 배우들은 대본을 사용하여 자신의 배역이 어떻게 생각하고 느끼고 다른 사람들과 관계하는지를 설정한다. 이와 비슷하게 청년들은 자신이 누구인지를 이해하기 위해 참고할 대본을 물색한다. 그리고 동성애적 끌림을 경험하는 청년들도 이와 비슷하게 참고할 대본을 물색한다.

크리스Chris라는 이름의 16세 소년이 있다고 가정해 보자.

그는 동성애적 끌림을 경험하고 있으며, 자신이 누구인지, 자신의 경험이 무엇인지 알려줄 자원을 찾고 있다.

크리스를 무대 위에 있는 배우라고 가정해 보자.

그는 관객들과 관계하는 법에 대한 설명과 지침을 찾고 있다. 크리스는 대본을 찾고 있다. 동성애적 끌림의 경험을 동성애자 성적 정체성과 동일한 한 가지로 취급한다면, 대부분의 동성애자 공동체에서는 크리스에게 "동성애자" 대본을 전달할 준비를 하고 있을 것이다. 내가 보기에 대본은 아마 이렇다.

- 동성애적 끌림은 동성애, 이성애, 양성애 사이의 구분이 자연발생적 구분 또는 "하나님이 의도하신" 구분임을 나타내는 신호이다.
- 동성애적 끌림은 당신이 한 인간으로서 "진정 누구인가"를 알게 되는 길이다(발견을 강조).
- 동성애적 끌림은 당신이 한 인간으로서 누구인가의 핵심이다.
- 동성애적 행동은 그 핵심의 연장이다.
- 당신의 성적 정체성에 따른 자아 실현(당신이 "진정 누구인가"에 부합하는 행동)은 자기 완성에 있어 결정적이다.

이는 매우 설득력 있는 대본이다. 자연에서 나타나는 성적 다양성을 강조하기에, 크리스가 경험하는 혼란스러운 끌림은 자연발생적이며, 하나님이 의도하신 축복된 것으로 비추어진다. 이런 끌림은 발견으로의 길을 열어 준다. 이런 끌림은 크리스가 자신이 진정 누구인지를 배울 수 있게 해 준다. 이런 끌림은 한 인간으로서 자신에 대한 감각의 중심이다.

이 대본은 크리스에게, 동성애적 행동은 자신의 핵심 정체성에 대한 하나의 표현이기에, 아무도 그의 행위에 대해 의문을 갖거나 판단할 수 없다고 말한다. 결국, "자기 실현"(개인의 잠재성에 대한 깨달음)을 강조하고 성적 쾌락의 메시지에 젖어 있는 오늘날의 문화 속에서, 크리스는 자신의 성적 정체성에 따라 행동할 당연한 권리가 있다는 메시지를 받는다. 당신이 만약 크리스와 비슷한 상황에 있다면, 당신 역시 이런 종류의 대본에 이끌리게 될 것이다.

동성애자 대본에서는 발견에 대한 강조가 가장 중요한 비유라는 것을 기억하라.

청년은 자신이 이미 누구였는지를 발견한다. 청년은 동성에 대한 끌림으로 인해 다른 젊은이들과는 분류적으로 다르다. 질문은 크리스나 다른 성소수자들이 활용할 수 있는 다른 선택권이 있는가이다.

그가 교회로부터 기대할 수 있는 경쟁력 있고 대안적인 대본은 무엇인가?

크리스가 교회로 눈을 돌렸을 때 들을 수 있는 말은 많지 않다. 그가 정작 듣게 되는 것은, 동성애는 신앙이나 노력을 통해 쉽게 바뀌거나 치유될 수 있다는 주장에 따른 동성애의 원인에 대한 지나친 단순화이다.

이것이 교회가 크리스에게 전달할 유일한 메시지인가?

한번은 그리스도인 리더 모임에서 동성애자 대본을 소개한 적이 있다. 그들은 동성애적 끌림이 흔히 동성애자 정체성과 동의어처럼 다루어진다는 주장, 그리고 젊은이들에게 다른 선택권이 없기에 이 모든 내용을 담고 있는 동성애자 정체성을 선택하게 된다는 주장에 공감했다. 질의 응답 시간에 한 리더가 질문했다.

대안적 대본에는 어떤 것이 있습니까?

만약 청년들이 동성애자 대본을 따르지 않는다면, 무엇을 읽고 따라야 합니까?

그 외에 청년들이 활용할 수 있는 것에는 무엇이 있습니까?

그 당시 나에게는 제안할 수 있는 대안적 대본이 없었다. 나는 이 대안적 대본이 동성애자 대본을 취하는 대신 다른 대본을 개발하는 성소수자들의 소리로부터 나와야 한다고 생각했다.

그때 이후로 나는 다른 대본을 읽는 사람들의 이야기를 들을 기회를 얻게 되었고, 지금은 새롭게 떠오르고 있는 가능성 있는 여러 대안적인 대본 중 하나를 목격하고 있다고 믿는다.

그리스도인을 위한 대안적 대본:
"그리스도 안에"In Christ 정체성

많은 그리스도인은 자신의 끌림에 따라 자기 정체성을 결정하지 않기로 선택했다. 예를 들어, 최근 우리는 동성애적 끌림을 경험하는 그리스도인 대학생을 대상으로 한 연구를 시행했다.[22] 그들은 자신이 대학 캠퍼스에서 무엇을 경험했는지, 그리고 자신의 정체성이 시간의 흐름에 따라 어떻게 형성되었는지 우리에게 이야기했다.

그들 중 동성애자 정체성을 채택한 사람이 거의 없다는 사실이 흥미롭게 다가왔다. 그들은 동성에 대한 자신의 끌림을 다른 방법으로 바라보고 경험하는 것처럼 보였다. 예를 들어, 많은 이들이 자신의 끌림의 원인을 타락으로 보았으며, 섹슈얼리티나 성행위에 대한 하나님의 목적이나 이상과는 다른 무언가로 보았다.

다른 일련의 연구에서, 우리는 동성애자 정체성 분류를 채택한 그리스도인과 채택하지 않은 그리스도인을 비교했다.[23] 두 집단 모두 동성애적 끌림을 경험하고 있었고, 스스로 그리스도인으로 인식했다. 두 집단 모두 자신의 믿음과 가치관에 부합하는 삶을 살고자 한다는 것을 발견했다.

그러나 그렇게 살기 위해 그들은 매우 다른 두 개의 방식을 취하고 있었다. 동성애자 정체성을 채택한 그리스도인은 자신의 정체성과 행동에 맞추어 믿음과 가치관을 조정했다. 즉, 정체성과 행동을 앞에 두고, 이에 부합하게 믿음과 가치관을 수정했다. 반면에 동성애자 정체성을 채택하지 않은 그리스도인들은 자신의 믿음과 가치관에 맞추어 정체성과 행동을 수정했다. 이 집단에게는 믿음과 가치관이 먼저였다.

동성애자 정체성을 채택한 그리스도인은 동성애자 그리스도인의 방식대로 하나님을 예배한다고 말했다. 그렇게 한다는 것은 곧 하나님 앞에서 진정성을 갖는 것을 의미했다. 반대로, 동성애자 정체성을 채택하지 않은 그리스도인들은 진정성이란 하나님의 방법대로 하나님을 예배하는 것을 의미한다고 분명히 말했다. 동성애자 정체성으로 하나님을 예배하는 것은 그들에게는 자신의 바른 진정성을 반영하지 못하는 것이었다.

이런 연구에서 나타난 메시지는 다른 대본이 주는 메시지였다(그리고 여러 다른 대본이 존재할지도 모른다). 이는 본질적으로 동성애자 대본과는 뚜렷이 대조되는 "그리스도 안에 정체성"이라는 대본이었다. 다음은 이 대본의 기본 요소이다.²⁴

- 동성애적 끌림은 인간 유형에 대한 분류적 구분을 암시하는 것이 **아니며**, 이는 "본래 의도되지 않은 방식"의 다양한 인간 경험 중의 하나이다.²⁵
- 동성애적 끌림은 당신 경험의 일부일 수 있지만, 당신의 정체성을 정의하는 요소는 아니다.
- 당신은 동성에 대한 끌림의 경험을 동성애자 정체성으로 통합하는 선택을 할 수 있다.
- 반면에 당신은 생물학적 성, 사회적 성 정체성, 또한 그 외의 여러 가지를 포함한 경험의 측면을 중심으로 당신의 정체성을 선택할 수 있다.
- 그리스도인이라는 사람됨의 가장 강력한 측면은 이들의 정체성이 그리스도 안에 있다는 것이며, 이것은 예수를 따르는 자가 되는 것이 의미하는 바의 핵심이자 정의이다.

이것은 발견보다는 **통합**이라는 상징에 의존하는 대본이다.

발견의 상징에서는 끌림이 그 사람이 "진정 누구인가"를 말해 준다고 가정함을 기억하라.

반면에 통합의 상징에서는 동성애적 끌림을 설명하는 것으로부터 시작하며, 그 후에 청년들이 행동과 정체성 모두에 대한 선택권을 지니고 있음을 인정한다. 청년들은 자신의 동성애적 끌림을 동성애자 정체성으로 통합할 수도 있고, 하지 않을 수도 있다.

청년은 그 후에 한 인간으로서의 다른 측면들을 중심으로 하여 자신의 정체성을 구축해 나갈 수 있다. 아마도 우리가 동성애자 정체성을 선택하지 않은 사람들 사이에서 듣게 되는 가장 핵심적인 이야기는 그들이 예수 그리스도의 인격과 사역을 중심으로 자신의 정체성을 형성했다는 것이다. 부정적인 정체성(동성애자가 아니다)에 초점을 맞추기보다는, 자신의 삶에서 그리스도의 구속 사역에 기초한 자신과 목적과 공동체를 향한 긍정적 정신, 즉 "그리스도 안에"라는 정체성을 형성했다.

한 가지 더 언급하고 싶은 것은, 동성애적 끌림을 경험하는 일부 그리스도인들은 동성애자 정체성을 채택하지만, 동성애자라는 단어의 의미를 변형한다. 설명하자면, 그들은 동성애자라는 단어를 단지 자신이 동성애적 끌림을 경험하고 있거나 동성애적 성적 지향을 가지고 있음을 나타내는 데에 사용한다. 즉, 그들은 동성애자라는 단어를 광범위한 문화 속에서 이해를 도모하기 위한 하나의 전달어로써 사용한다.

구체적인 예를 들어 설명해 보겠다. 로버트Robert는 3단계 구분법에 대해 이해했지만, 자신이 동성애자라고 인정하면서 다른 사람들과 관계하는 것이 더 편하다는 결정을 내렸다. 그는 다른 사람들에게도 익숙한 용어를 사용해서 자신의 끌림에 대해 말하는 것이 그들에게 정직한 것이라고 느꼈다. 로버트는 그 부분에 있어서 자유했다.

어떤 사람들, 특히 교회 내 사람들은 그것 때문에 그로부터 거리를 두기도 했고, 다른 사람들은 단순히 그것을 그를 알아가는 출발점으로 받아들이기도 했다. "동성애자"와 함께 연상되는 동성애적 행위로 인해, 사람들은 흔히 그도 동성애적 행위를 하고 있다고 가정했다. 하지만 사람들이 로버트에 대해 더 깊이 알아가게 되면, 그는 자신이 순결하기로 결단했다는 사실을 이야기할 수 있었다. 그런데도, 로버트는 좀 더 설명적인 언어를 사용하여 그 뉘앙스를 해명하면서 자신을 동성애자로 소개하지 않았다. 오히려 출발점에서 자신을 동성애자로 소개하는 것을 선호했다.[26]

나는 이런 흐름이 앞으로도 지속될 것으로 여긴다. 나는 동성애적 끌림을 경험하는 더 많은 그리스도인, 특히 청년들이 끌림이라는 측면에서 자신의 경험을 간단히 설명하는 전달어로 동성애자라는 단어를 발견할 수도 있다고 믿는다. 이들이 마주하게 될 도전이 로버트가 마주했던 바로 그 도전이다. 어떤 사람들은 이런 분류에 반응하는 것에 곤란함을 느끼게 될 텐데, 이는 부분적으로 동성애자라는 단어에 대한 현재의 어조가 동성애적 행동을 인정하는 것과 연관되기 때문이다. 이것 또한 변하게 될지 모른다.

따라서 우리는 이것이 청년들이 분류에 관해 내리는 결정에 어떻게 영향을 미치게 될지 지켜봐야 한다. 물론 어떤 사람들은 여러 이유로 계속하여 동성애자를 문제가 많은 단어로 취급할 것이며, 이 단어가 지닌 현재의 어조를 고려하여 그 단어에 자신을 동일시하지 않으려 할 것이다.

내가 이번 장 전반에 걸쳐 제안한 것처럼, 특별히 자신의 정체성이 그리스도의 인격과 사역을 중심으로 형성될 수 있다고 느낀다면,

그들은 한 인간으로서 자신이 누구인가에 대한 다른 측면들을 중심으로 정체성을 형성해 나갈 것이다.

성적 정체성에 대한 결론적 생각

몇 년 전에 우연히 사람들이 어떻게 정치적 정체성을 형성하는지에 관한 짧은 글을 발견했다.[27] 이것은 실제로 어떻게 정치적 견해가 한 인간으로서 자신이 누구인가에 있어서 가장 중요한 부분으로 경험되는가에 관한 논문이었다. 이 논문은 사람들이 살아가는 이야기와 이런 이야기들이 어떻게 사람들을 형성하는지에 대해 이야기했다.

저자는 이 이야기들 중 두 중요한 맥락, 즉 정체성의 민족적 측면과 시민적 측면을 파악했다. 정체성의 민족적 측면은 선택하지 않은 측면이지만, 정체성의 시민적 측면은 그 정체성을 지지하는 특정한 사람들 혹은 단체들 사이의 자발적 동의이다. 저자의 의도는 사람들은 공동체를 선택하여 참여할 수 있고, 결과적으로 그 공동체를 자신이 진정 누구인가의 본질로써 경험한다는 것이었다.

성적 정체성과의 연관성이 보이는가?

동성애적 끌림은 정체성의 민족적 측면, 즉 선택하지는 않았지만 어떻게든 정체성에 영향을 미치는 특성이다. 그러나 동시에 정체성의 시민적 측면도 존재한다. 사람들은 섹슈얼리티와 성적 정체성, 그리고 성적 행동에 관한 자신의 믿음에 의거하여 선택할 수 있다. 이런 선택들은 이들을 다양한 공동체로 인도하여, 마침내 성적 정체성이 자신이 누구인지에 대한 의식으로 통합되도록 확증하고 강화할 것이다.

댈러스 윌라드Dallas Willard는 팔복과 하나님의 나라에 관한 논의에서 기록하고 있다.

> 우리는 현실의 고유한 영역 안에서 '통치권을 갖도록' 지음받았다.… 우리의 '왕국'은 단순히 우리의 실행적인 의지의 범위이다. 우리가 진정으로 최종적인 결정권을 갖는 모든 것은 우리의 왕국 안에 있다.[28]

하나님은 우리에게 삶의 특정 영역에 대한 통제권을 주셨다. 나는 동성애적 끌림을 경험하는 한 여성을 인터뷰한 적이 있다. 그녀는 그리스도인 정체성과 성적 정체성 분류에 관한 연구의 참여자였다. 그녀는 교회가 자신을 포함하여 사람들을 어떻게 분류했으며, 이것이 그녀 앞에 놓인 선택 가능성에 어떤 영향을 끼쳤는지에 대해 다음과 같이 말했다.

> 교회는 사람들이 성급하게 분류하도록 영향을 주었어요. 나도 그 분류를 받아들였죠. 동성애자이거나 아니거나. 다른 선택 가능성은 없었고, 때로 저는 그 안에 갇힌 것처럼 느꼈어요.

같은 연구 참여자인 한 남성도 정체성에 대한 자신의 의견을 공유했다.

성령께서 제 삶 속에서 일하기 시작하셨고 제 삶을 주도해 나가기 시작하셨어요. 그리스도인 친구들은 저를 사랑해 주었죠. 저는 주님 앞으로 나아갔습니다.… 저는 동성애에서 도망치기 위해 그리스도 앞으로 나간 것이 아니었어요. 주님이 제게 말씀 한 구절을 떠올려 주셨습니다.… 하루는… 그날, 하나님은 제 기도 중에 찾아오셔서, 당신의 사랑을 계시하셨습니다. 하나님의 말씀이 보여 주신 것은, 하나님이 저를 너무나 사랑하시기에 저의 정체성을 바꾸어 놓은 그 무언가가 제게 선하지 않다는 것이었어요. 그날 기도 이후에 제가 예전과 같은 사람일 수는 없었습니다.

이 남성이 그 이후에 자신의 성적 지향의 변화를 경험했을까? 내가 기억하는 바로는 전혀 그렇지 않았다. 오히려 그의 변화는 성적 지향이 아닌 성적 정체성에 관련되어 일어났다. 정체성의 변화와 하나님 앞에서 자신에 대한 생각의 변화는 매우 중요한 단계였다. 이것은 성적 지향의 변화와 상관없이, 중대한 영적 성장과 성숙으로 나아가는 길을 제공했다.

만약 우리가 교회로서, 깊은 영적 성숙은 오직 성적 지향의 변화로부터만 온다고 믿기를 계속한다면, 우리는 성적 지향의 변화를 위해 애쓰지만 바뀌지 않는 사람들은 영원히 기다려야 할 것이다. 이 모든 것은 그들에게, 실제로 그렇지 않을 때조차도 극적인 변화를 경험했다고 말해야 한다는 엄청난 압박을 가하게 될 것이다.

성적 지향의 변화 여부와 상관없이, 교회는 정체성을 통해 사람들을 도울 수 있다. 우리는 동성애자 대본이 동성애적 끌림 으로 힘겨워하는 사람들에게 매우 강력한 힘이 있음을 안다. 이는 특히, 믿음의 공동체들이 이들에게 다른 선택권을 제시하지 못할 때 그러하다.

따라서 우리는 성경 진리에 단단히 고정된, 그리스도의 인격과 사역이 중심인 대안적 대본을 개발하여 도움을 줄 수 있다. 또한, 우리가 동성애적 끌림을 경험하고 있든지 그렇지 않든지, 자신의 삶을 바라보며 진정 그리스도가 최우선적 정체성이 되는 삶을 살아갈 준비가 되어있는지 점검해 볼 수 있다.

기억해야 할 포인트!

- 많은 사람이 동성애적 끌림, 동성애적 지향, 동성애자 정체성 사이를 구분하는 3단계 구분법이 유용하다는 사실을 발견한다.

- 성적 정체성 발달은 다음과 같은 폭넓은 세 가지 단계로 생각해볼 수 있다: 정체성 딜레마, 정체성 발달, 정체성 통합.

- 성적 정체성 발달은 만 10세나 12세와 같은 어린 나이의 성적 끌림과 함께 시작되며, 만 13세나 14세에는 동성애적 행동에 참여할 수도 있다. 이후에 정체성에 대한 의문이 뒤따르고, 어떤 이들은 만 15세 경에 정체성을 분류하기도 한다.

- "동성애자 대본"은 발견의 상징을 사용하여, 동성애적 끌림이 그 사람이 진정 누구인가에 대한 신호라고 강조한다. 이 대본은 성적 끌림에 기초하여 인간의 유형에 대한 분류상의 구분을 만들어낸다.

- 대안적인 대본은 통합이라는 상징을 강조하며, 한 개인이 동성애적 끌림을 동성애자 정체성으로 통합하는지, 그렇지 않은지에 중점을 둔다.

03

동성애의 원인은 무엇인가?

릭은 평범한 열여섯 살 소년처럼 보였다. 내가 그의 이름을 불렀을 때, 릭은 대기실에서 MP3 플레이어로 음악을 듣고 있었다. 릭의 부모는 나를 바라보며 릭의 팔을 흔들었고, 상담을 받기 위해 다 같이 내 사무실로 걸어 들어왔다.

릭의 부모는 2주 전에 전화하여, 최근 릭이 스스로 동성애자라고 인정한 사실 때문에 염려하고 있음을 알렸다. 릭의 어머니는 릭의 가장 친한 친구가 동성애자라는 사실을 알게 되었고, 릭에게도 이 부분에 관해서 물었다. 그녀는 릭의 친구에 대해서는 의심을 했었지만, 릭에 대해서는 의심하지 않았다고 말했다. 그날 저녁 식사 후, 릭의 어머니는 이 사실을 릭의 아버지에게 알렸고, 릭의 아버지는 "놀라고," "실망" 했지만 대체로 잠잠했으며, 지금도 많은 말을 하지 않았다.

반면에 릭의 어머니는 할 말이 많았다. 그녀는 릭이 염려스러웠고, 한편으로는 릭에게 화가 났다. 그녀는 어떻게 이것이 사실일 수 있는지 이해할 수 없었다. 그녀는 릭이 고등학교 입학부터 가장 최근인 작년까지 만난 여자 친구들에 대해 이야기했다.

"작년에 있었던 댄스 파티는?"

릭의 어머니가 질문했지만, 대답을 기다리진 않았다.

"댄스 파티에 같이 갔던 그 여자아이는 어땠었는데?

귀여웠잖아, 너도 그 아이를 좋아한다고 했었잖니.

우리를 위해서 그랬던 거니?

거짓말이었던 거야?"

릭은 대답을 하려고 했다.

"거짓말은 아니었어요. 엄마, 아빠를 위한 것도, 그 누구를 위한 것도 아니었어요. 저도 그 애가 좋았다고요.

하지만 잘 모르겠어요.

제가 말씀드릴 수 있는 건 지금 제가 어떻게 느끼는가에요. 저한테 물어보셨고, 그래서 제가 대답했잖아요.

알고 싶지 않으셨으면 묻지 마셨어야죠."

릭의 어머니가 내게로 고개를 돌렸다.

"이런 일이 일어나는 원인이 뭔가요?

우리 애가 정말 동성애자인가요?

선택할 수 있는 문제처럼 느껴져서 아이 스스로 선택한 건가요?

나쁜 선택인 것 같아요. 그리고 어떨 때는 그냥 아이를 잡고 흔들면서 그만하라고 말하고 싶어요!"

다음 상담의 시작 부분에 릭의 어머니는 첫 번째 만남에서 지나치게 감정적이었던 것에 대해 사과했다.

"지난번에 너무 소란스럽게 해서 죄송해요.

이 모든 상황이 저를 힘들게 만드네요. 혼란스럽고 당혹스러워요. 무슨 말을 해야 할지 모르겠어요.

하지만 궁금했어요,"

그녀는 말을 이어갔다.

"우리가 했던 무언가 때문에 그런가요?

아니면 우리가 무언가를 안 해서 그런가요?"

릭이 분명하게 말했다.

"엄마, 이건 엄마나 아빠가 뭔가를 해서 그런 게 아니에요. 그런 게 아니라고요.

엄마한테 말씀 좀 해 주세요, 네?"

릭이 나를 쳐다봤다.

오늘날 가정에 중요한 질문

당신이 이 책을 읽고 있다면, 이와 비슷한 질문을 해 본 적이 있는지도 모른다. 당신은 해답을 찾기 위해 노력하는 이 부모들에게 동정심을 느낄지도 모른다. 아마도 이 부모들처럼, 당신도 선택이라는 측면에서 생각할 수도 있다,

우리 아들, 혹은 우리 딸이 동성애를 선택했는가?

우리 자녀는 어떻게 이런 선택을 내리게 되었는가?

우리가 수년간 심어 주고자 노력했던 가치는 어떠한가?

우리 자녀가 해 왔던 데이트 역사는 어떠한가?

그것은 동성애자 정체성이 허위라는 것을 의미하지 않는가?

거기서부터 당신은, 당신이 했거나 하지 않았던 무언가가 자녀의 동성애적 끌림이라는 경험에 원인이 되었는지 궁금하게 여길 수도 있다.

내가 무엇을 잘못했을까?

내가 감정적으로 너무 깊이 관여했나?

내가 충분한 관심을 보이지 않았나?

내가 지나친 관심을 보였나?

반대로 당신은 이 책을 읽으면서 릭에게 동정심을 느낄 수도 있다. 어쩌면 당신은 성적 정체성에 관한 질문을 놓고 고민하면서 해답을 찾아 가는 중인지도 모른다. 어쩌면 당신은 부모에게 이것은 잘잘못을 따지기 위한 것이 아니라고 분명하게 말하고 싶은지도 모르겠다. 당신은, 마치 부모가 했던 무언가가 당신의 동성애적 끌림에 직접 영향을 준 것처럼 그분들을 비난하는 부정적인 메시지로부터 부모를 보호하기 원할지도 모른다.

이 책은 많은 순간 분명하게 보기 어려운 영역에 더 많은 빛을 비추기 위해 쓰여졌다. 때로는 많은 필요한 정보를 제공함으로써 그렇게 할 수 있을 것이다. 그러나 때로는, 더 깊은 통찰과 이해가 아직은 부족하다는 사실을 인정하면서 우리가 알지 못하는 것을 배움으로써 명료성을 얻게 되는 순간도 있을 것이다.

"동성애의 원인은 무엇인가?"

이 질문은 우리가 무엇을 알고 있고 무엇을 모르고 있는지를 아는 것이 현재 우리가 할 수 있는 최선이라 할 수 있는 영역 중 하나이다. 2004년에 내가 처음으로 '성적정체성연구협회' ISSI: Institute for the Study of Sexual Identity를 설립했을 때, 나는 우리 대학교의 정보통신기술팀 직원과 연락하여 협회의 홈페이지를 제작했다. 함께 다양한 홈페이지의 디자인과 배치를 살펴보던 중, 그 직원은 내게 자주 반복되는 질문을 위한 FAQ(Frequently Asked Questions: 자주 하는 질문) 부분을 만들어 보라고 제안했다.

비록 깊이 생각한 것은 아니었지만, FAQ를 생각했을 때 나에게 가장 먼저 떠오른 질문은 아마도 동성애에 관하여 상담할 때 대부분 사람이 가장 먼저 하는 질문이었다.

동성애의 원인은 무엇인가?

그 답은 우리도 모른다. 꽤 짧은 홈페이지가 될 것 같았다.

사실 우리는 동성애의 원인에 있어서 우리가 모르는 것이 정확히 무엇인지를 설명하는 데에 상당한 시간을 쏟게 될 수도 있다.

이것을 기억하면서 이번 장을 살펴 보자.

교회가 대답하기에 난감한 질문

오늘날 동성애의 원인에 집중된 관심은 교회를 불리한 입지에 처하도록 했다. 광범위한 문화 속에서, 많은 그리스도인은 과학에 대해 무지하거나 과학에 반대한다고 인식되고 있다. 이런 인식은 부분적으로 동성애라는 주제가 대두될 때, 많은 그리스도인들이 인간의 선택에 대해서만 이야기하고, 생물학적인 가설에 대해서는 거의 또는 전혀 신뢰하지 않는 것처럼 보이는 데서 오는 것 같다.

나는 사람들이 동성애를 선택한다고 말하는 몇몇 그리스도인을 만나 봤다. 나는 그 사람들이 문자 그대로, 한 개인이 10대 후반이나 20대 초반에 접어들면서, 동성애자가 된다는 것은 낙인찍히는 것과 같고 사회적으로 고립될 수 있으며, 부모들에게는 엄청난 충격이고, 그 외의 여러 가지 어려움이 있음을 알면서도, 많은 선택 가능성 중에서 동성애를 골랐다는 것을 의미하는지 궁금하다.

나는 그리스도인들이 실제로 사람들이 마치 대학에서 전공을 선택하듯이 동성애를 선택한다고 생각하는 것인지 궁금하지만, 이 사람들은 종종 그런 방식으로 인식된다. 동시에, 일부 그리스도인은 정확히 그들이 의미하는 바가 무엇인지 당신을 궁금하게 만드는 말들을 한다.

현재 일어나고 있는 일은 교회 내부의 많은 사람이 동성애와 관련된 모든 것에 있어서 동성애자 공동체에 대항해 양극화되고 있다는 사실이다. 선천성과 후천성의 논쟁에 있어서 동성애자 공동체가 선천성을 주장한다면 교회는 후천성을 주장할 것이다. 그리고 이것이 현재 우리가 서 있는 바로 그 지점이다.

나는 선천성이 동성애의 유일한 원인이라는 결론을 도출하는 동성애자 공동체에 반대하지만, 모든 것이 후천적이라는 자세를 취하는 그리스도인에게도 반대한다. 양쪽 모두 틀렸을 확률이 높다. 그들은 나의 이전 교수님이 말씀하셨던 것 중 하나인, "오직-주의"nothing-but-ism라는 죄를 범하고 있다. 오직-주의라는 죄는 어떤 경험이나 상황이 오직 ____로부터 비롯되었다고 선언하는 것이다. (당신의 지론을 넣어 보라, 예를 들어, 학대, 아동 유기 등등.)

　기독교 공동체 사람들과 동성애자 공동체 사람들은 모두 다 오직-주의라는 죄에 있어 유죄일 수 있다. 그러나 이런 논쟁이 얼마나 무익한지를 인정하는 대신에, 양쪽 진영은 각자의 입장을 발전시킴으로써 이득을 취하고 있다.

　그리고 기독교 공동체가 감당해야 할 부분이 있다.

　당신은 지난 장에서 했던 상상 연습을 기억하는가?

　우리는 십 대인 크리스가 무대 위에 서서 자신이 누구인지, 자신이 경험하고 있는 것이 무엇인지, 그리고 어떻게 다른 사람들과 관계할 것인지에 대해 설명해 줄 대본을 찾고 있는 장면을 상상했었다.

　릭도 크리스와 비슷한 상황에 놓여 있다. 릭은 정보와 자원을 찾기 위해 교회와 동성애자 공동체를 바라본다. 하지만 릭이 교회로 향했을 때, 교회는 동성애는 어떤 경우에도 선천적으로 발생하지 않는다는, 동성애자 공동체에서 거침없이 말하는 사람들의 주장과는 정반대의 견해에 갇혀 있음을 발견한다. 교회의 견해는 그 어떤 것보다도 동성애자 공동체에 반대하면서 정의된다. 릭은 그들로부터 동성애는 부모-자녀 관계로부터 비롯된다고 듣는다.

　동성애의 환경적 요인을 강조하는 것과 더불어, 교회는 동성애를 죄라고 말하면서, 심지어는 존재하는 최악의 죄로 제시한다. 릭은 다른 방향으로 고개를 돌려 동성애자 공동체를 바라본다. 동성애자 공동체는 동성애가 자연스러운 것이라고 말한다. 동성애는 인간 경험의 정상적인 부분이며, 사람들이 경험할 수 있는 섹슈얼리티의 범주에 대한 향연이고, 옹호되어야 할 필요가 없는 것이라고 말한다.

당신이 생각하기에, 릭을 강렬하게 사로잡는 것은 어느 쪽일까? 동성애적 끌림을 경험하는 청년에게, 혼란과 외로움을 느끼는 이 청년에게, 동성애자 공동체의 메시지가 훨씬 더 위안을 주는 매력적인 메시지로 다가올 가능성이 크다.

나는 당신이 릭을 기억하기 바란다. 릭과 그의 가족에 대한 이야기는 나중에 다시 이어갈 것이다. 릭은 자신의 성적 끌림과 성적 정체성에 대한 바른 질문을 던지는 많은 청년을 대표한다. 그리고 이 청년들은 자원을 찾고 있다. 이 청년들은 정보를 찾고 있다. 교회는 사람들의 삶 속에 이야기할 기회를 얻었지만, 우리는 우리가 전할 메시지에 대해 충분히 생각해야 한다.

우리가 말하고자 하는 것은 무엇인가?

우선은, 동성애의 가능성 있는 원인에 대해 논의하면서 릭을 기억하도록 하자.

자신의 성적 끌림이 교회와 사회에서 그가 맡은 "역할"과 어떻게 조화를 이룰 수 있을지 이해하기 위해 노력하고 있다는 사실을 기억하도록 하자.

등결과성

동성애적 성적 지향의 가능성 있는 원인에 대한 검토를 시작하면서, 나는 등결과성 equifinality이라는 개념을 소개하고자 한다. 이 용어의 의미는 하나의 목적지로 가는 데에는 다수의 경로가 존재한다는 것이다.

당신은 맵퀘스트^MapQuest 1 나 내비게이션^(GPS: Global Positioning System)을 이용하여 대륙 횡단 경로를 찾아본 적이 있는가?

나는 최근에 아버지와 여동생과 함께 자동차로 미시간 주를 횡단했다. 우리의 목적지를 내비게이션에 입력했지만, 주요 고속도로에서 교통 체증에 걸리고 말았다. 우리는 길을 우회하여 다른 길로 가기로 했다. 안타깝게도, 내비게이션은 한 가지 경로만 안내할 수 있었기 때문에, 계속하여 "경로를 다시 안내합니다"라고 말하면서 우리를 다시 그 교통 체증 속으로 돌려보내려 했다.

"여기서 돌아가십시오! 여기서 돌아가십시오!"

내비게이션은 자신이 알고 있는 그곳으로 우리를 보내기 위해 계속하여 선포했다. (물론 "여기서" 도는 것은 다른 차선으로 가로질러 들어가거나 울창한 숲속을 통과하거나 누군가의 들판을 달리도록 했을 것이다). 내비게이션은 우리가 즉각적으로 알았던 사실, 즉 우리가 있는 곳에서 우리가 원하는 곳에 도착하기 위한 경로는 다양하다는 정보를 처리하기 위해 고군분투했다.

이 비유를 맵퀘스트로 확장해 보자.

만약 당신이 출발지의 주소와 도착지의 주소를 입력한다면, 당신은 여기부터 거기까지 가는 방법에 대한 단계적인 경로 안내(대부분 정확한)를 받게 될 것이다. (나는 도착지 부근에서 경로 안내가 세부적인 경로를 놓친다는 사실을 발견했다. 하지만 이 주제에 관해 말하자면 이야기가 길어질 테니, 다음 기회에 하도록 하겠다.)

우리는 여기부터 거기까지 가는 하나의 특정한 경로만 안내받게 되지만, 실제로 다양한 경로가 존재한다는 것을 안다. 우리는 고속도로를 탈 수도 있고, 국도로 갈 수도 있다. 터널이나 다리를 지날 수도 있고, 피해서 갈 수도 있다. 가장 빠른 경로를 택할 수도 있고, 경치가 좋은 길을 택할 수도 있다. 우리는 멈춰 서서 유명한 볼거리를 보고 갈 수도 있고, 완전히 지나칠 수도 있다.

이것은 등결과성의 핵심을 보여 준다. 종착점으로 가는 데에는 다양한 경로가 있다. 대륙 횡단 여행에서 나타나는 동일한 원리가 동성애에서도 나타난다. 특정한 한 사람이 동성애적 끌림과 동성애적 지향을 경험하게 되는 경로는 다양하다. 하나의 경로가 모든 사람의 경험을 담아낼 수는 없다.

나는 동성애에 한 가지 통찰을 더하고 싶다. 나는 하나의 종착점만이 존재한다고 생각하지 않는다. 여기서 대륙 횡단에 대한 우리의 비유가 무너진다. 워싱턴 D.C.부터 캘리포니아 주 샌디에이고까지 가는 경로는 다양하겠지만, 캘리포니아 주 소재의 샌디에이고는 오직 하나이다. 더 나은 비유는 우리가 동부에서 서부로 간다고 가정할 때이다.

우리는 목적지로 가기 위한 다양한 경로가 있다고 말할 수 있을 뿐 아니라, 서부에서 겪게 될 경험 또한 다양하다고 말할 수 있다. 캘리포니아 주를 가로지르는 각 도시와 서부 해안선을 따라 자리 잡은 오리건 주나 워싱턴 주의 경험의 다양성은 말할 것도 없고, 북캘리포니아와 남캘리포니아 사이에도 차이점이 존재한다.

동성애에 관해 말하자면, 나에게 있어 그 종착점은 굳이 표현하자면, "다형적 동성애"multiple homosexuality이다. 내가 보기에, 대부분 사람은 남성 동성애와 여성 동성애 사이에 차이가 있어 보인다는 사실에 동의한다. 하지만 나는 우리가 남성들 사이에서도 차이를 목격한다고 생각한다. 단 하나의 남성 동성애 경험만이 존재하지 않는다. 다양한 남성들은 동성애도 다양하게 경험한다.

이는 여성들도 마찬가지이다. 단 하나의 여성 동성애 경험이 존재하지 않는다. 이로 인해, 우리가 동성애에 관해 알고 있는 것과 알지 못하는 것에 대해 논의했듯이, 우리는 다양한 경로를 통해 동성애적 성적 지향의 최종 목적지에 도달할 수 있으며, 이런 경로는 궁극적으로 동성애에 관한 다른 경험, 즉 다형적 동성애를 보여 준다는 것을 기억하기 바란다.

무엇이 동성애에 기여하는가?

동성애에 영향을 미치는 요인을 생각할 때, 나는 네 개의 광범위한 범주를 생각한다. 아마도 사람마다 이런 범주에 대해 다르게 경험하고 반응할 것이고, 또한 살펴볼 가치가 있는 또 다른 범주들도 존재하겠지만, 나는 이 네 가지가 오늘날 사람들이 논의하는, 가능성 있는 주요한 원인을 정확히 포착한다고 생각한다.

주요한 기여 요인은 다음과 같다.

① 생물학
② 아동기 경험
③ 환경적 영향

④ 성인기 경험[2]

이 네 가지 영역에 대해 각 사람이 느끼는 중요도가 다르다는 것을 인지하면서, 이 영역에 대해 우리가 알고 있는 부분과 우리가 알지 못하는 부분을 간략히 요약하겠다.

생물학

우리는 앞서 "생물학적 가설"의 범주에 속하는, 조사가 진행 중인 다양한 해석이 있다는 사실을 언급했다. 생물학적 가설이란 동성애적 끌림을 경험하거나 동성애적 지향이 있다고 말하는 대부분 사람의 동성애 발달에 있어서 생물학이 중대한 역할을 한다는 가설이다. 그러나 생물학이 어떤 역할을 하는지에 관한 대중적 이해는 동공의 색이나 머리카락의 색에서 생물학이 갖는 역할과 같다. 즉, 만일 유전자가 당신에게 동성애적 지향이 있다고 말하면, 당신은 동성애적 지향을 갖게 되는 것이다. 그러나 동성애는 이와 같은 것이 아니다. 이 부분에 관해서는 다시 다룰 것인데, 이것이 너무나 많은 그리스도인이 생물학이 하는 어떤 역할이든 고려하지 않고자 하는 이유일 수 있기 때문이다.

다양한 선두 영역에서 생물학적 가설을 발전시키기 위한 연구가 행해진다. 과학자들은 성인의 호르몬 수치, 태아기 호르몬 수치, 염색체 표지의 직접 유전 연구, 쌍둥이 연구, 출생 순서 연구, 동물 모델 연구, 손가락 길이 비율 연구 등을 실시했다.

생물학적 가설을 발전시키려고 실시된 연구를 모두 다룰 수는 없겠지만, 나는 큰 관심을 받아 온 몇몇 연구에 대해 논의할 것이다. 그리고 이 분야의 연구가 지닌 장점과 문제점에 대해 설명하는 예시로써 이 연구들을 사용하고자 한다.

또한, 나는 이 연구들을 논의함에 있어 딜레마에 직면한다. 전시상하부 간질액 interstitial nucleus of the anterior hypothalamus과 전대뇌평엽 중격면 mid-sagittal plane of the anterior commissure과 같은 단어들을 그대로 사용하고 싶은 충동을 느끼지만, 내 생각에 대부분 사람은 꽤 빠른 속도로 눈의 피로를 느끼게 될 것이다.

따라서 그렇게 하는 대신 평범한 일상 언어를 사용해 중요한 내용과 관심사를 설명하므로, 이 단어를 배워 앞으로 있을 교회 야유회에서 사용할 사람들을 위해 참고 자료로 제공토록 하겠다.

뇌의 영역. 다양한 뇌의 부위가, 생물학적 가설을 검증하기 위해, 특히 태아기 호르몬 가설을 검증하기 위해 연구되었다. 즉, 태아기의 호르몬이 동성애를 일으킬 수 있다는 이론이다. 만약 이성애자와 동성애자의 뇌의 특정 부위에 차이가 발견된다면, 이것은 태아기의 특정 호르몬에 대한 노출로 인해 생긴 차이라는 것을 시사할 수도 있다.

한 저명한 연구자는 1990년대 초에 이 연구를 시행했다.[3] 그는 자신이 연구했던 동성애자 남성의 시상하부보다, 이성애자 남성과 여성의 시상하부가 더 크다고 보고했다. 이후의 연구자들은 남성과 여성의 시상하부의 차이는 확인했으나 성적 지향에 따른 시상하부의 차이는 확인하지 못했다.

최초의 연구는 다수의 연구자에 의해 크게 두 가지로 비판받는다.

첫째, 연구참여자의 수가 너무 적었고,
둘째, 특정 약물의 투여와 같은 다양한 환경 아래서 변화될 수 있는 뇌의 영역을 연구했다는 점이다.

비평가들은 덧붙여, 설사 이런 차이가 다른 연구자들에 의해 발표되었다 해도, 이런 차이점이 동성애의 원인 또는 동성애의 결과라는 사실은 명확하지 않다는 점을 지적했다. 결국에는, 행동 역시 뇌의 다양한 부위에 영향을 미친다는 것을 알기에, 우리는 뇌 부위의 크기의 차이가 자동적으로 동성애의 원인이 되는 역할을 한다고 가정하고 싶지는 않다. 만약 진정한 차이가 존재한다면, 이는 행동의 결과이거나 다른 환경적 영향의 결과일 수도 있다.

쌍둥이 연구. 또 다른 영향력 있는 일련의 연구는 쌍둥이를 대상으로 시행되었다. 이는 흔히 "쌍둥이 연구"라고 불린다. 많은 연구가가 한 명, 혹은 두 명 모두가 동성애적 성적 지향을 가진 일란성 쌍둥이를 연구했으며, 이 중 가장 의미 있는 연구는 1990년 초에 발표되어 오늘날까지 많은 교과서에 계속 인용되고 있다.

둘 중 한 명만 동성애자인 쌍둥이를 연구한 연구자들은 이란성 쌍둥이나 다른 형제들 사이보다 일란성 쌍둥이 사이에서 더 높은 일치율을 보고했다.[4] 일치율 concordance rate 이란, 어떤 한 가지 현상이 발생할 때 다른 현상이 함께 발생할 수 있는 확률은 얼마인가를 전문적으로 나타내는 용어이다.

이 경우에 연구가들은 일란성 쌍둥이 중 한 명이 동성애자일 때 다른 한 명이 동성애자일 확률, 이란성 쌍둥이 중 한 명이 동성애자일 때 다른 한 명이 동성애자일 확률, 쌍둥이가 아닌 형제 중 한 명이 동성애자일 때 다른 형제가 동성애자일 확률에 대해 의문을 가졌다.

일란성 쌍둥이는 하나의 난자와 하나의 정자로부터 형성된다는 사실을 기억해야 한다. 이들은 항상 같은 성별이며 같은 눈동자 색을 지닌다. 반면에 이란성 쌍둥이는 두 개의 난자로부터 형성된다. 이들은 같은 부모에게서 태어난 다른 형제들처럼 유전적으로 비슷하다.

어떤 경우에서든, 연구자들은 일란성 쌍둥이들 사이에서 기대보다 더 높은 일치율을 확인했다. 일란성 쌍둥이의 일치율이 이란성 쌍둥이와 쌍둥이가 아닌 형제들의 일치율보다 높았다.[5] 그러나 이 연구는 동성애 옹호pro-gay 잡지에 게재된 광고에서 쌍둥이 표본을 모집했다는 점에서 비판을 받았는데, 이로 인해 이 연구가 그렇게 높은 일치율을 보이도록 편향되었을 수도 있었다는 것이다. 후에 다른 연구자들이 좀 더 무작위적으로 선출된 더 나은 쌍둥이 표본을 대상으로 한 연구를 발표했는데, 일치율은 앞선 연구 결과의 반 이하로 하락했다.[6]

이것이 의미하는 바는 무엇인가?

이런 연구들이 생물학적 가설을 뒷받침할 만한 충분한 증거를 제시하지 못한다는 것이다. 그 가설이 사실일 수도 있겠지만, 이에 대한 뒷받침으로써 이런 쌍둥이 연구들을 의존할 수는 없다. 더욱 최근의 쌍둥이 연구들도 우리가 논의한 최초의 연구가 지닌 여러 비슷한 문제점을 공유한다.[7]

반면에 최근의 가장 규모가 큰 쌍둥이 연구 중 하나는 우리에게 흥미로운 정보를 제공한다.[8] 연구에 따르면, 모든 것이 생물학적 요인이라고 확신했던 사람들의 기대에 비해, 동성애에 대한 유전적(생물학적) 기여가 그리 크지 않거나, 낮은 수준이었다. 이보다 훨씬 더 중요했던 것은 쌍둥이들이 공유하지 않은 경험이었다. 즉, 개인의 고유하거나 독특한 경험이 무엇이 동성애에 기여하는가에 대해 더 많은 것을 설명해 주었다.

따라서 쌍둥이 연구는, 선호하는 이론이 유전적인가(소위 말하는 "동성애자 유전자")와 환경적인가(긴장된 부모-자녀 관계)의 여부와 상관없이, 하나의 특정한 이론에 관해 거의 말해 주지 않음으로써 많은 것을 말해 준다. 즉, 증거는 결정적이지 않다.

형제 간 출생 순서. 최근 몇 년 동안 관심을 받았던 또 다른 연구의 영역은 형제 간 출생 순서이다. 연구자들은 성적 지향과 남성이 지닌 형의 수 사이의 연관성 여부를 조사했다. 이것은 "모계 면역 가설"이라고 일컬어지는, 즉 일부 어머니들의 몸에서 남성 태아에서 생성되는 어떤 물질에 대한 항체가 잉여적으로 생성된다는 가설에 기반을 두었다.[9]

남성 태아는 근본적으로 이질적인 조직이기 때문에 어머니의 몸에서 약간의 항체가 생성되는 것은 정상이다. 그러나 일부 산모는 더 많은 항체를 생성하게 되는데, 아마도 어머니에게 남자아이가 많을수록 더 많은 항체가 생성될 수 있다. 그렇게 되면, 태아의 뇌가 여성에게 더욱 전형적인 방식으로 발달하게 될 가능성이 커지고, 이것이 후에 동성애적 지향으로 전환될 수 있다는 가설이다. 어떤 이들은 한 명의 남자아이가 태어날 때마다 이런 여성화된 패턴이 발달하게 될 확률이 높게는 33%까지 증가한다고 주장한다.

최근 일부 연구들은 이 가설을 지지한다. 다른 연구들은 이 가설을 지지하지 않는다.[10] 이 일련의 연구를 받아들이기는 아직 이르다는 우려를 표명하는 연구가들은 사용된 표본이 가설을 뒷받침하도록 편향되었을 수도 있음을 지적한다. 기억해야 할 점은 이 가설이 지지를 받는다 해도 이는 오직 동성애자 남성의 15%만을 설명할 수 있다는 것이다.

이런 추정은 다형적 동성애라는 아이디어를 지지한다. 즉, 이전에 시행된 많은 연구는 실제로 "일반적인" 동성애, 또는 동성애자에 대해 다루지 않았다. 그보다는, 동성애로 향하는 상당히 제한적이고 특별한 경로에 관한, 대부분 동성애자의 경험이라 할 수 없는 연구들이었다.

많은 연구자가 형제 간 출생 순서에 관한 연구, 특히 동성애를 예측하는 데 있어서 형제 간 출생 순서와 잘 쓰는 손과의 관계를 연구하고 있다.[11] 잘 쓰는 손은 대개 미리 결정되기 때문에 이 둘의 상관 관계는 동성애의 태아기적 발달을 시사한다고 믿어진다. 다수의 연구는 형이 있다는 사실이 오른손잡이 남성의 동성애 확률을 증가시킨다고 제시한다. 이 연구는 형이 없으면서 왼손잡이인 남성이 동성애자가 될 수 있는 확률이 더 높다는 사실도 함께 발견했다.[12] 그러나 이런 연구 결과가 흔히 가정되는 것처럼 항상 명쾌한 것은 아니다.[13]

형제 간 출생 순서, 잘 쓰는 손, 그리고 섹슈얼리티에 관해 말할 수 있는 것은 무엇인가?

흥미로운 연구 결과들이 있지만, 더 많은 연구가 진행될수록 더 복잡해지는 것처럼 보인다. 또한, 다양한 연구 결과에 대해 사람마다 해석하는 방법 역시 다양하다. 따라서 현재로서는 그 어떤 이론도 설득력 있는 해명으로 앞서가고 있지 않다.

동물 모델. 성적 행동의 동물 모델 역시 생물학적 가설을 지지하기 위해 논쟁하는 일반적인 방법이다. 이는 일반적으로, 만약 동물의 생물학적 측면을 조작함으로써 동성애적 행동을 증가시키는 것이 가능하다면, 이는 생물학이 동성애의 원인일 수 있음을 보여 준다는 형식을 취한다.

이른바 "게이"gay 양 연구가 바로 이런 예시이다.[14] 숫양의 뇌에는 테스토스테론을 성적 행동에 영향을 주는 화학적 혼합물로 전환하는 부위가 있다. 비교적 높은 비율의 숫양에서(8~10%) 테스토스테론을 전환하는 능력의 부족이 나타났으며, 이 중 일부는 다른 숫양에 대한 선호를 보이게 된다.

동물 모델에 대한 이와 비슷한 주장이 유전적으로 조작된 파리를 통해 제기되어 왔다. 유전적으로 조작된 파리는 동성애적 행동을 할 수 있는 것으로 밝혀졌다.[15]

더 근본적인 비판은 동물 모델이 인간의 성적 행동에 관한 모델로서 적합한지에 있다. 예를 들어, 우리는 초파리의 구애 행동이 상당히 잘 조작된, 고정된 행동이라는 사실을 알고 있으며, 나는 대부분 사람이 초파리의 고정된 구애 행동과 인간의 성적 행동 사이에 존재하는 엄청난 격차를 볼 수 있다고 생각한다. 아니면 적어도 그럴 수 있기를 소망한다.

유전 연구. 이 연구들 역시 크게 주목을 받아 왔다. 몇 년 전에 한 연구자는 모계의 가계도에 동성애가 존재하는 동성애자 형제들 사이에서 공유될 가능성이 큰 성염색체의 부위가 존재할 수도 있음을 제안하는 논문을 발표했다.[16] (이것은 다형적 동성애가 존재할 수 있다는 아이디어에 대한 또 하나의 좋은 예라 할 수 있는데, 설사 이 연구가 찾고 있던 결과를 얻는다 할지라도, 동성애적 지향을 지닌 사람들의 아주 낮은 비율에만 적용되기 때문이다.)

어떤 경우든지, 연구자는 성염색체의 특정 부분에 대한 기대 이상의 상관 관계를 보고했다. 이 동일한 연구팀은 비슷한 연구를 시행하여 처음 연구와 반복되는 연구 결과를 얻을 수 있었다. 그러나 다른 연구팀은 동일한 연구 결과를 반복하지 못했다.

그렇기에 이는 추가적인 논의를 위해 열려 있다. 말할 수 있는 것은 이 연구자 중 그 누구도 "동성애 유전자"를 발견하지 못했다는 사실이다.

연구 대상 집단이 얼마나 고유한지 기억하라.

그들은 모계의 가계도에 동성애가 나타나는 남성 동성애자 형제들이었다. 따라서 이 연구가 다른 연구팀에 의해 검증된다 할지라도, 이 결과가 동성애의 매우 다양한 사례들을 설명한다고 생각할 이유는 없다.

앞서 명시했듯이, 생물학적 가설을 발전시키기 위해 시행된 모든 연구를 다 다룰 수는 없다. 많은 연구가 시행되어 왔고, 새로운 영역의 연구들이 분명 뒤따르고 있다.[17] 그러나 이 연구들은 우리가 각각의 연구를 자세히 들여다 보면 많은 약점을 공유하는 것처럼 보인다. 곤란한 점은, 대부분 사람이 연구의 세부적인 내용을 살펴보는 데에 시간을 할애하지 않는다는 것이며, 우리 중 대부분은 아마도 지난 20여 년간 행해진 연구의 방대한 분량에 그저 놀라게 될 것이다.

생물학적 가설에 크게 찬성하지 않는 사람이라 할지라도, 단순히 현재까지 배출된 연구의 분량만으로도 분명히 감탄하는 것처럼 보일 것이다!

결과적으로, 많은 연구가 있지만 각 연구는 중요한 약점을 지니고 있다.

그렇다면 왜 교회는 이런 연구를 그저 무시할 수 없는가?

나는 진리가 어디에서 발견되든, 교회는 항상 진리에 관심을 두어야 한다고 본다. 만약 사람들이 성경적 관점에서 이러한 성에 관한 가르침이나 교리를 수정하라고 말하기 위해 이런 연구 결과에 주목한다면, 우리는 이런 연구 결과의 오용을 거부해야 한다.

그러나 생물학이 어떤 면으로든 동성애적 끌림이나 동성애적 지향에 기여할 가능성은 분명히 있다. 이 연구들이 그 기여가 어떤 형태로 이루어지는지에 대한 직접적인 근거를 제공하지 못할 수도 있겠지만, 이것은 가능한 일이며, 나는 교회가 잘 설계된 연구로부터 얻은 정확한 결과들에 열려 있기를 바란다. 과학이 잘 다루어졌을 때, 교회가 과학을 두려워할 필요는 전혀 없다.

연구 자료를 읽으면서 내가 가진 질문은 생물학이 역할을 하는지 여부가 아니었다. 질문은 이것이었다.

생물학이 어떤 역할을 하는가?

만약 눈동자의 색이나 머리카락 색깔이 아니라면, 생물학은 어떤 영향을 미칠까?

생물학은 다양한 인간 경험에 있어 중요한 역할을 하고 있기에, 동성애라는 하나의 영역에서만 생물학이 아무 역할도 하지 않는 것처럼 행동하는 것은 이상한 일일 것이다.

닐 화이트헤드Neil Whitehead가 이 부분을 설명하려 한 시도가 가치 있다고 생각한다.[18] 그는 동성애를 포함한 다양한 기질, 증후군, 그리고 경험에 관한 쌍둥이의 자료를 살펴봄으로써 이런 시도를 했다.

내가 쌍둥이 연구는 유전과 양육의 잠재적인 기여에 대해 무언가를 말해 줄 수 있기에 흥미롭다고 했던 것을 기억하는가?

알코올 중독이나 치매와 같은 증상과 비교했을 때, 동성애에 대한 유전적 기여도는 어느 정도인가?

고혈압의 가능성과 비교했을 때는 어떠한가?

이제까지의 연구는 동성애의 유전적 기여도를 다른 모든 기질과 경험보다 아래에 둔다.

화이트헤드는 동성애적 끌림, 대부분의 암, 뇌졸중, 그리고 범죄 행동은 "모두 삶의 우연한 상황이나 이에 대한 개인적인 반응에 의해 지배된다"라고 말한다. 따라서 화이트헤드에게 있어 동성애를 일으키는 원인에 대한 최고의 정답은 "대체로 우연"이라는 것이다. 다르게 표현하면, 동성애적 끌림은 "유전과 사회에서 자연스럽게 나타나는 현상에 대한 상당히 개인적 반응이다."[19]

내가 제안해 왔듯이, 이 다양한 요소들은 아동기 경험부터 환경적 사안에 이르기까지 모두를 아우르며, 그리고 한 개인이 이것을 어떻게 경험하고 반응하는가의 영역까지도 포괄한다. 나의 동료가 말한 것처럼, 아마도 이것이 다양한 사람들을 시간이 지남에 따라 확장될 수 있는 다양한 경로에 배치할 것이다.[20]

이 외에 어떤 방법으로 한 개인의 경로가 확장될 수 있는가?

대답이 쉽지는 않겠지만, 동성애를 일으킬 수 있는 원인으로 자주 논의되는 다른 경험들을 살펴보도록 하자.

아동기 경험

정신분석학 이론. 동성애에 관한 정신분석학 이론의 배후에 있는 일반적 개념은 초기의 부모-자녀 관계와 밀접하게 연관된다. 남성에게 있어서, 이것은 부재하거나 거리감이 있거나 비판적인 아버지와 지나치게 관여하거나 "밀착된" 어머니에게 양육 받는 것을 포함한다. 이 경험은 남성이 스스로 남성으로서의 안정감을 느끼지 못하는 것과 같다.

어린 소년은 의식적이든 무의식적이든 자신의 아버지를 따라 성격을 형성한다. 여기에는 아버지가 여성에게 매력을 느끼는 행동 양식도 포함된다. 이 이론에 따르면, 어린 소년은 사랑하는 아버지와 자신을 "동일시"하며, 사랑하는 어머니에 의해 그 동일시가 고무되고 지지받는다. 물리적으로나 감정적으로 부재한 아버지는 남성 동일시의 형성에 있어 어려움을 가져온다.

그러나 어머니도 중요하다. 만약 어머니가 위협을 받고 있다면 그녀는 아들의 남성 동일시를 약화시킬 수 있는데, 이것은 아버지-아들 관계에 "독"이 된다(예를 들어, 아버지나 전반적인 남성에 대해 비난을 가함으로써). 아니면 아들과 자신과의 관계를 매우 강력하게 만들어 아들과 자신의 분리를 불가능하게 한다.

이런 이론에 따른 결과는 무엇인가?

자신의 안전한 "남성다움"에 대한 감각이 손상되고, 결과적으로 다른 남성 속에 있는 남성다움에 성적인 끌림을 느끼게 되는 젊은 남성이다.[21]

오늘날 이런 이론을 지지하는 연구를 발표하는 정신분석학 심리치료사는 거의 없다. 공정하게 말해, 이런 연구를 출판하는 학술지도 거의 남지 않았다. 이런 연구에 동의하는 상담사의 대부분은 1960년대에 행해진 오래된 연구에서 근거를 찾는다.

가장 영향력 있는 연구 중 하나는 남성 동성애자 백 명과 남성 이성애자 백 명을 대상으로 우리가 지금까지 논의한 가족 역동family dynamics을 설명했다.[22] 남성 동성애자들의 아버지는 더 무심하고, 거리가 있으며, 아들과의 관계를 거부한 것으로 보고되었다. 역시 정신분석학 이론과 일관되게, 남성 동성애자들의 어머니는 아들과 밀착된 관계를 맺는 것으로 보고되었다.

이 연구 결과는 환자들의 초기 아동기에 관한 정신분석가들의 기억에 기초한 것이다. 비평가들이 제기하는 문제점은 이런 역동이 실제로 일어났는지를 확인할 방법이 없다는 데에 있다. 이런 역동은 정신분석가들이 그 환자들에게 들었다는 내용을 기초로 한다. 이에 대해 일부 비평가들은 그 당시 남성 동성애자에 대해 지배적이었던 이론을 고려해 볼 때, 이런 이론을 지지하는 역동을 기억할 가능성이 더 컸을 것이라고 말한다. 또한 오직 환자들만이 이 연구에 참여했기에, 스스로 도움을 구하는 남성 동성애자의 역동을 반영한 것일 수도 있다.

그들이 모든 동성애자를, 아니면 적어도 모든 남성 동성애자를 대표하는지 우리가 어떻게 알 수 있겠는가?

또 다른, 더 작은 규모의 연구가 몇 년 후에 발표되었다.[23] 이 연구는 이런 문제점 일부를 해결하기 위한 것이었다. 예를 들어, 자료는 남성 동성애자들의 자기 보고에 기초했다(정신분석가의 보고가 아니라). 또한, 심리치료나 정신분석학적 치료를 받지 않았던 남성 동성애자도 포함했다. 흥미로운 사실은 3분의 1도 안되는 수의 남성 동성애자만이 이전 연구에서 주장했던 부모-자녀 역동성을 보고했다. 이와 함께, 남성 이성애자들의 10% 이상이 동성애의 원인으로 언급되는 역동성을 보고했다.

최근에 발표된 다수의 연구는, 동성애의 정신역동학적 psychodynamic 이해를 기초로 동성애를 예측하고자 가족 형태 family patterns를 연구해왔다. 예를 들어, 한 연구는 신체적이나 성적으로 학대당하거나 방임된 아이들을 추적했다.[24] 아동기 신체적 학대와 방임은 성인이 된 후의 동성애적 관계와 연관성이 없었다.

또 다른 최근의 연구는 동성애자들과 이성애자들이 아버지와의 관계를 어떻게 기억하는가에 있어 유의미한 차이가 없음을 보고했다.[25] 실제로, 연구에 참여한 동성애자 남성들이 이성애자 남성들보다 아버지와의(그리고 어머니와의) "더 따뜻한"("더 차가운"이나 "거리감 있는" 보다는) 관계를 보고했다.

나는 앞서 오늘날 정신분석학 임상가들이 동성애에 관한 연구를 거의 발표하지 않는다고 언급했다. 이런 전통 속에서는 분석에서 나타난 특정인의 사례를 기술하는 것이 훨씬 더 일반적이다. 따라서 큰 규모의 연구는 나타나지 않으며, 앞으로도 동성애에 관한 정신분석학적 이론을 확증하기도 부정하기도 어려운 이런 연구가 나타날 가능성은 매우 적다. 그런데도, 이 이론은 일부 기독교 사역 단체들을 포함한, 성적 지향을 바꾸기 위한 서비스를 제공하는 많은 이들에게 여전히 인기가 있다.

동성애의 정신역동학적 이해에 관해 우리가 알고 있는 것을 요약하면, 현재의 자료는 건강하지 못한 부모-자녀의 관계가 동성애나 이와 비슷한 증상의 원인이 된다는 견해를 충분히 뒷받침하지 못한다.

이것은 다른 여러 고려 사항 중 하나가 될 수는 있다. 따라서 우리는 잠재적 영향력의 다양성에 유의하면서도, 부모를 비난하거나 부모가 동성애의 원인이라고 느끼도록 만드는 것은 피해야 한다. 나의 경험으로는, 부모들은 이미 그러한 메시지를 충분히 듣고 있으며, 자기의 아들이나 딸이 동성애적 끌림을 경험하거나 동성애자 정체성을 고백한다면 상당한 죄책감을 느끼게 될 수 있다.

아동기 성적 경험. 특별히 기독교 단체들 내에서 대중적인 또 다른 이론은 동성애가 아동기의 성적 학대로 인해 유발된다는 이론이다. 다시 한번, 이것으로 인해 성급하게 오직-주의라는 죄에 빠지는 위험을 감수하게 될 수 있다(예를 들어, "동성애는 오직 성적 학대 때문에 일어난다"). 연구는 실제로 아동기 성적 학대의 경험이 있는 사람들이 아동기 성적 학대를 보고하지 않은 사람들보다 동성애적 지향이 있다고 말할 가능성이 더 크다는 사실을 보여 주었다.

한 대규모의 국가적 연구에서는 아동기 성적 학대의 기록을 가진 사람들이 아동기 성적 학대의 경험을 보고하지 않은 사람들보다 동성애적 지향을 보고하는 확률이 세 배 이상 높았다.[26] 몇 년 후 행해진 광범위한 문헌 조사는 남성에 의해 성적 학대를 당했다고 보고한 남성 청소년들이 자신을 동성애자로 인식할 가능성이 훨씬 크다고 보고했다.[27]

내가 참여한 연구는 자신의 성적 지향을 변경하려고 시도하는 동성애자 사이에서 예상보다 더 높은 아동기 성적 학대 비율이 보고되었음을 발표했다.[28] 우리가 연구했던 사람들은 기독교 사역에 참여하여 자신의 성적 지향을 동성애에서 이성애로 전환하려고 노력하는 사람들이었다.

이 특정 연구 사례에서는 참여자 모두가 자발적으로 도움을 구하는 이들이었음에 주목해야 한다. 그들이 도움을 원했음을 볼 때, 그들이 평균적인 일반 대중보다 더 스트레스를 받고 있었을 가능성이 높다(그렇지만, 우리는 그들이 전문 상담을 받고 있는 평균적인 사람들보다는 적은 스트레스를 받고 있다는 사실을 발견했다.)[29] 그들이 도움을 구하는 이유 중 하나가 성적 학대 때문일 수 있기에, 우리는 모든 동성애자, 혹은 대부분 동성애자가 성적 학대의 경험이 있다고 여기지 않도록 주의해야 한다.

최근 한 30년에 걸친 종적 연구longitudinal study는 아동기에 성적, 신체적으로 학대받았거나 방임되었던 개인들을 추적, 관찰하고, 이들을 아동기에 학대받거나 방임되지 않았던 개인들과 비교하였다.[30] 앞서 언급했던 것처럼, 아동기 신체적 학대나 방임은 동성애적 행동이나 관계와 연관성을 갖지 않았다.

그러나, 아동기 성적 학대와 이후 성인기의 동성애적 행동 사이에는 연관성이 있었다. 아동기에 성적 학대의 피해자였던 남성들은, 자신들이 동성애적 지향이나 동성애자 정체성에서 더욱 특징적으로 나타나는 동성과의 동거나 지속적 관계를 보고하는 경향은 없었지만, 동성애적 경험을 보고할 가능성은 더 컸다.

이것은 아동기 성적 학대가 그들의 성적 정체성에 혼돈을 주어 약간의 실험을 해 보도록 유도했으나, 성적 지향이나 성적 정체성과 같은 근본적인 의식까지 이르지는 않았을 가능성을 시사할 수도 있다. 흥미롭게도, 아동기 성적 학대와 성인기 동성애적 경험 사이의 관계는 남성들에게만 존재하고 여성들에게는 나타나지 않았다.

이런 연구들을 살펴볼 때, 우리는 대부분의 아동기 성적 학대의 피해자들이 스스로 동성애적 성적 지향이 있다고 인식하지 않는다는 점을 항상 기억해야 한다. 또한, 동성애적 지향이나 동성애자 정체성을 보고하는 사람 중 대부분이 아동기 성적 학대의 경험을 보고하지도 않는다.

따라서, 성적 학대가 분명히 개인의 성적 정체성에 관한 이해에 혼란을 일으킬 수 있지만("남성인 내가 다른 남성에게 학대를 당했다는 사실은 곧 내가 동성애자라는 사실을 의미하는가?"), 우리는 이것을 "오직-주의"로 다루거나 이것이 모든 사람에게 동일한 방법으로 영향을 미친고 여기지 말아야 한다.

환경적 영향. 성적 지향에 대한 잠재적인 환경적 영향에는 무엇이 있을까?

이 부분에서 나는 추가적인 가족 역동성과 전체로서의 사회의 영향에 대해 논의하고자 한다.

오늘날 우리 문화에서 논란의 중심에 있는 토론 주제 중 하나는 동성 부모이다. 수년간 우리는 전문가들로부터 동성 부모와 이성 부모 사이에는 아무런 차이가 없다는 이야기를 들어왔다. 그러나 최근에 연구가들은 동성 부모와 이성 부모에게서 양육된 아동들을 비교한 20개 이상의 연구를 분석했고, 그 보고서의 결과는 이전 연구가들이 그 차이에 대해 저평가를 시도했다는 의문을 불러일으켰다.[31]

이런 차이가 의도적으로, 아마도 정치적인 이유로, 저평가되었는지 아닌지를 말하기는 어렵다. 결과와는 상관없이, 출간된 연구는 "차이는 결함을 나타낸다"라는 생각에 이의를 제기한다. 즉, 연구자들은 동성 부모들이 자신들의 존재를 정당화하기 위해 이성 부모들처럼 될 필요는 없다는 주장을 펼쳤다.

어떤 면에서, 이 연구자들은 이런 입장을 용기의 부족으로 바라보았는데, 즉 동성 부모가 자신이 이성 부모만큼 성공적이거나 가치 있다는 사실을 증명해 내야 한다는 사고에 대해 '아니요'라고 말하는 것에 실패한 것으로 바라보았다. 그들이 주장한 것은 비록 동성 부모와 이성 부모 간에 차이가 있다 할지라도, 사회적 관심 측면에서는 아무런 차이가 없다는 것이다.

이것이 의미하는 바는 무엇인가?

이 연구자들은 "[동성의] 부모를 지닌 아동들은 성별 유형에 있어 덜 전통적이며, 동성애적 관계에 대해 개방적일 가능성이 더 커 보인다"라고 기록했다. 이런 가정에서 양육된 여자아이들은 "문화적 규범에서 벗어난" 옷을 입고 놀이를 하는 경향이 있으며(내가 추측하기에, 좀 더 남자아이 같은), 이런 가정에서 양육된 남자아이들도 전통적인 남성다움의 대본에서 한 걸음 벗어나 좀 더 돌봄의 경향이 있었다. 이런 가정에서 양육된 청년 자녀들은 이성 부모 가정에서 양육된 자녀들보다 동성애적 행위에 참여하게 될 가능성이 더욱 컸다.

이와 같은 가정 형태에서 양육된 아동들 사이에도 부모-자녀 관계의 질과 같은 다른 유사점들이 존재했지만, 결론은 이것이다. 동성 부모에게서 양육되는 것은 동성애적 행동에 참여하게 될 가능성을 증가시키며, 이는 그리스도인에게 있어서 도덕적 문제이다.

연구자들은 우리가 일반적으로 보아 온 것보다 동성 부모의 자녀 양육에 찬성하는 더욱 강력한 주장을 제시하고 있었다. 즉, 우리가 만약 하나의 문화로써 성인들 간의 동성애가 괜찮다고 한다면, 어린이들이 성장한 후에 이런 가능성이 증가하는 것에 대해 문제시하지 말아야 한다고 말하는 것이다. (논평의 저자는 이런 동성애적 활동을 단순한 "탐험"으로 생각했지만 말이다.)

내가 환경적 영향 부분에 이 정보를 포함한 이유는, 아동이 자라는 가정은 아동에게 여러 방면으로 영향을 미치는 중요한 역할을 하기 때문이다.

그렇다면 동성 부모는 어떻게 동성애에 영향을 미칠 수 있을까?

나는 그것이 단계적이고 불가피한 방식으로 즉시 일어난다고 생각하지는 않는다. 대신에, 아동이 자라는 가정, 아동의 경험, 그리고 이런 경험에 그들이 반응하는 방법 모두가 영향력 있는 요소가 될 수 있다. 다시 말하지만, 그 영향은 아이들에 따라 다를 것이다. 동성 부모에게 양육되는 것은 일부 아동이 동성애적 행동을 적어도 탐험하거나 시도해 보도록 영향을 미치는 것으로 보이며, 만약 이 아동이 다른 상황에 있었다면 그렇지 않았을 수도 있다.

그러나 동성 부모에게서 양육된 아동의 대부분은 이성애자이며, 성인 동성애자의 대부분은 동성 부모에게서 양육되지 않았다. 따라서 다시 한번, 우리는 동성애에 관한 일반적인 원인을 선언하려는 경향에 저항하고자 한다.

다른 이들은 가족 구성과 아동 양육의 범주를 넘어, 더 광범위한 문화적 또는 사회적 관심까지 고려한다. 문화 간 동성애에 관한 인상 깊은 연구에서, 동성애는 생물학이나 다른 요인이라기보다는 사회적 영향의 결과라고 믿는 한 연구자는 다음과 같은 결론 내린다.

적절한 행동과 부적절한 행동에 대한 사회적 정의가 확고하고 일관성이 있으며, 순응에 대한 긍정적인 승인과 불순응에 대한 부정적인 제재가 존재하는 곳에서는 유전적 성질과 상관없이 사실상 모든 사람이 순응한다…. [32]

우리 문화에서 동성애가 얼마나 자주 보고되는지와 미국 내 다른 지역들에서 그 보고량이 어떻게 변화하는지를 비교해 보는 것은 흥미로운 일이다. 예를 들어, 전체적으로 2~3%의 성인이 동성애적 지향을 보고하는데, 내가 이 비율에 대해 말하면 사람들은 종종 깜짝 놀란다. 사람들은 오늘날 동성애라는 주제가 받는 관심의 크기를 고려해볼 때 훨씬 더 높은 비율을 차지할 것 같다고 말한다.

당신은 이 비율이 도심 지역에서 상승한다는 사실을 알면서 흥미를 느낄 수도 있다.[33] 따라서 미국 전체 인구의 2~3%보다 높은 비율의 사람들이 동성애적 지향을 보고한다는 인식은 아마도 도시에서의 높은 비율(10%에 육박하는)에 기초했을 것이며, 정치, 언론, 예능과 기타 대중문화 표현의 다른 모든 영역에서는 말할 것도 없다.

신학자 로버트 객년Robert Gagnon은 국가 내에서도 설정에 따라 달라지는 비율에 대해 논평한 후에, 다음과 같은 결론을 맺는다.

"오늘날 미국에서 한 어린이가 동성애자가 될 가능성은 사회적 환경에 따라 크게 증가한다."[34]

이와 비슷하게, 사회학자 에드워드 로만Edward Laumann은 환경과 연관된 일부 자료를 검토하면서 다음과 같이 논평했다.

대도시들은 동성애적 관심의 발달과 표현에 친숙한 환경을 제공할 수도 있다. 이는 동성애가 개인적이고, 의도적이며, 의식적인 선택이라고 말하는 것과는 다르다. 그러나 동성애에 대한 기회를 더 많이 제공하고 이에 대한 부정적 제재를 덜 가하는 환경은 동성에 대한 관심과 성행위를 허용할 뿐만 아니라 심지어 이런 표현을 끌어낼 수도 있다.[35]

성인기 경험

나는 동성애에 관한 성인기 경험의 영향에 대해 생각하면서, 행동이나 정체성에 대해 성인들이 내리는 결정에 중점을 두고자 한다. 어떤 면에서 이것은 우리가 이미 이야기했던 요인들과는 차이가 있다. 앞선 이야기는 생물학이나 아동기 경험, 환경적 영향에서는 무엇이 어떤 사람에게 동성애적 끌림을 갖게 하여 결국 동성애자가 될 가능성이 커지게 하는가에 대한 것이었기 때문이다.

그러나 동성애자가 되는 데에 있어서 성인기 경험의 영향에 관해 말한다는 것은, 이런 일련의 사건의 마지막에 일어나는 일에 대해 말하는 것이다. 동성애적 끌림은 이미 거의 자리를 잡았으며, 따라서 이제 해야 할 질문은 동성애자 정체성과 그 정체성을 표현하는 성적 행동을 받아들일 것인가, 아닌가이다.

몇 년 전, 나는 한 청년과 그의 부모를 상담한 적이 있다. 청년은 본인이 동성애적 끌림을 스스로 선택했다고 생각하지 않는다는 내 말에 감사를 표했다. 그는 그리스도인 상담사가 동성애적 끌림은 자신의 선택이라고 생각할까봐 걱정하고 있었다.

그러나 내가 그 청년에게 동성애적 끌림, 동성애적 지향, 동성애자 정체성 사이의 3단계 구분법에 대해 설명해 주자, 그는 자신에게 여전히 선택의 기회, 즉 행동과 정체성에 관한 선택의 기회가 있다는 말을 듣고 좌절했다. 청년은 동성애를 일으키는 것이 무엇인지에 대한 질문이 해결되면, 즉 우리 모두가 청년 스스로 동성애적 끌림을 선택한 것이 아니라는 사실에 동의하게 되면, 그 후에는 그의 부모들이 이 문제를 잘 감당할 수 있도록 돕는 방향으로 나아갈 것이라고 믿었다.

그는 교회와 지역 단체에서 동성애자 권리와 이익을 변론하고자 하는 자신의 개인적 갈망에 대해 부모들이 좀 더 적극적으로 지지해 주기를 바랐다. 청년은 자신이 한 개인으로서 여전히 선택권을 지녔다고는 생각하지 못했다. 그는 자신이 동성애적 행동에 참여할 것인지, 혹은 자신의 끌림을 중심으로 하여 정체성을 형성할 것인지에 대해 크게 생각해본 적이 없었다. 그는 결론은 이미 정해져 있다고 생각했었다.

사람들은 종종 동성애적 행동에 참여한 후 자기 자신과 다른 이들에게 "나는 동성애자야"라고 선포함으로써, 자신의 동성애적 끌림의 경험을 중심으로 동성애자 정체성을 형성한다. 그들은 자신이 경험한 이런 부분에 따라 자기 자신을 정의한다.

릭의 이야기로 돌아가 보자.

릭의 어머니가 동성애가 선택인지 아닌지를 질문했던 것을 기억해 보라.

그때 나는 이렇게 대답했다.

"아니요, 저는 릭이 동성애적 끌림을 경험하기로 선택했다고 생각하지 않습니다. 하지만 저는 우리가 릭과 같은 상황에 있는 사람들이 무엇을 선택할 수 있는지에 대해 깊이 고민해 보아야 한다고 생각합니다."

즉, 섹슈얼리티라는 전반적인 영역에 있어 선택할 수 있는 것은 무엇인가?

다시 말하지만, 나는 사람들이 동성애적 끌림을 경험하기로 선택한다고 생각하지 않는다. 맞다, 간혹 정치적인 발언으로써 이성애를 거부하는 급진적 페미니스트들과 동성애를 포함하여 자신의 성적 영역을 확장하고자 하는 사람들의 경우가 있긴 하지만, 이것이 성적 정체성에 관해 상담을 구하는 대부분 사람에게 생기는 일은 아니다.[36]

릭과 같이 동성애적 끌림을 경험하는 사람들 대부분은 단순히 동성에게 끌림을 느끼는 자신을 발견하게 된다. 그러나 결정을 내려야 할 중요한 선택들, 즉 동성애적 행동에 관한 선택들과 동성애자 정체성을 촉진하고 강화하게 될 선택들이 여전히 놓여 있다.

결론

한 개인의 성적 끌림이나 성적 지향은 자신이 선택한 무언가가 아니다. 그들은 동성에게 끌리고 있는 자신을 발견하게 된다. 이는 부모와 교회 모두 알아야 할 중요한 부분이다.

그러나 사람들에게는 분명 선택의 기회가 있다. 즉, 자신의 행동과 정체성에 대한 선택의 기회가 있다. 사람들은 동성애적 행동에 참여할 것인지 아닌지와 동성을 향한 자신의 끌림을 동성애자 정체성으로 통합할 것인지 아닌지를 선택할 수 있다.

우리가 원인에 관해 내릴 수 있는 결론은 무엇일까?

미국심리학회 American Psychological Association 는 최근 동성애의 병인학의 현대 이해에 대해 다음과 같이 요약했다.

한 개인이 이성애, 양성애, 게이, 레즈비언의 성적 지향을 형성하게 되는 정확한 원인에 대해 과학자들이 의견일치를 보지 못했다. 다양한 연구들이 성적 지향에 대한 유전적, 호르몬적, 발달학적, 사회적, 문화적 영향을 살펴보았으나, 과학자들이 성적 지향이 어떤 특정한 요인이나 요인들에 의해 결정된다고 결론을 내릴 수 있는 연구 결과는 나타나지 않았다. 많은 사람은 선천적 기질과 후천적 양육 모두가 복잡한 역할을 한다고 생각한다. 대부분 사람은 자신의 성적 지향에 관한 선택의 여지를 거의 혹은 전혀 경험하지 못한다.[37]

당신은 앞서 내가 마음속에 상상해 보라고 요청했던, 무대 위에 서 있는 젊은 청년 크리스를 기억하는가?

그가 교회로 시선을 돌렸을 때, 나는 교회가 현재까지의 연구 결과들이 너무나 복잡하며, 그래서 동성애를 일으키는 원인이 무엇인지 확실히 알 수 없다는 사실을 인정해도 괜찮다고 생각한다. 우리는 아마도 다수의 요인이 동성애에 기여하고 있으며, 그 기여 요인들의 중요도는 사람에 따라 다를 수 있음을 상상할 수 있다.

우리는 크리스에게 그 이상을 알려 주고 싶을 수도 있겠지만, 마치 크리스라는 사람이 중요한 만큼이나 양육(본성이라기 보다는)에 대해 제대로 아는 것이 우리에게 중요하다는 듯이, 선천적 기질 대 후천적 양육의 논쟁에 관해 전투적으로 비치기를 원치 않는다.

릭의 부모 역시 생각해 봐야 할 질문을 제기했다.

만약 릭의 부모가 릭에게 있어서 동성애적 끌림이란 선택이 아닌, 단순히 동성에게 끌림을 느끼는 자기 자신을 발견한 것이라는 사실을 알게 되었다면, 이것이 릭의 부모에게 의미하는 것은 무엇인가?

이 사실이 그들이 릭을 바라보는 시선과 자신들이 릭에게 하나의 자원이 되어 주는 데에 어떠한 영향을 미칠 수 있을 것인가?

제5장과 제6장에서 이런 질문들에 대해 살펴보게 되겠지만, 이 질문들은 동성애를 일으키는 원인은 무엇인가? 라는 주제와 긴밀히 연관되어 있다. 많은 가정이 이 주제에 어떻게 대답할 것인가와 가족들이 서로 어떻게 관계할 것인가에 있어 이 주제가 갖는 의미는 무엇인가에 대해 고심하고 있다.

"우리는 동성애를 일으키는 것이 무엇인지 알지 못합니다."

이런 말은 합리적인 결론으로 들린다. 어쩌면 나의 웹사이트의 원본 내용이 옳다. 그러나 이런 결론에 다다르기 위해 이해하고 검토해야 할 자료들이 너무나 많으며, 나는 이제 당신이 그 부분에 있어 좀 더 나은 의식을 갖게 되었기를 바란다.

동성애라는 주제에 대해 고려할 때, 우리는 아마도 좀 더 겸손하게 시작할 수 있게 되었다. 어쩌면 당분간은 원인 etiology 미상 agnostic이 되는 것도 괜찮겠다. 이는 동성애적 끌림을 경험하거나 이로 인해 갈등하고 있는, 우리가 알고 사랑하는 그 사람들을 어떻게 바라보고 그들과 어떻게 관계할 것인가에 영향을 주게 될 것이며, 우리가 앞을 향해 나아가는 데 지표가 되어 줄 것이다.

기억해야 할 포인트!

- 사람들은 동성애적 끌림을 경험하기로 선택하지 않는다. 이것은 그들이 경험 중에 스스로 발견한 무언가이다.

- 동성애적 끌림이나 동성애적 지향에 관한 어떤 한 가지 원인이 존재하는 것으로 보이지 않는다.

- 동성애적 끌림이나 동성애적 지향에 기여하는 다양한 요인들이 존재하는 것으로 보이며, 이런 요인들은 일반적으로 개인에 따라 그 중요도가 다르게 나타난다.

04

성적 지향은 변화 가능한가?

나는 대기실에 있는 숀을 상담실로 안내했던 날을 기억한다. 그는 30대 중반이었고, 내가 상담실로 초청하기 위해 그의 이름을 불렀을 때, 숀은 고개를 들어 대기실 주변을 재빠르게 돌아보았다. 그는 불안해 보였다. 어쩌면 그는 그저 자신이 무엇을 기대해야 할지 확신하지 못했던 것일 수도 있다.

  숀은 자리에 앉아, 자신의 성적 끌림에 대해 도움을 받기 원한다고 말했다. 그는 나에게 자신은 청소년기부터 동성애적 끌림을 느껴 왔으며, 비록 그 끌림에 따라 행동하지는 않았지만, 자신의 끌림이 "꽤 강렬하고" 지속적이라고 고백했다. 숀은 동성애에서 "치유"를 받으려고 가을, 겨울의 30주 교육 과정의 사역에 참여했다고 말했다. 숀은 그 과정을 수료한 후에도 자신이 여전히 동성애적 끌림으로 갈등하고 있다는 사실이 무엇을 의미하는지 알고 싶어 했다.

  숀은 사역자 대표에게 자신의 고민을 나눴다. 사역자 대표는 숀에게 공감을 표하고 용기를 북돋아 주며, 다음 가을에 동일한 교육 과정에 다시 한번 참여할 것을 제안했다. 숀은 그 교육과정에 두 번째로 참여했다. 그는 유익한 시간이었다고 말했다. 그는 자신과 자신의 섹슈얼리티에 관한 새로운 사실을 배웠다.

그는 특별히 아버지와의 관계 속에서 부족했던 점들이 자신의 동성애에 영향을 주었을지도 모른다는 생각으로 아버지와의 관계를 깊이 탐구하기 시작했다. 그러나 두 번째로 참여했던 30주의 마지막에도, 숀은 여전히 동성애적 끌림을 경험하는 자신을 발견했다.

다시 한번, 숀은 자신의 경험을 사역자 대표에게 이야기했고, 그는 숀에게 다음 가을에 또다시 프로그램에 등록할 수 있다고 말해주었다. 숀은 동의했다. 그리고 세 번째로 받는 동일한 교육과정이 끝나갈 무렵, 숀은 동성애에 관한 자신의 계속되는 갈등을 상담사와 이야기해야겠다고 결심했다. 그가 사역이나 교육 과정을 가치 있게 여기지 않았다거나 자신의 행동이나 끌림에 대한 통찰을 얻지 못해서가 아니라, 이 모든 과정에도 불구하고 여전히 동성애적 끌림이 지속되는 것이 염려스러웠기 때문이었다.

"어쩌면,"

그는 나에게 말했다.

"저는 가장 핵심적인 문제를 다루지 못했나 봐요. 어쩌면 진정으로 무슨 일이 일어나고 있는지 해결하지 못한 것 같아요."

숀의 이야기가 그렇게 특별한 것은 아니다. 많은 사람은 동성애적 끌림을 경험하면서, 효과적인 치료법을 찾으려고 많은 시간과 에너지를 투자하거나, 하나님께 자신을 치유해 달라고 열심히 기도한다. 내가 상담에서 만난 많은 이들이 한 번쯤은 하나님께 자신의 동성애를 거두어 달라고 기도했다.

동성애로 지속적으로 갈등하는 것이 숀만의 특이한 현상은 아니지만, 같은 사역 프로그램에 세 번이나 참여하기로 결정한 것은 아마도 특이한 일일 것이다. 많은 사람은 자신이 기대했던 결과를 얻지 못하면 단순히 그곳을 떠난다. 다른 사람들의 경우 사역을 통해 제한된 성공밖에 거두지 못했다면 아마도 전문 상담가를 찾았을 것이다.

이번 장에서는 동성애자가 변화할 수 있는지 그렇지 않은지에 대해 이야기하게 될 것이다.

단지 개인이 열심히 노력한다면 이성애자가 될 수 있을까?

만약 그렇지 않다면, 사람이 "변화"될 수 있는, 우리가 고려해볼 만한 다른 방법들이 있는가?

몇몇 연구에 대해 간략히 살펴봄으로써 시작하는 것이 좋겠다. 흥미롭게도, 최근 미국심리학회는 이와 같은 다수의 연구를 검토한 전문위원회로부터 배경 문서를 출간했다. 그들은 성적 지향이 변할 수 있다는 주장을 뒷받침하기 위한 "불충분한 증거"가 존재한다는 결론을 내렸다.[1]

변화에 관한 초기 연구

성적 지향의 변화에 관한 초기 연구의 대부분은 『정신장애진단 및 통계편람』DSM: Diagnostic and Statistical Manual of Mental Disorders에서 동성애가 배제되기 전인, 1960년대와 1970년대에 발표되었다. 『정신장애진단 및 통계편람』은 다양한 심리학적 문제와 질병을 분류하기 위해 사용하는 주요 참고서다. 1973년, 이 편람은 동성애를 질병 목록에서 제외했으며, 이에 따라 동성애가 이제는 "치유" 받아야 할 무언가가 아니라고 선포했다.

심리학자들이 1970년대 이전에 행해진 연구들을 살펴볼 때 눈에 띈 것은 이 연구들이 변화에 대한 심리치료사(또는 분석가)의 보고나 내담자들의 느낌에 강하게 의존한다는 사실이었다.

나는 상담사다. 나의 돌봄 아래 있는 사람들이 어떻게 지내냐고 묻는다면, 나는 나의 상담에 대한 좋은 이미지를 보여 줄 가능성이 크다. 그것이 사실일 수도 있다.

하지만 설사 사실이 아닌들, 사람들이 어떻게 알겠는가?

이것이 상담사나 심리치료사에게 그들의 돌봄 아래 있는 사람들이 어떻게 생활하는지 질문하는 것에 수반되는 위험이다.

그러므로 상담사에게 질문하는 것보다는 내담자에게 질문하는 것이 더 바람직하다. 그러나 이 초기 연구들을 보면서 다음으로 보게 되는 것은 연구자들이 변화에 대한 객관적 기준보다는 내담자들의 주관적 측정법에 의존했다는 것이다.

한 개인에게 변화가 나타났다는 사실을 어떻게 알 수 있는가?

얼마나 많은 변화가 있었는가?

다른 사람들이 이런 변화를 확증하거나 변화의 정도를 확인할 수 있는가?

물론 당신은 상담사와 내담자 모두에게 질문할 수 있겠지만, 내담자와 상담사 모두에게 질문하는 데에도 여전히 취약점이 존재한다. 주목해야 할 다른 부분은 대조군ᶜᵒⁿᵗʳᵒˡ ᵍʳᵒᵘᵖ을 사용한 연구가 거의 없다는 것이다. 대조군은 동일한 문제점을 가지고 있지만(이 경우에, 그들은 성적 끌림이나 성적 지향의 변화를 경험하고자 한다), 같은 기간 동안 아무런 상담을 받지 않는다. 이것은 연구자들이 변화에 대한 보고가 상담 자체에 의한 결과인지, 아니면 상담과 상관없이 발생한 변화인지를 판단할 수 있도록 돕는다.

또한, 1960년대와 1970년대의 연구를 보면 장기적인 연구가 없었음을 알게 된다. 변화를 시도한 사람들에 대한 장기적인 추적이 없었다. 치료의 시작 단계에서 참여자들을 측정하고 치료의 마지막 단계에 다시 한번 측정했지만, 치료의 마지막에 거둔 성과가 오랜 기간 유지되었는지를 평가하기 위해 참여자들을 그 이듬해 혹은 그 이후에 추적한 연구는 거의 없었다.

이런 초기 연구에 제기되는 또 다른 문제점은 "변화"로 간주되는 부분이 연구마다 상당히 다르다는 점이다. 성적 지향이 변화되었는지를 질문할 때, 모든 사람이 동일한 방식으로 성적 지향을 측정한다면 매우 이상적일 것이다. 그러나 초기 연구에서 우리가 발견한 것은 "성공"이 다음과 같은 내용을 포함한다는 것이다.

- 이성애적 성관계가 가능함
- 동성애적 행동의 양 감소
- 이성애적 끌림의 증가
- 동성애적 끌림의 감소
- 이성과의 결혼

이는 성공과 변화를 정의하는 굉장히 다른 방식이다!

공평하게 말해서, 이런 연구는 1960년대와 1970년대 행해진 대부분의 다른 연구들과 비슷한 방식으로 시행되었으며, 따라서 당시의 연구가 현대의 기준에 따라 행해지지 않았다고 비판하는 것에 대해 우리는 조심스러울 필요가 있다. 심리학자들이 얼마나 철저하게 자신의 연구를 고안하고 수행하는가의 측면에 있어서, 1960년대의 그 누구도 오늘날 우리가 하는 것처럼 연구하지는 않았다.

그러나 이전의 연구에도 한 가지 분명한 공통점이 있는데, 이들도 모두 성공적인 결과를 보고한다는 것이다. 그것이 행동적인 변화이든, 자기 보고 형태의 끌림에 대한 변화이든, 아니면 성적 지향에 대한 개인적 의식이든, 많은 사람이 상담에 참여함으로써 유익을 얻은 것처럼 보인다. 우리의 계산에 따르면, 성적 지향을 변화시키기 위해 고안된 상담에 참여함으로써 거의 3분의 1의 사람들이 "성공"을 보고했다(혹은 "성공"을 경험한 적이 있다고 말했다).

1973년 『정신장애진단 및 통계편람』에서 동성애가 제외되면서, 상담을 통해 성적 지향을 변화시키고자 했던 전문가들의 관심은 즉각적으로 감소했다. 흥미롭게도, 바로 이 시기에 우리는 신앙에 기초한 동성애자를 위한 사역이 등장하는 것을 목격하게 된다.

미국심리학회의 최근 입장은 심리 치료나 종교적인 사역에 참여함으로써 성적 지향이 변화될 수 있다는 주장을 뒷받침하는 "불충분한 증거"가 존재한다는 것이다. 이와 같은 사역이나 지지적인 상담을 통해 받을 수 있는 혜택, 즉 사회적 지원망을 형성하고 유용한 대처 기술을 배우는 것과 같은 혜택은 성적 지향의 변화에 집중하지 않고도 누릴 수 있다. 비록 미국심리학회의 입장이 이 주제의 최종적인 결론은 아니지만, 이를 알아 두는 것은 우리에게 도움이 된다.

변화에 관한 최근 연구

몇 년의 공백 후, 일부 전문가가 다시 사람의 성적 지향이 변화될 수 있는지에 대해 관심을 갖기 시작했으며, 몇몇 연구가 진행되었다. 여기서는 몇 가지 중요한 연구와 그 결과에 대한 간략한 요약을 제시한다.

매킨토시 연구 MacIntosh Study

1994년에 실시된 이 설문 조사는, 274명의 심리분석가에게 동성애자와의 상담에 관해 질문한 내용을 담고 있다.[2] 이 심리분석가들은 1,215명의 동성애자 환자와 상담했으며, 그 중 22.7%의 환자들이 성적 지향의 변화를 보고했다고 보고했다(남성의 23.9%. 여성의 20.2%).

물론 우리가 위에서 언급한 것처럼, 치료에서 얻은 성취에 대해 분석가들의 설명에 의존하는 연구는 치료의 성공은 과잉보고하고 치료의 실패는 과소보고하는 경향을 지닐 수 있다. 그러나 이 연구와 다른 연구들은 한동안 제기되지 않았던 질문을 제기한다.

성적 지향은 변화 가능한가?

나르쓰 연구 The NARTH Study

　1997년에 전미 동성애연구치료협회 NARTH: The National Association for Research and Treatment of Homosexuality는 변화에 관한 연구를 발표했다. 이는 성적 지향이 변화되었거나 변화되는 과정에 있다고 나타난 855명의 사람에 관한 연구였다. 연구 결과 중, 변화 시도 전에 독점적 exclusive 동성애는 37%, 거의 독점적 동성애는 31%, 그리고 이성애보다는 좀 더 동성애는 22%로 보고되었다.[3] 9%는 남은 범위를 차지했다.

　변화 시도 후, 독점적 이성애는 15%, 거의 독점적 이성애는 18%, 동성애보다는 좀 더 이성애는 20%, 동등하게 동성애와 이성애는 11%, 이성애보다는 좀 더 동성애는 23%, 거의 독점적 동성애는 8%, 그리고 독점적으로 동성애는 5%로 보고되었다.

　이는 과거에 변화의 시도에 참여했거나 혹은 현재 참여하고 있는 대단히 많은 수의 사람이라는 점에 주목해야 한다. 연구는 변화 시도가 시작되기 전의 성적 지향을 개인의 기억에 의존하여 기술하도록 했다. 이런 방법은 그 자체로 약점을 지닌다.

　이상적으로는, 측정의 기준이 되는 "기준선"을 세울 수 있도록, 변화의 시도가 시작되기 전에 성적 지향을 기술하도록 했어야만 했다. 즉, 변화의 시도를 시작하는 시점에서 개인의 성적 지향을 측정하고, 그 후에 변화가 실제로 일어난 지에 관해 시간의 흐름에 따라 추적해야 한다.

쉐퍼 연구 Schaeffer Studies

킴 쉐퍼 Kim Schaeffer는 자신의 성적 지향을 변화시키고자 노력했던 사람들을 대상으로 일련의 연구를 수행했다. 연구에 참여한 사람들은 엑소더스 인터내셔널 Exodus International 사역 회의에서 모집했다. 엑소더스 인터내셔널은 자신의 동성애적 지향을 선호하지 않는 사람들을 위한 기독교 사역의 한 상부 기관이다. 참여자 중 일부는 일 년 후 자신의 변화 시도에 대한 질문서를 작성했다.[4]

일 년 후 후속 연구에서는 쉐퍼가 명명한 "감정에 기초한 성적 지향"에 의거하여, 140명 중 29%가 변화를 보고하였다. 여기서 "감정에 기초한 성적 지향"이란 변화에 대한 개인의 고유한 의식을 의미한다. 나머지 사람의 대부분(65%)은 여전히 성적 지향을 변화시키기 위한 시도 중에 있었던 반면, 4.3%는 성적 지향을 변화하기 위한 노력을 지속해야 할지에 대해 확신하지 못했고, 1.4%는 더 이상 성적 지향을 변화하기 위한 노력을 하지 않았다.

스피처 연구 Spitzer Study

이 연구는 컬럼비아대학교의 로버트 스피처 Robert Spitzer에 의해 시행되었다. 스피처는 1970년대에 정신의학적 진단 편람의 초기본에서 동성애를 삭제하도록 도운 것으로 가장 잘 알려져 있다. 그는 성적 지향이 변화될 수 있는가에 관해서 연구할 최후의 사람으로 보인다. 그러나 성적 지향이 변화되었다고 고백하는 몇몇 사람들을 만나본 후, 스피처는 이런 연구에 흥미를 느꼈음이 분명하다.

스피처의 연구는 2003년에 발표되었다. 그는 성적 지향이 변화되었다고 주장하는 200명의 사람들과 인터뷰를 했다. 특별히, 그가 인터뷰했던 사람들은 어떤 형태의 심리 치료를 통해 우세하거나 독점적인 동성애적 성적 지향이 우세하거나 독점적인 이성애적 성적 지향으로 변화했다고 주장했다.

스피처는 참여자들이 자신의 성적 지향을 보고하는 방법을 통해 변화를 문서화했다. 여기에는 성적인 끌림과 흥분, 환상, 갈망이 포함되었다. 일반적으로 말해서, 여성은 남성보다 더 유의미한 변화를 보이는 경향이 있었는데, 이런 결과는 동성애적 끌림을 경험하는 여성의 성적 유동성 sexual fluidity 에 관한 다른 연구들과도 일관성이 있어 보인다.[5]

변화 시도 이전에, 스피처의 바람직한 이성애적 기능 수행(여기에는 이성 간 성관계의 빈도, 이성 간 성관계에서의 만족도, 배우자 간 정서적 만족도가 포함된다)의 기준에 부합하는 남성은 오직 2%였으며, 여성은 한 명도 없었다. 변화 시도 이후에, 남성의 66%와 여성의 44%가 바람직한 이성애적 기능 수행의 기준에 부합했다.[6]

존스와 야하우스 연구 Jones and Yarhouse Study

나와 스탠턴 존스 Stanton Jones 가 3년에 걸쳐 공동으로 수행한 이 연구는 2007년에 처음 출간되었다.[7] 본래 이 연구는 엑소더스 사역에 참여해 성적 지향을 변화하고자 시도했던 98명의 참여자를 연구한 것이다. 이 연구 참여자들은 초기 진단을 받고, 그로부터 10개월 후, 2년 후, 그리고 8개월 후에 다시 진단을 받았다.[8] 우리는 몇 가지 표준화된 최적의 성적 지향 질문지를 이용해 정보를 수집했으며, 더불어 정서적 고통도 측정했다.

자신의 정체성에 대해 평가해 달라는 요청에 대해(예를 들어, 동성애, 이성애, 양성애, 기타), 응답자의 45%가 3년 동안의 연구를 통해 긍정적 변화를 보고했다. 경우에 따라 이것은 동성애, 양성애 또는 기타의 성 정체성이 전적으로 이성애로 변화되었음을 의미했으며, 다른 경우에는 동성애가 양성애나 기타의 성 정체성으로 변화되었음을 의미했다.

40%의 응답자는 변화 없음을 보고했는데, 이것은 처음 연구를 시작할 때 스스로 평가했던 정체성 분류(동성애, 이성애, 양성애)가 마지막까지 동일했음을 의미한다. 8명은 부정적인 변화를 보고했고, 3명은 불확실한 변화를 보고했는데, 예를 들어, 양성애자에서 "기타"로의 전환을 보고했다.

여러 종류의 성적 지향에 관한 측정 결과를 살펴본 후, 우리는 동성애적 끌림에 대한 유의미하거나 평균적인 감소를 보고했으며, 그 감소량은 의미 있는 수준으로 나타났다. 우리는 또한 이성에 대한 끌림의 유의미한 증가를 보고했는데, 이는 동성에 대한 끌림의 감소만큼 강렬하지는 않았다.

참여자들은 변화 노력에 대해 스스로 진술했던 정보에 기초하여 분류되었다. 15%의 사람들은 성공: 이성애로 전환 conversion to heterosexuality 에 속했으며, 23%는 성공: 순결(chastity, 혹은 동성애적 끌림의 감소에 도움을 받은 "순결한 삶을 영위하는 자유")에 속했다. 2%의 참여자는 변화 노력의 지속에 분류되었는데, 이는 끌림의 부분에 있어 약간의 감소는 있었으나 성공을 경험했다고 기술하기에는 불충분함을 의미한다.

15%의 참여자는 변화 노력에 대해 무응답으로 분류되었다. 4%는 실패: 혼란으로, 그리고 8%는 실패: 동성애자 정체성으로 분류되었다. "실패"의 지정은 성적 끌림과 성적 지향에서 변화를 경험하고자 하는 엑소더스의 일원이라는 측면에서, 오직 참여자 스스로 세운 목표에 따랐다.

우리는 총 6-7년에 걸쳐 참여자들을 추적하면서 세 번의 진단을 시행하였고, 2009년에는 추가 연구 결과를 발표했다.[9] 결과는 미국 심리학회의 연례 회의에서 발표되었다. 한 개인이 변화 시도의 초기에 이룬 평균적인 성취는 시간이 흘러도 지속되는 것으로 나타났다. 다시 말하지만, 이성애로의 접근(이성에 대한 끌림의 증가)보다는 동성애로부터 멀어짐(동성에 대한 끌림의 감소)의 평균적 성취가 더 컸다.

우리는 남아 있는 참여자들에게 엑소더스에서 그들이 얻은 경험을 가장 잘 표현한 항목이 무엇인지 질문했으며, 이에 성공: 이성애로의 전환은 23%로 상승했고 성공: 순결 역시 30%로 상승했다.[10]

이것은 이와 비슷한 변화 노력 프로그램에 참여할지를 고려 중인 사람들에게 중요한 결과이다. 그러나 우리가 통상적으로 동성애자에서 이성애자가 되는 180도의 변화에 관해서만 이야기하는 것은 아니라는 사실을 이해해야 한다. 대신, 연구는 끌림이라는 연속선상에서의 움직임을 보여 주는데, 대다수의 성공은 순결의 유지가 큰 어려움이 되지 않도록 돕는 동성애적 끌림의 감소에서 온다.

이런 변화는 성적 끌림의 영역뿐만 아니라 성적 정체성, 또는 한 개인의 자신에 대한 의식과 자신을 스스로 동성애자로 인식하는가의 영역에 있어 중요한 전환을 반영한다. 의심할 여지 없이, 연구에 참여한 많은 사람은 자신을 동성애자로 보지 않았으며, 그보다는 인간으로서의 다른 측면들을 중심으로 정체성을 형성해 나가기 시작했다.

성적 지향을 변화하기 위한 시도에 대해 우리는 어떤 결론을 내릴 수 있을까?

나는 이렇게 말하며 시작하고 싶다. 내 생각에, 이 논의에 관한 두 가지 진영, 즉 미국심리학회나 다른 정신 건강 단체와 같은 기관들로 이루어진 한 진영과 보수적인 그리스도인과 그 단체들로 이루어진 다른 한 진영은, 각기 다른 이야기를 하면서 같은 주제에 관해 이야기하고 있다고 생각한다. 예를 들어, 성적 지향의 변화에 관한 "불충분한 증거"가 존재한다고 주장하는 사람들은 대개 범주적이고 완전한 변화를 생각하면서, 성적 지향이 마치 조명 스위치처럼 켜짐 아니면 꺼짐, 동성애 아니면 이성애, 게이 아니면 스트레이트 straight[11]의 두 가지 선택만 있는 것처럼 여긴다. 반면, 그리스도인은 이런 종류의 완벽한 변화가 자주 일어난다고 주장함으로써 간혹 문제를 가중시킨다.

그래서 변화는 가능한가?

이 분야의 연구를 검토해 보면, 일부 사람들은 분명 시간이 지남에 따라 끌림의 변화를 보고한다. 이 사람들에게 있어서 변화는 동성애적 끌림의 감소라는 형태로 나타나는 경향이 있으나, 이런 감소가 일반적으로 완전하지는 않다. 소수의 사람은 이성애적 끌림의 증가도 함께 보고한다. 전반적인 이성에 대한 끌림의 증가인 경우가 있는 반면, 배우자와 같은 특정인에 국한된 끌림이 나타나는 예도 있다.

내 생각에, 180도의 변화 혹은 범주적인 변화가 일어날 가능성이 크지 않다는 사실을 관련된 모든 사람이 인식하는 것은 도움이 된다. 사람들이 변화를 시도하지 말아야 한다거나 변화에 대해 좌절감을 느끼게 하려는 것은 아니지만, 이는 우리가 더 가능성 있는 결과를 파악하는 데에 분명 도움을 준다.

어떤 면에서, 사람들은 이 점을 이해함으로써 소명, 청지기적 사명, 그리스도의 형상을 본받음과 같은 다른 중요한 분야에 집중할 수 있는 자유를 얻게 된다. 이 부분에 대해 더 자세히 이야기하겠지만, 그에 앞서 성적 지향을 변화하고자 시도하는 것은 해로운 일이라는, 종종 제기되는 주장에 대해 논의하고자 한다.

변화를 시도하는 것은 해로운가?

숀Shawn은 변화를 시도하는 것이 해로울 수 있다는 생각을 단 한 번도 해 보지 않았었다. 우리의 논의 중 이런 이야기가 나오게 된 이유는, 내가 성적 정체성에 대해 도움을 요청하는 사람들로부터 사전 통보 동의서Advanced Informed Consent에 서명을 받기 때문이다.

이 서류에는 동성애적 끌림의 원인에 관해 우리가 알고 있는 부분과 모르는 부분, 이런 문제에 대해 반응하는 다양한 방법(전문 상담적 접근과 사역적 접근), 상담이 주는 잠재적인 혜택과 위험 요소 등이 요약되어 있다. 이 마지막 부분이 숀에게 흥미롭게 다가왔다. 앞서 언급했듯이, 숀은 위험 요소의 가능성에 대해 전혀 생각해 보지 않았었다.

나는 성적 지향을 변경하고자 시도하는 상담사들에게, 환자들이 이 분야의 상담을 통해 기대할 수 있는 것이 무엇인지 알 수 있도록 사전 통보 동의서를 제공하라고 추천한다. 사전 통보 동의서를 제공하지 않을 때 큰 비난을 받을 수 있는데, 변화 상담을 반대하는 많은 사람은 잠재적 내담자가 무엇을 기대해야 할지에 대한 정확한 정보를 받지 못한다고 느끼기 때문이다.

내가 제공하는 상담이 지향 변화 상담(또는 "지향-재교육" 상담)에 초점을 맞추지는 않지만, 나는 내담자들이 잠재적 위험 요소에 대해 숙지하도록 한다.

그렇다면, 내가 제공하는 상담의 초점은 어디에 있는가?

제2장의 내용을 다시 떠올려 본다면, 성적 끌림과 성적 지향, 성적 정체성 사이에는 차이가 존재한다. 나는 성적 지향보다는 성적 정체성에 초점을 둔다. 그 이유 중 하나는 분류적인 전환이 흔치 않다고 믿기 때문이다.

대신, 나는 대부분 사람이 감당할 수 있고 변화를 경험할 수 있는 분야에 집중한다. 나는 어떻게 시간의 흐름에 따라 정체성이 형성되는지, 그리고 어떻게 정체성이 한 개인의 신앙과 가치관을 반영하는지 살펴본다. 나는 사람들이 삶을 살아가면서, 자신의 기독교적 신앙과 가치관에 부합하는 정체성을 형성하는 데에 도움이 되고자 한다.

나는 숀이 여전히 자신의 동성애적 끌림의 감소를 목격하고, 이성에 대한 끌림의 의미 있는 증가를 경험하기 원한다는 것을 감지했기에, 이런 구분에 대해 숀과 나누었다. 우리는 상담에 있어서 재정적이고 감정적인 투자에 관해 논의했다. 상담은 정신적, 금전적으로 상당한 비용이 요구되는 사안일 수 있으므로, 숀이 이 부분에 대해 깊이 생각해 보는 것은 중요했다.

하지만 아마도 가장 큰 투자는 감정적인 투자일 것이다. 우리는 사람들이 흔히 상담에 대해 갖는 기대에 관해서 이야기했다. 예를 들어, 상담을 시작하면 동성애적 끌림이 곧 사라지게 될 것이라는 식의 기대가 높으면 높을수록, 잠재적 실망의 가능성은 커진다. 이는 죄책감(충분히 노력하지 않았다거나 믿음이 부족했다는 느낌), 수치심(자신에게 어떤 문제가 있다는 느낌), 분노, 그리고 그 외 다른 감정을 동반한다.

나는 숀에게 이런 실망이 어떻게 내적으로 자신을 향할 수 있는지, 그리고 어떻게 외적으로 상담사나 하나님, 또는 교회로 향할 수 있는지에 대해 이야기했다. 숀이 이 부분에 관해 이해하는 것은 특별히 중요했는데, 왜냐하면 우리는 성적 지향의 변화를 시도하기보다는 더욱 광범위한 정체성이라는 주제에 초점을 맞출 것이기 때문이었다.

그러므로 성적 지향이 변할 수 있는가의 질문 옆에는 성적 지향의 변화를 시도하는 것조차 해로운가의 질문이 나란히 서 있다. 성적 지향을 변화하고자 시도하는 것에 반대하는 사람들은 그것의 잠재적인 유해성에 대한 우려를 표한다.[12] 반면, 변화의 시도에 찬성하는 사람들은 이런 상담을 요청하는 사람들을 위한 사전 통보 동의의 문제로 여긴다.

어떠한 경우이든지, 우리에게 이 주제에 관한 통찰을 제공할 수 있는 몇 가지 연구를 살펴보도록 하자.

쉬들로와 슈로더 연구 Shidlo and Schroeder Study

이 연구는 지향 변화 상담이 해롭다는 사실을 증명하기 위해 고안되었다. 연구자들은 자신들의 연구 계획을 "동성애 혐오 상담: 피해 기록"(이는 후에, 변화 상담에 참여하여 유익을 얻었다고 보고한 사람들에 대한 명백한 반응으로써 "전환 상담: 효과가 있는가"라고 변경되었다)이라 명명하면서, 시작부터 단지 그런 의도로 사람들을 모집했다. 새로운 제목에도 불구하고 연구의 초점은 실제로 변화를 시도하는 것이 해로운가에 있었다. 연구 참여자의 대부분은 성적 지향을 바꾸는 데에 성공하지 못했고, 다수는 치료의 결과로서 해로움을 경험했다.[13]

쉬들로와 슈로더는 그리 크지 않은 비율의 참여자가, 반드시 기대했던 지향 변화의 경험을 통해서는 아니지만, 변화 시도를 통해 유익을 얻었다고 보고했다.[14,15]

쉐퍼 연구 Schaeffer Studies

행동 변화 시도와 순결 유지에 있어 크게 성공적이었던 사람들은 행복, 외로움, 자아 수용, 우울 등 다양한 영역에서 긍정적인 정신 건강을 보고했다.

동일한 연구팀은 "과거 동성애자"[ex-gays]와 현재 동성애자를 비교한 또 다른 연구를 시행했다. "과거 동성애자"는 긍정적인 정신 건강을 보고했지만, 현재 스스로 동성애자로서 인정하는 사람들은 더 높은 행복과 자아 수용, 낮은 외로움을 보고했다.[16] 따라서, 한 그룹이 다양한 측정 항목에서 더 높은 점수를 보이는 가운데, 두 그룹 모두 사실상 성공적이었다.

스피처 연구 Spitzer Study

앞서 언급한 스피처의 연구에서, 참여자들은 지향 변화 시도를 마친 이 후보다는 지향 변화 시도를 시작하는 단계에서 더 큰 우울감을 보고했다.[17,18]

존스와 야하우스 연구 Jones and Yarhouse Study

이 연구에서 참여자들은 연구의 시작 단계에서, 그리고 연구 과정 중 여러 번, 정신적 고통 증상 설문지를 작성했다. 평균적으로, 이 변화 과정에 참여하는 것이 고통 증상의 증가나 증상 심각성의 증가를 초래한다는 증거는 없었다. 6-7년의 추적 연구에서, 고통 증상에서의 유일한 평균적 변화는 약간의 심리적 향상을 향한 것이었다.

참여자들은 영적 건강 설문지도 함께 작성했다. 이 변화 과정에 참여하는 것이 종교적 혹은 영적 안녕의 감소를 초래한다는 증거는 없었다. 사실상, 평균적 차이를 보고했던 모든 사람은 6-7년 동안 향상되었음을 보여 주었다.

"지금까지 이 사역으로부터 받은 도움은 무엇입니까?"

이런 개방형 질문에 사람들이 어떻게 대답했는지 살펴보는 것은 흥미로운 일이다. 우리 책에 기록했던 몇 가지 대답은 다음과 같다.

"그리스도와 더 친밀히 동행할 수 있도록 해 주었습니다…."

"하나님과의 관계를 향상하고 좀 더 친밀한 관계를 형성하는 데에 매우 큰 도움이 되었습니다."

"도움이 되는 자료들을 읽을 수 있도록 해 주었습니다."

"교회와 나머지 세상 사이에서, 솔직할 수 있고… 내 모습 그대로가 될 수 있는 그런 중재적인 공간이 필요했습니다."

"내 자신을 찾는 데 도움이 되었습니다."

어떤 영역에서 진정한 변화가 나타났는지 물었을 때, 참여자들은 여러 다른 의견들을 공유했다. 다음과 같은 몇 가지 의견들이 있었다.

"이 과정은 나에게 하나님의 친밀한 돌보심과 나를 향한 그분의 보살핌을 기억하게 해 주었습니다. 그분은 온유하시며, 나와 동행하실 것입니다. 근본적으로, 고민하는 것도 괜찮다고 말하는 것 같았습니다."

"여기에 오면서부터, 나는 한 번도 어떤 형태로든 성적 행동을 하지 않았습니다.… 이것은 표면 아래로 들어가서, 내가 왜 그러한 행동을 하는지에 대한 이유를 보도록 도와주었습니다."

"나는 하나님이 이 과정을 사용하셔서, 내가 고민하는 중에도 여전히 받아들여질 수 있음을 알려 주셨다고 생각합니다."

즉, 대부분 의견은 성적 지향의 극적인 변화에 관한 것이 아니었다. 그보다, 참여자들은 자신과 하나님과의 관계, 하나님의 사랑과 수용에 대한 경험, 영적 성장을 강조하는 경향을 보였다. 이것은 변화가 일어나지 않았음을 말하는 것이 아니다. 개방형 질문을 통해 사람들이 "진정한 변화"와 무엇이 특별히 그들에게 도움이 되었는지에 대해 말할 수 있게 되었을 때, 놀랍게도 그들은 영적인 주제와 수용의 메시지를 향해 무게를 두고 있었다.

결론

지금까지 다룬 내용을 요약하면, 성적 지향 변화가 의미하는 것이 "완전한 게이"에서 "완전한 스트레이트"로 이동하는 것이라고 보았을 때, 대부분 사람의 성적 지향은 변하지 않는 것으로 보인다. 하지만 변화는 연속선상에서도 일어날 수 있다.

때로 동성애적 끌림은 실제로 감소하며, 기독교 프로그램을 통한 변화 시도에 관한 가장 최근의 한 연구에서는 변화 노력을 지속하고 있는 다수의 참여자가 동성에 대한 끌림의 감소로 인해 순결이 이전과 같이 부담스럽지 않다고 보고했다.

더 적은 수의 참여자는 이성에 대한 끌림의 증가, 또는 자신의 배우자에 대한 끌림의 증가도 함께 보고했다. 성적 지향의 변화가 완전하거나 분류적인 경우는 흔치 않으며, 변화를 보고한 많은 이들은 여전히 동성애 대한 어느 정도의 관심을 때때로 경험할 수 있다. 변화를 시도하는 것이, 특별히 개인이 현실적인 기대를 하고 있다면, 본질적으로 유해하다고 보이지 않는다.

얼마 후 숀과 다시 만났다. 숀은 자신의 성적 끌림이 변하지 않을 것이라는 생각에 깊은 고민을 시작했다고 이야기했다. 그는 이 사실을 받아들이기가 어렵다고 말하면서, 자신이 할 만큼 해 보았는지, 충분히 노력했는지 알고 싶어 했다.

그는 자신의 동성애를 받아들이기로 하는 것이 죄인지 소리 내어 물었다. 여기서 그가 동성애적 관계를 승인한 적은 없다는 것을 분명히 해 두고 싶다. 숀은 자신의 마음속에서 동성애적 행동을 승인하는 것과 동의어로 여겨지는 동성애자 정체성을 받아들여야 할지에 대해서는 결론을 내리지 않았다.

그보다 숀은 신앙인으로서, 자신의 성적 지향을 적극적으로 변화시키려는 싸움을 멈출 수 있을지에 대해 갈등하고 있었다. 그는 자신이 하나님을 실망하게 하는 것은 아닌지, 혹은 자신에게 영적인 해를 끼치고 있는 것은 아닌지 알고자 했다.

우리는 숀의 우려에 대해 이야기를 나누었다. 그가 기독교와 동성애에 관해 이해하는 바로는, 자신에게는 성적 지향을 바꿀 의무가 있다고 말했다. 만약 변화를 경험하지 못한다면, 이는 자신에게 문제가 있다는 걸 의미했다. 즉, 충분히 노력하지 않았거나, 아니면 자신을 치유하시는 하나님의 능력에 대한 충분한 믿음이 없는 것이다.

숀에게 있어서, 성적 지향을 바꾸는 시도를 계속해야 한다고 느껴왔던 압박에 대해 앞으로 자신이 어떻게 반응해야 할지 정리하는 데에는 긴 시간이 걸릴 것이다.

한 개인이 자신의 동성애적 끌림을 받아들이게 된다는 것이 의미하는 바는 무엇일까?

우리는 제8장에서 교회가 이 지속적이고 고통스러운 상황에 어떻게 반응하는지에 대해 살펴보면서, 이 부분에 대해 더 깊이 논의하게 될 것이다. 우리는 또한 동성애적 끌림을 경험하는 대부분 사람이 동성애를 더욱 지속적인 상황으로서 바라보지 못하는 원인이 무엇인지 이해할 필요가 있다.

기억해야 할 포인트!

- 어떤 사람들은 성적 지향에 있어서 분명 변화를 경험하지만, 대부분은 보통 정도의 성취를 경험한다. 그리고 많은 사람은 계속하여 때때로 동성애적 끌림을 느낀다고 고백한다.

- 성적 지향을 변화하고자 노력하는 것이 특별히 한 개인이 현실적인 기대를 한다면, 본질적으로 해로운 것으로 보이지는 않는다.

- 사람들이 가장 어려움을 느끼는 부분은 비현실적인 기대를 하는 경우, 그리고 노력이 부족하다거나 믿음이 부족하다는 메시지를 받는 경우이다.

II. 가정에서 직면한 질문에 대한 솔직한 대답

05

어린 자녀나 청소년 자녀가 동성애자 정체성을 선언한다면?

나는 사무실에서 매우 불안한 목소리의 어머니와 통화하게 되었다. 그녀는 다섯 살 난 아들이 있는데, 이 아이가 동성애자가 아닌지 걱정하고 있었다. 나는 어머니에게 잠시 숨을 돌리고, 좀 더 자세히 이야기해 달라고 요청했다.

그녀는 아이가 "여자아이같은 행동"을 하는데, 이것이 그녀를 걱정스럽게 한다고 말했다. 또한, 아이는 어머니인 자신에게 지나치게 관심을 보이며, "남자아이가 되는 것"이나 "남자아이들이 하는 행동," 또는 아버지처럼 되는 것에는 충분한 관심을 보이지 않는다고도 이야기했다.

"'어머니에게 지나치게 관심을 보인다'는 말이 무슨 뜻인가요?"

나의 질문에, 그녀는 아들인 제레미Jeremy가 자신과 자신의 물건에 얼마나 관심을 보이는지를 설명했다.

"제레미는 제 가방을 다 뒤져보고, 그걸 메고 온 집안을 돌아다녀요. 아니면 제 하이힐을 신고 걷는 연습을 해요. 립스틱 같은 제 화

장품을 찾아서 발라보기도 한답니다."

그녀는 이런 행동이 지난 일 년 동안 계속되었다고 말했다.

"처음에는 그냥 재밌었어요.

귀여웠어요.

남편과 저는 웃어넘겼고, 저희 부모님도 그러셨죠. 제 말은, 제레미가 제 핸드백 같은 걸 메고 돌아다니는 것을 보는 게 재밌었어요.

그렇지만 어느 순간 아이가 남편보다는 저에게 더 관심이 있는 것처럼 보였어요. 그건 마치 아이가 남편보다는 저와 자신을 더욱 동일시하는 것 같았어요.

잘 모르겠어요.

어쩌면 아무 일 아닐 수도 있죠.

하지만 말씀해 주세요.

제레미가 동성애자인가요?"

이번 장에서는 각기 다른 두 가지 질문을 다루게 될 것이다.

첫째, 어린 자녀가 동성애적 끌림을 경험할 가능성을 지니고 있는지 어떻게 알 수 있을까?

이것은 제레미의 어머니가 했던 질문과도 같은 것이다.

둘째, 자신을 동성애자로 인식하는 청소년 자녀에게 부모는 어떻게 반응해야 할까?

이 질문도 함께 다룰 것이다.

우리 아이가 동성애자인가요?

첫 번째 질문은 미래를 걱정하는 부모들에 의해 촉발된다. 모든 부모는 자신의 삶뿐 아니라 자녀의 미래의 모습도 그려본다. 자녀의 경험이 부모의 기대와 비슷한 방향으로 펼쳐지지 않는 것처럼 보일 때, 부모들은 불안해진다.

자녀가 동성애 문제로 씨름하기를 바라는 부모는 거의 없다. 동성애에 대한 사회적 수용의 증가, 그리고 언론과 엔터테인먼트 산업에서의 유행에도 불구하고, 대부분 부모는 동성애가 힘든 길임을 인식하고 있다. 이 어려움은 자녀들이 느껴야 할 사회적 거절감에 관한 것일 수 있지만, 어쩌면 부모 스스로 감당해야 할 상실감에 관한 것일 수도 있다.

예를 들어, 많은 부모가 자녀가 이성과 교제하지 않을 것이며, 결혼하거나, 생물학적 자녀를 낳을 수 없다는 사실을 깨닫고 슬픔에 빠진다. 여기에, 죄로 여겨지는 행동 양식과 싸움에 대한 그리스도인 부모들의 걱정이 더해지면, 불안은 산더미처럼 쌓인다.

그리고 단지 불안의 문제가 아니다. 많은 경우, 수치심이 동반된다. 이는 문화적 수치심, 혹은 복음주의 하위문화적 수치심이며, 복음주의 기독교 공동체의 일원이 되는 것에 수반되는 수치심이다. 수치심은 사람들이 무언가 자신의 내부에 근본 결함이 있다고 느낄 때 경험되는 감정이다.

수치심은 공동체적으로도 경험될 수 있다. 즉, 한 사람이 자신이 속한 공동체나 가족이 무언가 잘못되었다고 느낄 때, 그들이 행한 무언가가 아니라 그들이 누구인가의 어떤 측면이 잘못되었다고 느낄 때, 공동체적으로 경험되기도 한다.

흔히 복음주의적 기독교 공동체에 속한 부모들은 자녀가 동성애적 끌림을 경험하거나 동성애자 정체성을 선언하게 되면, 자신에게 문제가 있다고 느낀다. 수치심 경험에 대해서는 좀 더 이야기를 나누겠지만, 자녀가 동성애자일지도 모른다고 부모가 처음으로 두려움을 갖게 되는 순간, 종종 이 수치심의 씨앗이 심어진다는 사실을 우리는 중요하게 볼 필요가 있다.

필연적으로, 나는 이런 종류의 하위문화적 가족적 수치심이 부모들에게 극단적 자세를 취하게 한다고 여긴다. 한 가지는 침묵 속에서 고통받는 것이다. 실제로 무슨 일이 일어나고 있는지 다른 사람들에게 알리는 수치를 무릅쓰기보다는, 차라리 고립 가운데 씨름하기를 선호한다. 이는 엄청난 감정적 소모를 야기할 수 있다.

부모가 취하는 다른 자세는 자신의 어린 자녀나 청소년 자녀를 보호하려고 전통적인 기독교 성 윤리에 공개적으로 반대하면서, 자녀의 동성애자 정체성을 수용하며 적극적 옹호자가 되는 것이다.

그렇다면 어린 자녀가 동성애적 끌림을 경험할 가능성을 지니고 있는지 어떻게 알 수 있을까?

이 질문에 대해 제2장에서 다룬 원칙을 참고한다는 것에 주목하기 바란다. 나는 "동성애자 청소년" 또는 "예비 동성애"pre-homosexuality라는 말을 잘 사용하지 않는다. 나는 어린이들에 대해 이런 용어를 사용하는 것은 미성숙하다고 보며, 또한 이런 언어는 제2장에서 소개한 "발견"discovery의 비유에 힘을 실어주는 것으로 생각한다. 나는 이런 비유가 특별히 젊은이들에게 도움이 되지 않는다고 생각하는

데, 이것은 종종 무언의 가정(예를 들어, 이 사람이 "진정 누구인가"와 같은)을 도출해 내고, 증명되지 않은 내용을 사실로 만들기 때문이다.

어린이 스스로 남성 또는 여성이라고 인식하는 것은 일반적으로 만 2세나 3세부터 발달한다. 교차-성에 대한 흥미의 발달은 만 2세부터 4세 사이에 시작된다. 이런 행동 때문에 염려하는 부모들도 어린 자녀가 학령기에 접어들기 전에는 도움을 요청하지 않는 경향을 보이는데, 사실상 제레미도 이런 경우이다.

제레미가 여자아이들에게 더욱 정형화된 행동을 보여 준 것은 분명하다. 이것은 사실 동성애적 지향을 지닌 성인들이 공유하는 가장 일관성 있는 경험 중 하나로, 아동기 성별 비순응gender nonconformity이라고 불린다.

성별 비순응이란 무엇인가?

이는 이성에게 정형화된 놀이와 흥미에 몰두하는 것을 말한다. 예를 들어, 남자아이가 여자아이의 장난감을 가지고 논다거나, 여자아이처럼 옷을 입고 소꿉놀이를 하는 등의 행동에 더 큰 흥미를 보일 수 있다. 여자아이는 영웅 캐릭터 장난감을 가지고 놀거나, 카우보이나 인디언 놀이를 하고, 트럭을 가지고 노는 등의 행동에 더 큰 흥미를 보일 수 있다.

일반적으로 부모들은 여자아이가 남자아이 같은 행동을 하는 것에 대해서는 그리 크게 염려하지 않기에, 여자아이들에게는 훨씬 넓은 허용치가 주어진다. 그러나 무엇을 할 수 있고 할 수 없는지에 대해 남자아이들에게 주어지는 "상자"는 매우 작다. 남자아이들이 상자 밖의 행동을 할 때, 부모들은 불안해진다. 성별 고정 관념에 대한 비순응은 크게 두 영역에서 나타난다.

첫째, 성별 정체성 장애 GID, Gender Identity Disorder 라고 불리는 보기 드문 상태이다.

둘째, 성인 동성애이다.[1]

성별 정체성 장애는 흔치 않다. 이 장애를 지닌 아동은 극도의 성별 비순응 행동을 보이면서, 자신이 반대의 성이라고 주장할 것이다. 예를 들어, 한 생물학적 소녀가 자신이 소년이라고 주장하거나 소년이 되고 싶다고 주장할 것이다. 이런 아동들은 이성에게 정형화된 놀이, 옷, 그리고 흥미에 강렬한 관심을 보인다.

무엇이 성별 비순응을 불러일으키는가?

선천성(즉, 생물학)을 강조하는 사람들은 아마도 이런 초기 성별 비순응이야말로 생물학이 작용하고 있음을 보여 주는 증거라고 주장한다. 후천성(즉, 아동의 환경과 경험)을 강조하는 사람들은 심리적 영향의 힘이 그 아동의 출생부터 아동을 형성해 온 것이라고 주장한다.

양쪽 그룹 모두 성별 비순응을 보인 아동들이 자라서 동성애자가 될 확률이 크다는 사실에 의견을 일치한다. 그러나 성별 비순응으로 어려움을 겪었던 모든 아동이 후에 성별 정체성 gender identity이나 성적 정체성 sexual identity의 문제를 갖게 되는 것은 아니다.

어린 자녀의 성별 정체성과 성적 정체성에 대해 부모가 할 수 있는 것은 무엇인가?

흥미롭게도, 성별 정체성 장애는 부모들의 중재에 반응하는 것으로 보인다. 중재를 위한 권장 사항에는, 극단적인 성별 비순응 행동에 무관심으로 대응하면서 부드럽게 그러나 일관되게 다른 방향의 행동으로 전환해 주고, 아동의 생물학적 성을 확인시켜 주며, 적절한 성별 행동의 모범을 보여 주고, 아동이 스스로 적절한 행동을 표현했을 때 강화해 주는 것이 포함된다.[2]

예를 들어, 만약 남자아이가 자신의 누나나 여동생의 바비 인형에 강력한 선호를 보인다면, 부모는 이런 행동을 무시하고(그의 흥미를 비난하기보다는), 아동의 흥미를 조성하고자 하는 다른 활동으로 관심을 전환해 준다.

우리는 성별 비순응이 성인 동성애자들의 경험의 한 부분임을 알게 되었다. 그러나, 아동기의 중재가 동성애를 예방할 수 있을지는 연구를 통해 분명하게 드러나지 않는다. 즉, 중재는 성별 정체성의 문제를 예방하는 데에는 도움을 주는 것처럼 보이지만, 성적 정체성 문제를 해결하는 것처럼 보이지는 않는다.

그렇다면, 왜 현재 시점에서 성별 정체성과 관련된 문제는 예방이 가능한 것처럼 보이지만, 성적 정체성과 관련된 문제는 그렇지 않은 것처럼 보이는가?

아직은 모른다. 그러나 대부분의 성별 정체성 장애 아동은 성장해서 동성애적 지향이나 양성애적 지향을 보고한다.[3]

나는 동성애를 예방하는 것이 완전히 불가능하다고 제안하고자 하는 것이 아니다. 하지만 예방은 종종 원인에 대한 질문이 되어 돌아온다. 제2장에서 논의했듯이, 현재는 동성애의 원인이 무엇인지 알지 못한다. 만약 원인이 있다면, 선천성과 후천성을 아우르는, 동성애적 끌림에 기여하는 다수의 가능성 있고 영향력 있는 요인들일 것이다. 이런 요인들은 사람에 따라 다른 "무게"로 작용하는 것으로 보인다.

하나의 결과로 향하는 다양한 길이 있다는 개념의 등결과성의 원칙을 기억해보라.

우리는 또한 개인적 차이와 남성, 여성의 차이를 인정하는 다형적 동성애가 있다고 했다. 우리가 아는 것과 모르는 것은 예방에 영향을 미친다. 예를 들어, 흡연이 폐 질환의 원인임을 알기에, 금연이 폐 질환의 예방에 중요하다는 사실도 안다. 우리는 동성애적 끌림의 원인이 무엇인지 알지 못하기에 예방에 대해 부모들에게 무엇을 말해 주어야 할지 알기 어렵다.

그러나 우리는 환경적 요인의 영향도 있음을 믿기에(다시 한번, 이것도 역시 사람에 따라 다른 무게로 작용할 수 있다), 일부 부모들은 몇 가지 지침을 따르기로 결정하기도 한다. 그러한 지침에는, 동성 부모와 자녀 사이의 관계 향상을 위해 노력하고, 분명한 경계를 가진 가정 환경을 조성하며, 섹슈얼리티와 성적 행동에 대한 파괴적인 메시지를 예방하고, 또래와의 건강한 관계를 촉진하는 등의 내용이 포함된다.

일반적으로 부모들은 가족 역동을 면밀히 살펴보는 데서부터 시작한다. 부모들은 자녀와의 관계를 향상하는 법을 연구하여 자녀를 격려하고 존중할 수 있으며, 이를 통해 어디까지가 부모가 해야 할 일이고, 어디부터가 자녀가 해야 할 일인지를 구분하는 건강한 경계를 보여줄 수 있다.

이런 방법은 특별히 어린 자녀가 자신의 동성 부모와 동일시 하도록 돕는 기회를 제공한다. 부모들은 남성과 여성의 건강한 모델을 보여 줄 뿐만 아니라, 자녀가 남성, 또는 여성이 된다는 것의 분명한 개념을 확립할 수 있도록 아들과 딸의 성별을 긍정적으로 인정해 줌으로써, 성별 정체성의 건강한 경험이 서서히 스며들도록 도와준다.

이런 목표를 향해 나아가면서, 부모는 서로의 관계를 돌아볼 수 있다.

부모는 안정적인 결혼 생활을 유지하면서, 배우자를 존중하는 건강한 관계의 본보기가 되고 있는가?

부모는 남성(아버지)과 여성(어머니)이 서로를 존중하는 건강한 방식으로 관계 맺는 것을 어린 자녀에게 보여줌으로써, 자녀의 생물학적 성을 긍정적으로 인정해 줄 수 있다. 성 교육 역시 이런 접근에 있어 중요한 부분이다. 이 분야의 탁월한 기독교 서적으로는, 스탠튼 존스와 브레나 존스Stanton and Brenna Jones의 『내 자녀에게 성을 이야기할 때』How and When to Tell Your Kids About Sex, 1993가 있다. 저자의 접근법은 십 대에 하는 "그 대화"를 위한 것이 아니며, 실제로 장기간에 걸친 자녀들의 인격 형성에 관한 것이다. 이는 궁극적으로, 자녀들과 지속적인 관계를 맺는 데에 초점을 둔다. 즉, 자녀들이 배울 수 있는 시기를 확인하고 이를 기회로 삼아, 파괴적인 메시지를 점검하고, 이런 메시지에 빠지지 않도록 예방하며, 건강한 섹슈얼리티와 성적 표현을 더욱 분명하게 이해할 수 있도록 자녀들을 준비시키는 것이다.

당신이 부모로서 이런 방법으로 자녀에게 반응하고자 한다면, 당신을 불안하게 만드는 자녀의 행동을 비난하기보다 당신이 강화하기 원하는 행동을 격려하는 것이 중요하다. 당신이 원치 않는 행동에 대해서는 무시하는 것이 (비난하는 것보다) 더욱 효과적일 수 있다. 자녀가 그 행동으로부터 멀어지고 당신이 조성하고자 하는 행동을 향해 나아가도록 방향을 재설정해 준다.

여기에는 시간과 인내가 요구된다. 앞서 언급했듯이, 동성 부모는 자녀에게 남성 또는 여성이 무엇을 의미하는 지 보여 주는 중요한 역할을 하기에, 부모로서 당신이 조성하고자 하는 행동의 본보기가 되는 것 역시 도움이 된다.

지금까지 배운 것을 요약하면, 부모는 더욱 안정적인 성별 정체성 조성을 위해 자녀를 격려하고, 부드럽지만 일관성 있게 자녀의 방향을 재설정해 줄 수 있다. 이것은 성별 정체성의 혼란 문제를 해결할 수는 있겠지만, 성적 지향에 있어서 어떠한 영향력을 미치게 될지는 그리 분명치 않다. 환경적 요인이 동성애에 영향을 미친다는 지표들이 있기에, 부모는 성별 정체성 혼란을 해결하는 데에 도움이 되는 몇 가지 제안을 따르는 것이 중요하다고 결정할 수도 있다.

그러나 나의 견해로는, 성별 정체성 혼란이 해결된 것처럼 보이는 사례에서도 어느 시점에는 부모들이 자녀가 사춘기 이후에 동성에 대한 끌림을 경험하게 된다면 어떻게 반응할지에 대해 생각해 보는 것이 필요하다. 부모는 다양한 경험에 대해 준비될 필요가 있으며, 아들과 딸에게 어떻게 사랑과 관심을 표현할지에 대해 생각해보아야 한다.

　이런 목적을 위해, 부모는 자신이 무엇을, 무슨 이유로 하고 있는지 돌아봄으로써 유익을 얻을 수 있다. 예를 들어, 부모는 동성애를 예방할 수 있을지에 대한 기대 여부와 상관없이, 이런 반응이 바람직한 자녀 교육을 반영하기에 이를 시행하고자 할 수 있다. 내가 상담한 부모들은 후에 자녀가 사춘기 때 무엇을 경험하든지와 상관없이, 자녀를 향한 무조건적 사랑을 보여줄 수 있기를 간절히 원했다. 나는 이것이 이런 반응을 고려하는 유익하고 건설적인 길이라고 생각한다.

　우리는 부모의 두려움과 불안감에 대해서도 고려해야 한다. 제레미와 그의 부모에게 있어 그 당시에 가장 큰 염려는 제레미가 동성애자인가 아닌가였다. 나는 부모들과 동성애 원인에 대해 우리가 아는 것과 모르는 것에 대해 논의했다. 그러나 "동성애자가 되는 것"은 정체성 문제임도 논의했다. 어떤 면에서, 이것은 동성애적 끌림을 경험하는 십 대 후반의 청소년 또는 성인 자녀의 손에 맡겨진 것이다.

　동성애적 끌림을 경험하는 것이 동성애자 정체성을 갖는 것이나 동성애자가 되는 것과는 다르다는 것을 기억하라.

아이를 가르치라

그리스도인 부모가 씨름하는 성경 중 하나는 잠언 22장 6절이다. "마땅히 행할 길을 아이에게 가르치라. 그리하면 늙어도 그것을 떠나지 아니하리라"이다. 십 대 자녀가 자신이 동성애자 정체성을 지녔다고 선언할 때, 흔히 부모들은 자신이 자녀를 잘못 양육한 것은 아닌지 괴로워한다.

반대로, 예방이라는 질문으로 되돌아가, 부모가 자녀를 올바르게 양육했다면, 동성애라는 문제가 과연 생겨나기는 했을까?

이런 질문은 위의 성경을 잘못 적용한 것이라고 생각한다. 우리는 자녀를 바르게 양육하라고 부르심받았다. 그리고 이런 양육은 자녀들이 예수님과의 관계에 대해 듣고, 예수님이 누구신지, 그리고 그들을 향한 예수님의 사랑에 대해 아는 가정 환경을 조성하는 데에까지 확장된다. 또한 자녀들의 성별 정체성과 자아 존중감이 하나님의 형상을 따라 창조된 것이라는 분명한 확증에 대한 논의에까지 확장될 수 있다.

하지만 이것이 필연적으로 타락 상태인 인간의 경험이나 상태를 얼마나 예방할 수 있을지는 알지 못한다.

다음과 같은 구분을 만드는 것은 중요하다. 한 가지는 자녀가 하나님의 법을 알고 그리스도와 관계를 맺도록 양육하는 것이다. 우리는 하나님의 말씀에 따라 자녀를 양육하여 그들의 인격에 영향을 줌으로써, 자녀가 스스로 결정할 수 있도록 준비시킨다. 반면에, 십 대 후반의 자녀를 위해 결정을 내려주는 것은 또 다른 문제이다. 그들은 곧 성인으로서의 결정을 내리게 될 것이다. 실제로 대부분 청년들은 설사 음악이나 옷 입는 스타일 같은 영역에서는 부모들과 완전히 다르다 할지라도, 도덕성이라는 가장 중요한 영역에서는 부모들이 고수하는 가치를 함께 고수한다.

그러나 일부 청년들은 부모의 가치관을 그대로 반영하지 않으며,

부모는 십 대 후반의 자녀가 내린 결정이 자녀 스스로 내린 결정이라는 사실을 인정해야 하는 시점을 맞이하게 될 수도 있다. 후에 그런 결정 때문에 자녀가 후회하는 일이 생긴다면, 혹은 그렇게 될 때, 부모는 자녀 곁에서 그저 함께 시간을 보내주어야 한다.

아동의 인격에 영향을 준다는 맥락에서, 나는 어린 자녀들이 자신의 고유한 신체적 욕구와 충동에 적절히 반응할 수 있도록 돕는 것이 중요하다고 여긴다. 신체적 욕구와 충동은 어린 나이에 시작되어 오랜 시간에 걸쳐 인격을 형성해 가기에, 이는 교육의 중요한 한 부분이다.

비록 현재는 동성애의 원인을 모르지만, 우리는 어린 자녀들이 적어도 스스로 느끼는 감정에 대해 반응하는 다양한 방법을 알게 되기를 원한다. 그리스도인에게 있어서 이런 반응은 너무 피상적 개념인 "자기 실현"과 "진정한 자신"이 되는 것에 관한 현대 문화의 메시지와는 뚜렷한 대조를 이루게 될 것이다.

제레미의 재방문

제레미와 부모의 이야기로 다시 돌아가 보자.

나는 제레미의 행동에 대한 부모의 불안감을 덜어 주려고 상담을 진행했다. 제레미의 아버지가 아들의 삶에 더 적극적으로 참여하고, 격려하는 특별한 움직임을 시작하도록 격려했다. 즉, 아들에게 남자로서의 자긍심을 심어 주고, 제레미가 아버지와 동일시 할 수 있도록 기반을 다지는 일이었다.

제레미의 어머니에게도 제레미의 행동에 더 의도적으로 반응하라고 권유했다. 그녀는 제레미의 행동에 과민 반응이나 비난을 표출하지 않으면서, 자신과 남편이 조성하기 원하는 쪽으로 제레미의 방향을 부드럽게 재설정해 줄 수 있게 되었다.

나는 또한 제레미가 성장하여 동성애적 끌림을 경험하게 된다면, 그 사실이 제레미의 부모에게 의미하는 바가 무엇인지에 대해 상담했다. 그들은 이런 가능성에 직면할 필요가 있었으며, 이를 두려워하기보다는, 아들을 긍정적으로 지지하며 조건 없는 사랑을 표현할 방법을 찾는 데에 중점을 두어야 했다. 제레미가 성장했을 때, 그들은 제레미에게 추가적인 부담과 근심의 원천이 아닌, 유익한 자원이 되어줄 수 있어야 한다.

제레미의 부모는 이런 주제를 진지하게 다룰 기회가 있었음에 감사했다. 그들은 자신이 원하는 방법대로 제레미에게 반응할 수 없을 만큼 큰 불안감을 경험하고 있었다. 그러나 함께 상담한 후에, 이제 그들은 현실적인 틀 안에서 그들의 염려를 다루면서 제레미와 소통하는 방법, 즉 하나의 계획을 갖게 되었다고 느꼈다. 이것은 제레미가 성장하여 성적 성숙함을 향해 나아가는 과정에서, 아들에게 사랑을 표현하고 지지하게 그들의 마음이 준비되고 있음을 의미했다.

이제 우리의 관심을 다른 중요한 질문으로 돌려보고자 한다. 먼저 자신의 어린 자녀가 동성애자라는 것을 부모가 어떻게 알 수 있는가의 내용을 다루었다. 이제 이미 동성에게 끌림을 느낀다고 말하는 십 대 자녀에게 어떻게 반응해야 하는가의 문제를 다룰 것이다.

청소년 자녀가 동성애자 정체성을 선언한다면?

상담실에서 만난 한 어머니는 아들 필^{Phil}에게 대기실에서 기다리라고 말했다. 어머니는 나와 함께 상담실로 되돌아가 문을 닫고 말했다.

"벼랑 끝에 서 있는 것만 같아요.

무슨 말을 해야 할지도, 무엇을 해야 할지도 모르겠어요.

솔직히 말할게요.

이 모든 상황에 너무 좌절감이 들어요.

아이가 자라 동성애자가 되는 걸 보려고 열 달 동안 배에서 품은 후, 17년 동안 키우건 아니라고요.

우리는 아이를 이렇게 키우지 않았어요.

이 상황을 받아들일 수가 없어요."

나는 어머니에게 자리에 앉으시라고 권했다. 그녀는 필의 아버지가 군인으로 복무 중이어서 현재로서는 상담에 함께할 수 없다고 말했다. 그녀는 부부가 모두 그리스도인이며, 동성애적 행위를 인정하지 않는다고 말했다. 지난 몇 주 동안, 그녀는 필의 또래인 자기 친구의 딸을 통해 필이 동성애적 끌림을 경험하고 있음을 알게 되었다.

두 아이는 모두 인기 있는 소셜네트워크에서 활동하고 있었다. 거기에는 필이 다른 남자들과 "포즈"를 취하며 "함께 어울리고 있는," 무언가를 암시하는 듯한 사진 몇 장이 게시되어 있었다. 어머니는 사진들을 보고 당황했고, 화가 났다. 그녀는 그 사진들에 대해 필에게 직접 물었다. 이에 필은 대답했다.

"맞아요, 저는 동성애자예요.… 아니면 양성애자일 수도 있고요. 사실 어느 하나로 결정하진 않았어요."

필의 경험은 동성애적 끌림을 경험하는 많은 젊은이의 경험을 그대로 보여 준다. 필의 부모가 이 사실을 알았을 때, 이미 필은 자신의 동성애자 정체성을 응원해 주는 많은 친구들과 이런 이야기를 공유한 상태였다.

선언하기보다는 설명하라

오늘날 우리 문화에서, "커밍 아웃"(coming out of the closet, 즉 벽장에서 나오다의 줄임말)은 자신이 동성애자임을 다른 사람에게 말하는 것을 의미한다. 커밍 아웃은 자신의 동성애자 정체성에 관한 정보를 다른 이에게 준다는 말과 동의어로 여겨진다. 그러나 이것에 접근하는 또 다른 방법이 있다. 나는 커밍 아웃을 당신이 동성애적 끌림을 경험한다는 사실을 다른 이들과 공유한다는 측면에서 보는 것이 더 유용함을 알게 되었다.

다른 사람들에게 동성애적 끌림의 경험을 말할 때는 기본적으로 동성애적 끌림, 동성애적 지향, 그리고 동성애자 정체성 사이의 3단계 구분법(제2장에서 논의했던)을 사용한다. 이 방법은 자신의 경험을 다른 이들에게 알릴 때, 끌림의 설명적 측면에 더욱 집중하게 해 준다. 이것은 자신의 정체성 혼란을 느끼거나 의문을 가진 청소년들에게 더 도움이 되는 것으로 보인다.

주안점은, 청소년 자녀가 자신이 동성애적 끌림을 경험하고 있다는 사실, 그리고 자신의 삶에서 일어나는 일을 부모가 더 깊이 알기를 원한다는 것을 부모에게 이야기할 수 있는지에 놓여 있다.

부모에게 "저는 동성애자에요"라고 말하는 십 대와의 차이를 생각해 보라.

부모에게, 이것은 무슨 일이 일어나고 있는지에 관한 단순한 설명이 아닌, 공표나 선언의 인상을 준다. 또한 많은 경우 이것이 실제로 공표나 선언일 수 있는 이유는, 십 대 자녀 혼자서, 혹은 또래와 이 문제에 대해 파악한 후, 나중에 그 결과(자신의 정체성)만을 부모와 공유하기 때문이다.

여러 이유로 이런 일이 일어날 수 있지만, 흔히 십 대들은 특히 교회에서 눈에 띄지 않게 행동할 수 있으므로 고립된 상태에서 자신의 성적 정체성과 씨름하고 있을지도 모른다는 사실을 기억하기 바란다. 그들은 사람들의 판단이나 실망섞인 표현에 대한 두려움 때문에, 이 사실을 부모나 다른 이들과 공유할 수 없다고 느낄 수도 있다.

그러나 만약 십 대 자녀가 이것이 "진정한 자신의 모습"이라고 결론짓는다면, 수치심과 더 나아가 고립으로 인도하는 두려움이 한쪽으로 치우치게 만들 수도 있다. 그리고 이것은 이 사실을 전혀 의심하지 못했던 부모들에게는 상당히 극단적으로 다가오는 정체성 선언으로 이어질 수 있다.

가족 관계라는 측면에서, 정체성 선언은 각자의 입장을 확고히 굳힌 가족 구성원 사이에 즉시 격양된 감정적 반응을 불러일으킬 수 있다. 이것이 청소년들에게 끌림을 중심으로 정체성을 형성하기보다는 자신의 경험을 설명하라고 내가 권유하는 이유 중 하나이다 ("저는 동성에 대한 끌림을 경험하고 있어요"). 이것은 부모와 양극화된 "입장"으로 대립하는 것을 피하게 해 주며, 더 정직하게 서로 존중하는 관계로 나아가도록 돕는다.

나는 부모들에게도 설명적으로 말하거나, 적어도 설명적 언어를 기억하라고 권유한다. 나는 부모들이 자신의 청소년 자녀가 설명적 방법으로 생각해야 한다고 강요하기를 원치 않는다. 그것은 청소년 자녀에게 달려 있다. 그러나 청소년 자녀가 강력한 선언을 하더라도, 부모로서 그들은 자기 아들이나 딸을 어떻게 생각할지를 선택할 수 있다.

당신 아들이, "저는 동성애자고요, 부모님께서 제가 진짜 누구인지를 알게 되길 바랐어요"라고 말하는가, 아니면, "저는 동성에 대한 끌림을 경험하고 있고, 이것이 무엇을 의미하는지 알기 위해 노력하고 있어요"라고 말하는가?

여기에는 중대한 차이가 있다. 비록 청소년 자녀가 강력한 선언을 하더라도, 부모가 마치 청소년 자녀가 끌림에 대해 말하는 것처럼 반응하는 것은 도움이 될 수 있다. 그 후에 부모들은 자녀가 지금까지 걸어온 길과 현재 어디에 서 있는지에 대해 배우고자 하는 열린 태도를 보이도록 한다.

종종 이런 선언의 이면에 놓여 있는 것은 인정받지 못하고 사랑받지 못할 것에 대한 두려움이다. 강하게 선언할수록, 그 사람은 거절을 위해 더 잘 준비된다. 안타깝게도, 강력한 선언은 부모와 단절될 더 큰 위험으로 이어진다.

필의 어머니에게 배운 것처럼, 이 상황은 공개disclosure에 대한 부모의 감정적 반응 하나만으로도 너무 압도적일 수 있다. 필의 어머니의 경우처럼, 많은 부모가 불신과 슬픔, 죄책감, 그리고 때로는 분노를 경험한다. 그러나 우리는 분노를 "우산"과 같은 감정으로써 생각할 수 있다. 이런 우산 아래에는 종종 혼란이나 슬픔 같은 "좀 더 부드러운" 다양한 감정이 놓여 있으며, 이런 감정에 대해 다루는 것이 분노보다 훨씬 도움이 된다.

따라서 나는 부모들이 주도적으로 선언에 대해 부정적으로 반응하지 않기를 요청한다. 그리고 몇 가지 중요한 내용을 명심하기 바란다.

첫째, 당신의 아들이나 딸이 발달학적으로 서 있는 위치를 기억하라.

청소년기는 자신이 옳다고 느끼는 무언가에 정착하려고 다양한 정체성을 시도해 보는 시기이다. 그들이 집에서 하는 역할은 그들이 학교나 일터, 또래 집단, 청소년 모임, 그 외 다양한 영역에서 하는 역할과는 다를 수도 있다. 이는 정상적인 일이다. 물론, 성적 정체성의 질문이 섞여 있을 때 문제는 분명 복잡해질 수 있다.

둘째, 우리 문화의 십 대들은 주로 문화에서 자신의 섹슈얼리티를 이해하는 신호를 받는다는 것을 기억하라.

그들이 동성애적 섹슈얼리티에 대해 주로 읽는 대본은 동성애자 대본이다(제2장을 참조하라). 이 대본은 강력한 설득력을 지닌다. 솔직히 말해, 교회는 대안적 대본을 제시하는 데에 열심을 내지 않았다. 더 심각하게, 사실 섹슈얼리티와 성적 행동을 포함한 삶의 모든 면에서, 신앙이 얼마나 실제적이고 생동감 넘치며 영향력 있는지 보도록 젊은이들을 준비시키지 못했다.

여기에는 자신을 단지 성적으로 표현하는 것뿐 아니라, 자신이 누구인지에 대해 다른 측면에서 의미와 목적을 찾는 것도 포함된다. 이를 염두에 둘 때, 당신은 십 대 자녀에 대한 공감 능력을 키우면서 분노나 거절감에 대한 경향성을 상쇄시킬 수 있다.

셋째, 당신의 십 대는 이미 오랜 시간 동안 동성애나 동성애자 정체성에 대해 생각했을 수 있으며, 단지 지금에야 당신을 그 대화로 초대했을 수도 있음을 기억하라.

따라서 이 주제를 생각할 때, 그들은 당신과는 다른 위치에 서 있을 수 있다. 십 대들은 자신의 끌림에 대해 가장 먼저 친구에게, 그 후에 형제에게, 그리고 상황에 따라 청소년 사역자에게 고백하는 경향이 있기에, 대부분의 부모는 자녀의 동성애를 자녀 또래 친구들보다 훨씬 후에 안다. 보통 어머니가 먼저 듣고, 많은 경우 아버지는 이 사실을 아는 마지막 사람이 된다.

장기적인 시각을 마음에 품으라

청소년들이 동성애자 정체성을 형성하는 과정에서 일어나는 일련의 사건들에 대해 생각해 보는 것은 도움이 될 수 있다. 제2장에서 언급했듯이, 동성애자인 젊은 성인들에게 그들의 성장 과정에서 있었던 경험에 대해 질문할 때, 만 8세나 9세의 어린 나이에 처음으로 동성애적 끌림을 의식하게 되었다고 대답했다.⁴ 그들은 만 13세나 14세 정도의 나이에 동성애적 행동에 참여했으며, 만 16세나 17세에 스스로를 동성애자로 분류했다. 최초의 동성애적 관계는 일반적으로 만 19세 이후에 보고되었다.

반면에, 이런 사건들은 우리가 살펴본 동성애적 끌림을 경험하는 기독교대학 학생들의 경우와는 차이가 있었다. 예를 들어, 처음 기독교대학 학생들이 동성에 대한 끌림을 의식한 나이는 만 12세나 13세 정도에 가까웠다. 대부분 이런 끌림에 혼란을 느끼지만, 동성애적 행동에는 참여하지 않았다. 아마도 이것이 자신을 동성애자로 분류하기를 꺼리는 학생이 많은 이유 중 하나일 것이다.

우리가 조사한 그리스도인들 중 3분의 1은 처음에는 스스로 동성애자라고 느꼈지만(대략 만 17세 즈음에), 오직 적은 비율(14%)만이 스스로 "동성애자"라는 분류를 선택하거나 그 행위에 참여한 적이 있었다(20%).⁵

이 연구를 기초로 나는 몇 가지 관찰을 시도했다. 성적 행동이 분류보다 먼저 나타난다는 것은 흥미로운 일이다. 아마도 행동이 의문을 가지고 있던 정체성을 확인해 주고 강화하는 데 도움을 주는 것 같다. 이는 성적 행동을 미루어야 해야 하는 좋은 이유 중 하나이며, 부모들이 자녀가 동성애적 끌림을 경험하는지와 상관없이 모든 십대에게 줄 수 있는 메시지이다.

또한, 우리 연구에 따르면, 그리스도인이 처음부터 스스로를 동성애자로 여기는 경우는 흔치 않았으며, 이것이 장기간 지속되는 동성애자 정체성 분류로 항상 전환되는 것도 아니었다. 또 다른 연구에서, 우리는 그리스도인이 자신의 성적 정체성을 찾아가는 시간이 비그리스도인보다 훨씬 더 오래 걸리며, 이런 고민은 20대 중반, 심지어는 30대 초반까지 이어진다고 보고했다.

이것이 시사하는 바는, 십 대 자녀가 동성에게 끌림을 발견할 때, 부모가 감정적 대응을 자제할 필요가 있다는 사실이다. 돌봄과 관심은 표현하면서도 자녀가 방어 자세를 취하도록 만드는 강한 감정은 표출하지 않도록 해야 한다. 또한, 지금 당장 일어나는 일에 집중하기보다는, 장기적 시각을 갖는 것이 도움이 된다.

오늘 자녀들이 서 있는 자리가 지금으로부터 일 년 후, 오 년 후, 십 년 후에 서 있는 자리와는 다를 수도 있음을 기억하라.

그리고 당신의 청소년 자녀가 성적 정체성을 고민할 때, 그들 곁에서 도움이 되어 주라.

당신의 자녀와의 관계는 중요하며, 이 관계는 자녀들이 섹슈얼리티에 관해 의문을 품고 분류하는 모든 과정에 걸쳐 지속될 수 있다. 또한, 당신은 이미 구축해 온 기반 위에 관계를 형성해 감으로써, 앞으로 몇 달 혹은 몇 년 후에 자녀들 곁에서 유용한 자원이 되어줄 수 있다.

부모들의 필요는 어떻게 채울 수 있는가?

종종 청소년 자녀가 동성애적 끌림을 경험하는 것에 자신이 무언가를 기여하지 않았는지 부모가 씨름한다고 앞서 언급했다. 그리고 이런 인과 관계에 대한 이해는 특히 기독교 사회에서 흔히 나타난다.

그리스도인들은 부모-자녀 관계나 아동기 성적 학대를 다른 여러 가능성 있는 요인들보다 더 중시하는데, 어떤 면에서 이것은 그리스도인들이 동성애의 생물학적 가설을 부정해야 한다고 느끼고 있기 때문이다.

제3장에서 논의했듯이, 우리는 무엇이 동성애를 일으키는지 실제로 모르기에, 나는 상담 중에 이 사실을 부모와 소통하려고 노력한다. 부모들은 자신이 잘못했을지도 모르는 일들에 집중적으로 에너지를 쏟을 수 있겠지만, 그 일들이 청소년 자녀에게 동성애를 불러일으켰는지는 누구도 모른다.

이제부터 부모의 에너지는 청소년 자녀와 맺기 원하는 관계를 형성하는 데에 더 유익하게 사용될 수 있을 것이다. 해야 할 질문은 다음과 같다.

나는 어떻게 앞으로 다가올 일 년 동안 나의 청소년 자녀에게 소중한 자원이 되어줄 수 있을 것인가, 또는, 나의 청소년 자녀가 앞으로 나아가는 데에 나로부터 필요한 것은 무엇인가?

이 점을 제안하면서, 많은 부모가 느끼는 고뇌와 슬픔을 나는 간과하고 싶지 않다. 앞선 언급처럼, 부모들이 분노의 감정을 느껴왔다면, 그들은 곧 분노가 다른 감정을 포괄하는 우산과 같은 감정이며, 이런 분노 아래에는 마음의 고통이나 실망과 같은 감정이 있음을 발견하게 될 것이다. 이런 감정은 최소한 인지되어야 한다.

부모들은 청소년 자녀의 성적 정체성에 관한 의문이 자신의 가정에 어떤 의미를 지니게 될 것인지에 대한 합의점을 찾게 될 것이다. 이것은, 예를 들어, 전통적인 방법을 통해 손주를 보는 것과 같은 꿈

이 상실된다는 것을 의미할 수도 있다. 그러나, 이런 슬픔을 인지하되, 부모들은 상황이 변화될 수 있다는 사실도 기억해야 한다. 이것이 반드시 청소년 자녀의 성적 정체성에 대한 마지막 결정은 아닐 수도 있다. 이 두 가지 사실의 균형을 유지하기는 쉽지 않다.

한편, 이 시간을 지나는 부모들은 종종 고립되었다고 느낀다. 낙인 찍힐 것에 대한 두려움이나 당혹감으로 평소에 의지하던 가족, 친구 같은 사람들에게도 이 상황을 감추려고 느낄 수도 있다. 이는 보수적인 기독교 사회에서 특별히 그러하다. 당신의 생각과 감정을 나눌 수 있는 안전하고 신뢰할 만한 사람들을 특정하는 것이 중요하다.

이 상황을 혼자서 감당하려고 하지 말라.

또한, 부모들이 부부 관계에 관심을 가지면서, 서로에게서 멀어지기보다 서로를 향해 나아가는 것이 중요하다. 대부분 부모는 사랑과 실망, 걱정과 죄책감 등의 혼합된 감정을 느낀다. 종종 한쪽 부모는 분노와 같은 감정을 강조하며, 이로 인해 다른 한쪽 부모는 염려와 같은 감정에 치중하게 된다.

사실은 여러 비슷한 감정을 공유하고 있지만, 정도의 차이를 보이는 부모 사이에 갈등이 수반될 수 있다. 부모들은 이 시기에 자신이 느끼는 다양한 감정에 대해 알아가면서, 서로 이야기를 나누고 대화의 창을 열어둠으로 유익을 얻을 수 있다.

십 대 중후반의 자녀를 둔 부모들은 한편으로는 그들로부터 행동과 관계에 관한 도전적인 질문을 받게 될 수 있다는 사실을 인식하면서, 자녀들을 후원하고 그들을 위해 신뢰할 만한 자원들을 선별하는 데에 주력하도록 한다.

예를 들어, 지금 이 시기뿐 아니라 후에도(자녀의 성인기에도), 가정에서는 동성애적 관계에 관한 규칙이나 기준을 협의해야 할지도 모른다. 여기에는 친구들과의 여행, 데이트 관계, 다양한 사회관계망 서비스에의 접근 등 여러내용이 포함될 수 있다.

일부 부모는 자녀의 동성애적 관계를 용인하는 말이나 행동을 하지 않으면서 어떻게 아들이나 딸을 사랑할 수 있는지, 그 방법을 찾는 데에 어려움을 느낀다. 이는 엄청난 양의 감정 에너지를 소모하며, 이전에는 "손이 많이 가지 않는"low maintenance 관계로 생각했던 관계를 복잡하게 만든다. 이런 변화는 부모에게 상실이라는 감정을 더 크게 느끼게 할 수 있다.

이 시기에 부모는 부모로서 결정을 내리는 데 필요한 시간을 요청해도 괜찮다. 때때로 부모들은 자신의 믿음이나 가치관에 반(反)하는 방식으로 반응해야 한다는 커다란 압박감을 느끼기도 한다. 당신의 믿음에 대해 충분히 생각해보는 시간을 갖고 이것을 사랑과 존중이라는 맥락에서 아들이나 딸과 소통할 수 있는 방법을 찾는 것이 도움이 될 수 있다.

나는 이 장의 앞부분에서, 가정에 주어지는, 특별히 복음주의적 기독교 하위문화의 가정에 주어지는 문화적 수치심의 영향을 인식하는 것이 중요하다고 언급했다.

부모들은 자신이 속한 공동체 내에서 느끼는 이런 수치심 때문에 사람들에게서 고립되어 이 문제와 씨름할 수도 있다. 또한, 이것이 정반대 효과를 가져올 수도 있다. 즉, 부모가 십 대 자녀와의 관계 때문에 동성애 시각을 바꾸어 동성애와 그 행동의 모든 것을 승인하게 될 수도 있다. 이는 복음주의적 공동체 내에서 갈등을 유발하여, 결국 일부 가정이 다른 사람에게 지지를 얻으려고 복음주의 공동체를 떠나기도 한다.

이는 상호 이해를 도모하기 위한 길을 찾고 있는 가정들이 직면하게 될 어려운 문제이다. 당신 가정이 이런 어려운 도전과 마주할 때, 당신을 안내할 수 있는 숙련된 상담사를 만나서 도움을 얻을 수 있다.

필의 재방문

필과 그의 어머니를 처음 만났을 때, 필은 4주 동안 우울증에 빠져 있었다. 필의 어머니는 아들의 그런 상태를 처음 본다고 했다. 나는 어머니에게 필의 사진을 발견하고 필에게 그것을 직접 물었던 시점 이후, 무슨 일이 있었는지 더 자세히 질문했다. 그녀는 기독교 사역 단체에 연락했고, 그 단체는 동성애적 정체성을 지지하는 친구들과 필을 분리하라고 어머니를 격려했다.

필의 어머니는 즉시 그렇게 했고, 도움을 구하기 시작했다. 그녀는 두려움과 분노라는 강렬한 감정 때문에 그렇게 반응했다. 필은 몇몇 친구들과는 수년에 걸쳐 가깝게 지냈기에, 이 일에 대해 몹시 감정이 상했고, 점점 심한 우울증에 빠지게 되었다. 필의 어머니는 나와 몇 분 정도 개인적 대화 시간을 요청했고, 필이 자해하지 않을까 걱정하고 있음을 인정했다.

나는 먼저 필의 어머니와 안전과 우울증이라는 주제로 상담했다.

나는 그녀에게 필의 친구들에 대해 다시 생각할 것을 제안했다. 전반적으로, 나는 필의 어머니가 받은 조언의 가치를 인정하지만, 다른 대체 지지 기반이 준비 안된 상태에서 사회적 지지를 박탈하는 것은 결코 좋은 방법이 아니다.

필은 친구들과 다시 연락할 수 있게 되었다. 맞다. 이 친구들은 필의 동성애자 정체성을 지지하고 있었고, 이는 필의 어머니에게 힘겨운 일이었다. 그러나 필은 우울증에서 벗어났고, 자해 위험 역시 곧 사라지게 되었다.

필은 부모의 종교적 믿음을 존중하지만, 자신이 그리스도인이라고 여기지는 않는다고 말했다. 이에 우리는 필이 부모와 함께 사는 동안 부모의 믿음과 가치관을 존중할 방법에 초점을 맞췄다. 이것은 한 지붕 아래 함께 살아가는 삶의 실제적인 부분에 관한 토론이었다. 필은 이 부분에 대해 열려 있었고, 자신이 특권을 부여받은 것처럼 행동하는 것이 공정하지 않음을 깨달았다. 필과 그의 부모는 두 가지의 다른 견해를 갖고 있었으며, 필이 성인기에 접어들면서 서로를 존중할 수 있는 길을 찾아야만 했다.

나는 필에게 끌림, 지향, 정체성 사이의 3단계 구분법을 설명했다. 나는 필과 자신에게 있어서 동성애적 끌림이 갖는 의미의 중요성에 대해 논의했다. 필은 나에게서 어떤 젊은이들은 동성애적 끌림을 그들이 누구인가의 핵심으로 여긴다는 이야기를 들었다.

이런 끌림은 성적 정체성을 결정하는 데 중요한 부분으로 작용하며, 그들은 "나는 동성애자다"라고 선언함으로써 정체성에 관한 탐색을 마무리한다. 다른 젊은이들은 자신의 끌림을 경험의 한 부분으로서 여기지만, 자신이 한 인간으로서 누구인가를 정의하는 측면으로 생각하지는 않는다.

그들은 자신의 정체성을 남성 또는 여성이라는 사실을 중심으로 형성하거나, 혹은 신앙의 전통을 중심으로 형성한다. 그리고 이런 일은 자신의 최우선적 정체성이 "그리스도 안에" 있다고 고백할 때 일어난다.

필은 이 새로운 관점에 대해 열려 있었다. 그러나 일정 기간 깊이 고민해 본 후(몇 달 정도), 자신의 최우선적 정체성을 동성애자에 두기로 했다고 내게 말해 주었다. 그는 설명적 해석보다는 현대의 사회문화적 정체성 분류를 선호했다. 필의 어머니에게는 고통스러운 일이었지만, 그녀는 필이 다른 선택 가능성에 대해 들어보았고, 적어도 스스로를 생각하는 다른 방법들에 대해 기꺼이 듣고 고려해 보았다는 사실에 기뻐했다. 이제 가족 상담은 필의 이런 결정에 대해 논의하고, 특별히 필이 18세가 되어 가정을 떠나게 되면서 가족 간에 소통을 원활히 하는 방안을 찾아가는 장소가 되었다.

필이 동성애적 끌림을 경험하기로 선택하지는 않았지만, 이제는 진정 스스로 선택을 내려야 했다. 바로 행동과 정체성에 관한 선택이었다. 필의 부모 역시 선택을 내려야 했다. 그들은 동성애적 행동과 정체성에 관한 자신들의 믿음과 가치관을 변경할 수도 있고, 아들과의 관계를 단절할 수도 있으며, 자신의 믿음과 가치관을 유지하면서 아들과의 관계를 지속할 방법을 고려할 수도 있었다.

필의 부모는 마지막 방법을 선택했다. 비록 필의 행동을 승인하지는 않을지라도, 그들은 필의 선택을 존중하고 그와 함께할 방법을 찾아가는 데에 있어서 설명적인 언어를 사용함으로써 도움을 얻었다.

상담사들이 상담하면서 "완벽한 마무리"를 하게 되는 경우는 흔치 않다. 결국, 필의 관점에서, 필의 부모는 그의 "편"이 되어주지 않았다. 그들은 동성애자로서의 필의 현재 정체성을 지지하지 않았으며, 동성애적 행동을 후원하려고 자신들의 믿음과 가치관을 변경하지도 않았다.

필의 부모의 관점에서, 필은 그들 "편"이 되어 주지 않았다. 필은 동성애자 정체성 외의 다른 선택 가능성들을 탐구하는 상담에 참여할 것을 권유하는 부모의 제안을 받아들이지 않았다.

필은 3단계 구분법과 좀 더 설명적인 언어를 사용하는 것의 잠재적 가치에 대해 들었지만, 다양한 선택 가능성들을 탐구하는 기회는 받아들이지 않기로 선택했다. 나는 또한 필의 부모가 좀 더 장기적인 시각을 가질 수 있도록 상담했다. 필이 만약 동성애자 정체성을 형성하는 것보다 자신의 경험을 설명하는 것을 더 신중하게 고려했더라도, 오늘 필이 내린 결정이 몇 달, 혹은 몇 년 후에 그가 내릴 결정을 반영한다는 것을 의미하지는 않는다. 다음 장에서 이 부분을 자세히 이야기할 것이다.

긍정적인 부분에 대해 말하면, 필의 가족은 가족으로서 서로 관계하는 법을 배웠다. 그들은 상당한 차이를 보이는 의견에 대한 여지를 두었고, 관계를 유지함으로써 오랜 시간에 걸쳐 서로에게 영향을 줄 가능성을 간직했다.

마지막 만남에서, 필은 자신과 어머니를 상담해 준 것에 감사를 표했다. 필의 어머니 역시 상담에 대해 감사를 표했다. 그녀는 자신이 이 중요한 영역에 대한 필의 일부 결정에 반대하지만, 그와 꾸준히 관계를 맺고 있으며, 필을 향한 자신의 사랑을 표현할 방법을 찾아가고 있다는 사실을 감사히 여겼다.

기억해야 할 포인트!

- 동성애를 일으키는 단 한 가지의 원인은 없다. 여기에는 당신과 자녀와의 관계도 포함된다.

- 성별 비순응은 동성애적 지향을 지닌 성인들이 아동기부터 보고하는, 아마도 가장 일관성 있는 경험일 것이다.

- 만약 당신의 십 대 자녀가 동성애적 끌림에 대해 고백한다면, 듣기를 가로막는 장애물들을 염두에 두면서 침착하게 경청하라.

- 당신이 알아채기 훨씬 전부터 당신의 십 대 자녀는 자신의 동성애적 끌림에 대해 알고 있었다는 사실을 기억하라. 그리고 당신 자신에게 상황을 이해하고 받아들일 수 있는 시간을 허락하라.

- 부부가 양극단의 입장에 서는 것을 피하라.

- 끌림의 감정을 논의할 때, 설명적인 언어를 사용하라.

- 장기적인 시각을 가지라. 오늘 내리는 결정이 미래의 결정을 반영하는 것은 아닐 수도 있다.

06

성인 자녀가 동성애자 정체성을 선언한다면, 이제 어떻게 해야 하는가?

산체스 씨 부부는 내 사무실에 앉아 있었다. 어떻게 시작해야 할지 몰랐다. 정적만이 우리를 감싸고 있었다. 대개, 이것은 우리가 상당히 고통스럽고 힘겨운 주제에 대해 이야기를 나누게 될 것을 의미한다. 결국, 산체스 씨가 입을 열어, 현재 스물세 살인 자신의 딸이 최근에 레즈비언임을 고백하면서, 이로 인해 상담을 요청했다고 말했다. 산체스 씨의 눈에 눈물이 핑 돌았다. 산체스 씨의 아내가 계속해서 말했다.

"딸 아이는 마치 평범한 일을 말하듯이 우리에게 말했어요. 우리가 당연히 이해할 것이라는 듯이요.

우리는 마치 그 아이가 열어 놓은 토론회에 들어간 것 같았어요.

하지만 우리는 아무것도 알지 못했죠.

제 말은, 정말 전혀 몰랐어요.

당신이 이해해 주셔야 하는 부분은, 비록 우리 아이가 고등학교나 대학교 때 데이트를 많이 하지는 않았지만(아이는 경쟁적인 스포츠에 많이 참여했어요) 몇몇 남자아이들과 데이트도 했고, 그 남자아이들에 관해 이야기도 하고, 관심을 보이기도 했어요.

아이는 춤추러 가기도 했고, 고등학교 졸업 파티에도 갔어요.

다른 여자아이들처럼 남자친구에게 푹 빠진 적은 없었는지 모르지만, 정말로 데이트도 했다고요.

말문이 막혀요. 말하자면, 충격을 받았어요.

저는 여전히 충격을 받은 상태고요,

무슨 말을 해야 할지 모르겠어요."

산체스 씨도 할 말을 조금 찾았다.

"어떤 사람들은 여성 스포츠 모임이 이런 일들이 꽤 흔히 일어나는, 레즈비언들이 많이 모일 수 있는 장소라고 하더군요.

만약 우리가 그때 이런 사실을 알았다면, 스포츠에 참여하는 것을 그렇게 후원하지는 않았을 것에요.

현재 우리 딸은 만나는 사람이 있어요. 우리도 딸을 통해 수년 간 알고 지낸 젊은 여성이에요. 그녀는 우리 집에도 아주 여러 번 왔었답니다.

그런데… 이제 그 둘은 명백히 커플이에요.… 우리 딸이 오랜 기간 이런 관계에 있었다는 건, 우리에게 정직하지 않았다는 것과 마찬가지예요."

산체스 씨의 아내가 말했다.

"우리가 그리스도인으로서 어떤 믿음을 가졌는지 알면서 어떻게 이런 관계를 맺을 수 있죠?

그리고 둘이서 그저 친구인 척을 할 수가 있었을까요?
이 사실이 우리를 괴롭게 할 줄 몰랐을까요?"
산체스 씨의 아내는 특별히 누군가를 대상으로 질문한 것은 아니었다.
몇 초간의 침묵 후, 산체스 씨의 아내가 다시 말을 이어갔다.
"그래서, 여성 스포츠에 대한 이야기가 사실인가요?
우리는 이 부분에 대한 당신의 생각을 꼭 듣고 싶습니다."
산체스 씨도 말했다.
"하지만 우리가 앞으로 어떻게 해야 할지도 궁금합니다.
딸 아이는 우리를 보러 집에 오고 싶어 하는데, 둘이 함께 오겠답니다. 딸과 그 '친구' 말입니다.
제 생각에, 우리 부부 중 누구도 그 둘과 함께 집에 머무르는 것이 편치 않습니다. 딸 아이와는 달리, 아내와 저는 힘겨운 상황에 놓여 있는 데요.
우리는 솔직히 딸 아이가 그 사실을 '눈치채지 못한다'는 것이 놀랍습니다."

이제 어떻게 해야 하는가?

이번 장에서 성인 자녀가 동성애자 정체성을 선언했을 때 일어나는 질문들을 다룰 것이다. 제5장에서 다룬 부분, 곧 아동기에 동성애를 예방할 수 있는가와 동성애자 정체성을 선언한 십 대 자녀에게 어떻게 반응할 것인가에 중점을 두었던 부분에서 다시 시작하고자 한다. 그러나, 성인기에 나타나는 독특한 도전들이 있으며, 이 부분도 함께 충분히 생각해 보고자 한다.

나의 경험으로 젊은 성인들이 부모에게 자신이 동성애자라고 말하는 경우에는 도움을 요청하기보다 선언할 가능성이 훨씬 더 크다. 많은 십 대 청소년들 역시 도움을 요청하지는 않지만, 내가 아는 젊은 성인들보다는 더 많은 질문을 가지고 있다. 이런 차이는 그들이 동성애적 끌림을 경험하고 그것을 스스로 또는 주변의 친구들과 고민해 온 시간의 양을 포함한, 다양한 요인으로 인해 비롯된 결과이다.

나는 성인 동성애자 자녀를 둔 부모들에게 끌림과 지향, 정체성의 구분을 기억하도록 격려한다. 십 대 후반 자녀의 경우처럼, 때로는 개인의 끌림과 잠재적인 지향의 경험에 대해 설명적으로 생각함으로써 도움을 얻을 수 있는데, 이것은 부모들에게 성인 자녀가 매일 직면하는 상황을 상기시켜 주기 때문이다.

이는 부모들이 진정으로 염려하는 것이 무엇인지를 조금 더 명확히 볼 수 있게 해 준다. 그들의 슬픔이나 상실감은 자녀가 동성애적 끌림이나 지향으로 인해 직면하게 될 어려움에 초점이 맞추어져 있을지도 모른다. 한 개인이 자신이 느끼는 끌림에 대해 무엇을 할 수 있는지에 관한 질문은 정체성과 행동에 관한 영역으로 좀 더 한정된다. 부모가 정체성과 행동에 반대한다면, 이는 그들의 성인 자녀가 동성애적 끌림이나 지향을 경험하기로 선택하는 것은 아니라는 사실을 인지한 후에 다시 논의할 수 있다.

이와 관련된 것이 동성애자 대본이다.

당신의 성인 자녀를 포함하여, 동성애적 끌림을 경험하고 있는 사람들에게는 동성애자 대본이 강력한 설득력을 지닌다는 사실을 기억하라.

우리의 기독교 공동체는 당신의 자녀가 고려해 볼 만한 대안적인 대본조차 제안하지 못했음을 기억하라.

그들이 교회에 대해 믿는 것은 교회로부터 즉각 거절당할 것이라는 사실이다. 하지만 공동체로서 우리는, 자녀들이 이 외의 다른 방법으로 섹슈얼리티를 생각해볼 수 있도록 준비시키지 못했다. 이를 기억하면서, 당신의 성인 자녀가 당신이 반대하는 결정을 내리더라도, 당신이 부모로서 공감과 연민의 감정을 품을 수 있기를 소망한다.

내가 만나온 많은 젊은 성인들이 자신을 위한 도움을 요청하기보다, 부모의 지지를 얻으려고 부모를 상담에 모셔왔다. 이와 같은 상황에 놓인 부모들을 만나게 되면, 나는 그들이 경청함으로써 상호적으로 존중하는 분위기를 형성하도록 격려한다.

이는 생각보다 어려운 일이며, 그렇기에 너무 서두르지 않도록 한다.

듣는 법을 배우기

부모들은 성인 자녀가 오랫동안 지속되어 온 동성애적 끌림에 대해 이야기할 때, 특히 부모가 그 사실을 전혀 인지하지 못했거나 자녀가 이전에 이성과 데이트 경험이 있었을 때, 그런 이야기를 듣는 것에 어려움을 느낀다.

"마샤Marsha를 졸업 파티에 데리고 갔던 건 뭐였니?!"

이렇게 성인 아들에게 묻는 것은 질문이라기보다는 힐난이다. 부모는 본질적으로, "그렇다면 너는 우리에게 거짓말을 해 왔거나, 아니면 지금 네 자신에게 거짓말을 하고 있는 거야"라고 말하는 것이다.

이는 듣는 것이 아니다. 사실 많은 경우 이런 종류의 말은 관심보다는 혼란이나 좌절에서 비롯된 표현이다. 만약 부모로서 아들이나 딸이 하는 말이 이해되지 않는다면, 자녀에게 그들의 경험이나 기억나는 순간을 이야기해 달라고 요청하되 당신의 설명으로 그들의 이야기가 방해받지 않도록 한다. 아들이나 딸이 이야기를 마치면, 당신은 그들 이야기 중 일부분에 대해 다르게 기억하고 있으며, 아마도 이것이 당신이 이 상황에 대해 당황스럽게 느끼는 이유인 것 같다고 자녀에게 말해줄 수 있다.

이것이 정직한 반응이며, 당신 자녀가 하는 말을 부정하거나 다른 의견을 고집하는 것보다 훨씬 건설적이다. 당신이 정중하게 듣는 것의 본보기가 되어 성인 자녀에게 경청할수록, 당신도 자녀에게서 동일한 정중함을 기대할 수 있게 된다. 이런 대안적인 접근은 당신과 자녀 모두가 당신의 입장에 자리 잡을 수 있도록 인도한다.

부모들이 과거를 돌아보며 스스로 자녀의 동성애에 기여했을지도 모르는 결정들을 되새기고 있을 때, 자녀의 이야기를 듣는 것은 어렵다. 부모들은 종종 자신이 성인 자녀의 동성애적 끌림 경험의 원인을 제공한 것은 아닌지 궁금해한다. 부모의 관점에서, 이는 아들이나 딸의 유아기적 삶에 충분히 관여하지 않았다든지, 청소년기에 부모-자녀 관계가 갈등 상황에 있었다든지, 특정한 활동(예를 들어, 여아에게는 스포츠, 남아에게는 드라마와 같은)을 허용하거나 격려했다든지 하는 내용을 포함할 수 있다. 만약 이와 같은 부분이 당신이 부모로서 걱정하는 부분이라면, 당신은 혼자가 아니다.

그러나 여기서 말하려는 것은, 이런 부분에 집중할수록 성인 자녀의 이야기를 듣기가 어려워진다는 것이다. 이로 인해 성인 자녀는 당신이 이미 과거로 가득 차있어서 자신의 이야기를 들으려 하지 않는다고 결론 내릴 수도 있다.

안타깝게도, 부모들은 부모-자녀 관계가 원인임을 시사하는 다양한 기독교적 해석을 읽을 기회가 많다. 내가 부모에게 교육이나 지원에 대해 찾아볼 것을 추천하면, 그들은 종종 자신이 자녀의 동성애의 원인일 수 있다는 메시지를 마주하게 된다. 나는 이런 메시지가 부모들에게 도움되는 것을 발견하지 못했다.

동성애 원인에 대해 아는 것과 모르는 것을 기억해 보라. 그것들은 무언가 확실한 것을 말해 주지 않기에 부모 입장에서는 받아들이기가 매우 힘들다. 실제로, 나는 많은 부모가 자신이 비난 받을 대상이라는 메시지를 쉽게 받아들이는 이유가 정확히는 적어도 무엇이 잘못되었는지에 관한 어떤 분명한 설명을 들을 수 있기 때문이며, 덧붙여서 그것에 대해 그들이 할 수 있는 무언가가 생기기 때문이라고 생각한다.

나는 이런 메시지와 의견을 달리한다. 내 생각에는, 동성애를 일으키는 원인을 모른다고 하는 것이 더 정확하며, 사람마다 다른 무게로 작용하는 여러 원인이 존재할 가능성이 크다.

이런 두려운 불확실성에 더하여, "알지 못함"은 자녀가 동성애를 선택하고 있다는 가정으로 해석될 수도 있다. 부모는 사람들이 동성애적 끌림이나 지향을 경험하기로 선택하지 않는다는 것을 기억하는 것이 중요하다. 사람들은 이런 끌림을 경험하는 자신을 단지 발견할 뿐이다. 대부분의 사람은 10대 초반에 처음으로 이런 감정을 경험한다.

그렇더라도, 앞서 이야기한 것처럼, 동성애적 끌림을 경험하는 사람들은 분명 자신의 정체성과 행동에 대한 선택권을 갖는다. 그러나 많은 경우, 이런 선택은 끌림과 정체성을 동일시하는 강력한 동성애자 대본을 배경으로 이루어질 것이다. 동성애자 대본은 강한 설득력이 있기에, 자녀들이 왜 이런 대본에 자신의 끌림과 정체성을 이해하는 하나의 도구로 끌리게 되는지 이해할 만하다.

동성애의 원인과 반응이라는 질문으로 돌아가 보자.

만일 바람직하고 건강한 부모-자녀 관계를 형성해 오지 못했다면, 가족 구성원들은 과거의 어려웠던 관계 부분에 대해 함께 노력하기로 할 수 있다. 그러나 동성애적 끌림에 대한 비난을 부모 어깨에만 놓는 것은 동성애에 관한 복잡한 연구 결과들을 잘못 해석한 것이자, 모든 비난을 받을 준비가 이미 되어 있는 부모들에게 또 다른 죄책감을 얹어 주는 결과만을 초래한다. 부모가 원인에, 특히 죄책감이라는 감정에 너무 집중하고 있을 때는 자녀 이야기가 들리지 않는다.

나는 오늘날 부모와 성인 자녀의 관계를 개선하는 것이 성인 자녀의 동성애를 해결한다는 설득력 있는 이유가 존재한다고 보지 않으며, 여러분도 이를 염두에 두기를 바란다. 자녀와의 관계를 개선하려는 부모는, 그것이 동성애라는 복잡한 수수께끼를 해결해 줄 것으로 그렇게 하기보다, 단지 그것이 옳은 일이라는 사실을 기반으로 그렇게 해야 한다.

자녀와 공동으로 고수하고 있다고 생각했던 가치를 자녀에게서 보지 못할 때, 부모는 듣는 데에 어려움을 느낀다. 보수적인 그리스도인 부모가 간혹 나에게 말하기를, 비록 그들의 자녀가 동성애적 끌림을 경험한다 할지라도, 정체성이나 행동에 관해서는 특정한 결정을 내릴 것으로 믿었다는 것이다. 즉, 부모는 자녀가 기독교적 관점의 성적 도덕성을 지키기 위해 순결이나 독신을 선택할 것으로 생각했다.

또한, 성인 자녀가 동성과의 관계에 대해 갑자기 이야기를 시작할 때, 이는 특히 더 큰 어려움으로 다가올 수 있다. 종종 성인 자녀들은 결혼 안에서의 성관계에 관한 기독교의 메시지를 자신에게는 소망이 없다는 메시지로써 듣는다.

그들은 이미 스스로 바꾸려고 노력해 봤거나 하나님에게 자신을 바꿔 달라고 기도했을 수도 있다. 아니면 반대로, 그들은 동성애가 하나님이 관심을 두고 계신 문제가 아니라고 생각할 수도 있다. 그러는 동안, 그들은 교회가 자신들이 의미 있게 경험하는 관계에 대해 '아니'라고 말하는 것을 보게 되며, 이성 간의 결혼을 교회가 강조하는 것을 자신들의 삶에는 친밀함이 존재하는 않는다는 것의 암시로 받아들인다.

듣는 것이 부모가 할 수 있는 유일한 일은 아니지만, 중요한 첫걸음이다. 듣는 것이 이 분열을 초래하는 주제에 대한 동의나 합의를 보장하지는 않는다. 하지만 당신이 성인 자녀의 경험을 인정하고, 성인 자녀 본인과 그의 관점을 무시하지 않겠다고 알리는 좋은 출발점이라 하겠다.

당신이 믿는 것이 무엇인지 알라

질문받을 것에 대비해 당신의 믿음과 가치에 관해 설명할 것을 준비하라.

나는 당신이 믿는 것에 대해 긍정적으로 말하는 것이 당신이 반대하는 것에 대해서 부정적으로 말하는 것보다 항상 더 효과적이라고 생각한다. 동성애에 관해 직접적인 질문을 받더라도, 나는 부모들이 한 걸음 물러나 자신이 믿는 것의 배경을 설명하는 토론으로 이끌어 갈 것을 권유한다. 이것은 레위기 22장 18절에 관한 토론보다는, 성과 결혼에 대한 기독교적 관점에 관해 이야기를 나누는 것을 의미한다.

만약 당신이 스스로, "나는 내가 믿는 것이 무엇인지에 대해 실제로 설명해 본 적은 없어요"라고 한다면, 당신은 혼자가 아니다. 많은 부모가, 어쩌면 당연한 것으로 가정하거나 교회의 가르침에 본질적으로 찬성한다고 가정하면서, 이것을 실제로 설명하는 상황에 놓여본 적이 없었다.

이것은 마치 그들이 삼위일체를 믿고 있지만, 이 삼위일체의 교리를 뒷받침하는 충분한 논거를 반드시 갖추고 있지는 않은 것과 비슷하다. 따라서 당신은 자신이 믿는 것이 무엇이며 왜 그렇게 믿는지에 대해 깊이 생각해 보지 않았을 수도 있다. 그러나 만일 이것이 당신과 성인 자녀 사이에 간극을 형성한다면, 이에 대해 숙고해 보는 것이 필요하다.

만약 당신의 믿음과 가치관에 대해 말하도록 요청받지 않는다면 어떻게 해야 할까?

당신의 성인 자녀는 당신의 믿음에 대해 이미 알고 있다고 가정할 수 있으며, 그래서 질문할 필요를 느끼지 못할 수도 있다. 그들은 또 다른 갈등이나 실망에 발을 들여놓고 싶지 않아서, 당신의 믿음에 대해 반복하여 듣기를 원치 않을 수도 있다. 부모로부터 비난의 말을 듣는 것은 설사 성인 자녀라 할지라도, 자녀들에게는 힘겨운 일일 수 있다.

설령 당신의 자녀가 당신이 믿는 것이 무엇인지 알고 있다고 가정하거나 혹은 그것에 대해 듣고 싶지 않은 것처럼 행동한다 할지라도, 나는 어느 시점에는 당신의 믿음에 대해 성인 자녀와 소통하는 것이 중요하다고 생각한다. 그러나 당신은 먼저 들음으로써 당신의 견해를 공유할 정당성을 얻게 된다. 이것은 우리 문화가 동성애에 관한 일치된 의견에서 멀어질수록 더욱 중요하게 될 것이다. 이전에 공동으로 고수했던 믿음과 가치관은 더 이상 그렇지 않다.

당신은 얼굴을 마주 보고 토론하면서 당신의 말을 전달할 수 있겠지만, 당신이 믿음에 대해 글로 적는 것 역시 도움이 되는 것을 발견하게 될 것이다. 이것은 당신이 성인 자녀에게 보내는 편지 형태가 될 수도 있고, 당신이 그들과 대화하게 될 때 참고하려고 자신을 위해 간직한 글일 수도 있다. 어떤 부모들은 이런 대화에 상담사나 목회자, 가족의 친구와 같은 제삼자가 함께하는 것이 도움이 됨을 알게 된다. 이는 부모와 자녀 어느 쪽에서든 일어날 수 있는 강렬한 감정을 분산시키는 데에 이들이 도움을 줄 수 있다는 생각에서이다.

나는 앞서, 당신이 반대하는 것에 대해 부정적으로 말하는 것보다, 당신이 찬성하는 것에 대해 긍정적으로 말하는 것이 더 효과적이라고 언급했다. 투명하게 이야기하는 것도 도움된다. 당신의 믿음에 관해 이야기할 때, 당신이 살아오면서 하나님의 부르심에 대한 반응으로 선택하고 소망을 품어 온 부분들에 대하여 나누는 것이 건설적이라는 사실을 발견하게 될 수도 있다.

이것은 하나님이 지금껏 당신이 삶의 결단들을 내리는 데 필요한 방향성과 지침을 허락하시고, 영적 성숙에 관한 고유한 감각을 발전시키도록 도우시면서, 당신의 삶 속에서 어떻게 일해 오셨는지에 대해 이야기하는 것을 의미할 수도 있다. 그리스도를 통한 하나님과의 개인적이고 생동감 있는 관계-결국에는 이것이야말로 당신이 성인 자녀에게서 바라는 것이다.

자녀들이 내리는 선택이라는 맥락에서조차, 그들이 하나님과 개인적인 관계를 맺고 있지 않다고 가정하지 말라.

우리는 성령께서 지금 이 순간 그들의 삶에 어떻게 역사하고 계시는지 진정으로 알지 못한다. 하지만 당신은 하나님이 당신의 삶에서 어떻게 일하셨는지, 그리고 하나님의 인도하심에 대한 반응으로 당신이 어떤 선택을 해왔는지에 대해 나눌 수는 있다.

성경, 그리고 동성애와 관련된 영적 문제들
어떤 부모들은 자녀와 함께 동성애에 관한 성경의 가르침을 살펴보고 싶어 한다. 이것은 개인의 믿음과 가치를 공유하는 행동의 연장선에 있지만, 좀 더 구체적이다. 어떻게 삶 전체를 바라볼 것인가와 어떻게 살아야 하는가의 기준점으로서 성경을 바라보는 것은 기독교 가정에서 더욱 일반적이다.

성경을 개인적으로 혹은 함께 살펴보고자 하는 것이 잘못된 생각은 아니나, 종종 부모들은 성경을 바르게 읽음으로써 자녀들이 자신은 틀리고 부모가 옳다는 사실을 확신하게 될 것이라는 기대를 품고 이에 접근한다.

그러나 많은 성인 자녀들도 자신에게 필요한 공부를 한다. 많은 경우, 그들은 동성애자를 옹호하는 방식으로 성경을 해석하고자 하는 최근의 시도들에 대해 읽었거나, 적어도 이런 부분에 익숙해져 있다. 나는 부모들도 이런 서적에 익숙해지기를 바라는데, 이를 통해 자녀들이 읽고 있는 것이 무엇인 이해할 뿐 아니라 이런 견해에 대한 비평에 대해서도 알게 되기 때문이다.[1]

그렇지만 이것이 성인 자녀에게 있어 단지 지적인 훈련만이 아님을 기억하라.

이것은 신학 논쟁이 아니다. 나의 경험으로, 성경과 기독교적 성 윤리에 긍정적으로 반응해 온 청년들은 성령님을 통해 진정한 확신을 느껴 왔다. 그들은 그리스도 안에서 개인적으로 충만한 삶에 '네'라고 말하기 위해, 타인과의 관계에 있어서 그들의 자연적인 욕구와 갈망으로써 경험하는 것에 대해 '아니오'라고 말해야 함을 확신하고 있다.

당신이 자녀와 공감하기 위해서는 이런 갈망이 자연스러운 것이며 다른 사람과의 긴밀한 관계를 향한 순수한 열망이라는 것을 이해하는 것이 중요하다. 당신 자녀의 성적 행동은 그들에게 있어서는 섹슈얼리티에 대한 하나의 표현과 같다. 그리고 우리는 그리스도인으로서, 인간 존재의 의미에 있어서 섹슈얼리티의 중요성을 깊이 인식하고 있다.

따라서 이는 동성에게 끌리는 성인에게 본질적인 딜레마를 안겨 준다. 즉, 실체가 희미한 무언가에 '네'라고 말하기 위해, 다른 것에 '아니오'라고 말해야 한다. 청지기적 사명을 품고 섹슈얼리티를 다루는 데서 오는 개인적 성취를 경험하기 위해서는 긴 시간이 필요하다. 이는 침묵이나 금식 같은 영성 훈련과 비슷하다. 엄청난 보상을 주는 일이지만, 익숙해지기 전까지는 그렇지 않다.

우리가 고려해야 하는 또 하나의 영적인 문제는 상처를 주는 말과 분노를 사용해 자녀를 교정하여 "제자리"로 돌려놓으려는 충동에 저항하는 것과 관련된다. 야고보서 1장 19-20절은 말한다.

사람마다 듣기는 속히 하고 말하기는 더디 하며 성내기도 더디 하라 사람의 성내는 것이 하나님의 의를 이루지 못함이라(약 1:19, 20).

만약 부모가 성인 자녀에게 변화가 일어나기를 원한다면, 분노의 표출, 상처 주는 말, 혹은 책망이 분명 최선의 방법은 아닐 것이다. 변화는 이런 방법으로 일어나지 않는다. 실제로 나의 경험에 따르면, 분노는 개인이 고수하는 견해를 더욱 단단히 붙들도록 만들 뿐이다.

여기에 성령님이 하시는 중요한 역할이 있다. 성령님은 사람의 마음을 부드럽게 하여, 삶을 경험하고 결정내리는 다른 방법들에 대해 마음이 열리게 만드신다.

한계 설정하기

기독교 성 윤리에 관한 서적을 읽고, 당신이 믿는 것은 무엇이며 그 이유는 무엇인지 짚어보는 것은 당신 몫의 일이다. 당신의 믿음과 가치를 성인 자녀와 논의하는 것은 또 다른 문제이다. 그러나 이 모든 것 중 가장 힘겨운 일은 이런 가치를 반영하면서 당신의 성인 자녀에게 영향을 미칠 수 있는 결정들을 내리는 것이다. 부모들은 한계를 설정할 것인지, 그리고 설정한다면 어떻게 설정할 것인지에 있어 상당히 다양한 의견을 갖는다.

예를 들어, 어떤 부모는 성인 자녀와의 관계를 가장 중요하게 여기며, 명절, 생일과 같은 가족 행사에 어떠한 한계도 설정하지 않는다. 그들의 자녀는 환영받으며, 자녀의 파트너도 마찬가지다. 부모는 이런 관계를 승인하지 않을 수도 있으나, 이런 비승인을 표현하기 위한 기본 원칙을 세우지는 않는다.

다른 부모는 성인 자녀와 아주 가끔 연락을 주고받거나, 아예 연락하지 않는다. 이 부모들은 자녀가 파트너와 함께 있는 것을 보는 고통을 느끼느니, 차라리 연락하지 않는 쪽을 선호하는 것 같다.

그러나 더 일반적인 부모는 자신의 믿음이나 가치관에 기초하여 어느 정도의 한계를 설정한다. 이런 한계는 대개 가족 모임이나, 명절, 혹은 다른 행사에서 허용되거나 허용되지 않는 것들을 통해 표현된다.

이런 행사는 부모로서의 당신뿐만 아니라 당신의 성인 자녀에게도 상징적인 의미가 있음을 기억하라.

부모에게 있어서 한계는, 일반적으로 성인 자녀가 자신의 파트너와 함께 부모의 집에 머무를 것인가, 생일이나 명절을 부모와 함께 보낼 것인가, 부모의 집에서 함께 식사를 할 것인가와 같은 내용을 중심으로 설정된다.

예를 들어, 산체스 씨 부부는 크리스마스와 새해에 딸이 자신의 파트너와 함께 부모의 집에 머무를 수 있을 것인지를 놓고 고민할 수도 있다. 그들은 딸이 혼자 오는 것은 환영하지만, 파트너와 함께 올 수는 없다는 결정을 내릴 수도 있다. 산체스 씨 부부의 경우에는 딸의 관계를 승인한다는 의사가 전달되는 것을 피하고자 후자로 결정했다.

그러나 딸의 입장에서는, 자신이 파트너와 진지한 관계를 맺고 있기에 혼자만 초대받은 것에 모욕을 느끼면서, 이것을 부모가 자신과의 관계를 원치 않는다는 뜻으로 해석할 수도 있다.

내가 아는 다른 부부는 아들과 그의 파트너가 함께 사는 집에 초대를 받았지만, 그들과 함께 그 집에 있는 것이 편안하게 느껴지지 않았다. 부부는 식당에서 함께 만나 식사하는 것을 선호하였고, 이것은 그 당시에 부모와 자녀가 함께 만들어가야 했던 타협점이 되었다. 부모는 한편으로는 자신들이 할 수 있는 최대한까지 양보하면서도, 동시에 상징적인 한계를 지킬 권리가 있었다. 아들은 부모와 단절하지 않기로 결정했다. 그는 이렇게 말하지 않았다.

"우리 집에 오셔서, 우리가 커플이라는 사실을 있는 그대로 인정해 주세요. 그렇게 하지 않으시면, 더 이상 저를 보실 수는 없을 거예요."

힘겨운 상황 속에서도, 부모와 성인 자녀 모두는 어느 정도 서로 양보하면서 관계를 유지하기 위해 열심히 노력하고 있었다.

내가 아는 또 다른 어머니는 이와 비슷한 상황을 놓고 기도해 왔다. 그녀는 아들의 동성애적 행동과 관계에 관한 선택에 동의하지 않는다. 그녀는 아들의 파트너를 만났고, 그를 존중하며, 그에 대해 알아가고, 또한 커플로서 둘에 대해 알아가고 있다.

그녀는 이것을 타협의 경험이라고 말하지는 않을 것이다. 그녀는 아들의 선택에 자신이 동의하지 않음을 아들이 알고 있다고 믿으며, 아들도 나에게 실제로 그렇게 이해하고 있다고 말했다. 그러나 그녀는 할 수 있는 한 아들과 긴밀한 관계를 유지하고자 한다. 아들과 파트너는 그녀의 집에 방문할 수 있지만, 아들은 어머니가 지닌 가치를 배려하는 의미에서 그 집에서 자고 가지는 않기로 결정했다.

나는 부모들이 자연스럽게 자신들의 관점에서 한계 설정을 바라보는 경향이 있다고 그들에게 말해 준다. 예를 들어, 당신 집에서 누군가와 함께 식사를 하는 것은 당신이 그들의 행동을 승인함을 의미할 수 있다. 당신은 그들의 관계를 승인한다는 메시지를 주고 싶지 않을 수도 있으며, 당신은 특정한 행사들이 이런 의사를 전달할 수 있다고 여긴다.

하지만 성인 자녀의 시각에서 한계 설정을 바라보려고 노력하라.

한계 설정은 상징적이다. 이것은 관련된 모든 사람에게 무언가를 의미한다. 이것이 당신이 옳다고 생각하거나 느끼는 것을 기초로 한계를 설정해서는 안 됨을 의미하지는 않지만, 이는 분명 당신만이 고려되어야 할 유일한 사람은 아니라는 것을 의미한다.

당신의 성인 자녀는 그 결정에 영향을 받는다. 여기에서는 명료한 의사소통이 필수적이다. 이것이 모든 갈등을 해소한다고 보장할 수 없을지라도 말이다. 장담할 수는 없지만, 성인 자녀들이 당신의 생각을 이해하게 된다면, 비록 자신이 당신의 의견에 반대할지라도 당신의 한계를 받아들일 가능성이 매우 크다.

당신 자신과 당신의 결혼을 돌보라

십 대 청소년이 동성애자임 밝히는 경우와 같이, 성인 자녀가 동성애자 정체성을 선언했을 때에도 부모들은 양극화되는 경향을 보인다. 양쪽 부모 모두가 느끼고 있을 실제적이고 강렬한 일련의 감정들을 한쪽 부모가 집중적으로 표현할 때, 양극화가 일어난다. 이것은 한 부모는 분노라는 형태를, 다른 부모는 사랑이라는 형태를 취할 때 가장 흔히 나타난다.

나는 분노와 사랑을 사용하여 반대 혹은 지지와 같이 여겨지는 강렬한 감정을 표현하였다. 분노는 부모들이 표현하기조차 어려운 다른 여러 감정에 대해 사회적으로 허용되는 방식으로 반응하는 것이며, 특별히 아버지들에게 그러하다.

다른 여러 감정에는 상처, 상실감, 슬픔, 실망과 혼란 등이 있다. 부모들이 자신이 느끼는 여러 감정이 정확히 무엇인지 확인하고, 그 아래에 숨어 있는 더 온화한 감정에 대해 이야기하는 것이 도움이 될 수 있다. 이것은 이런 감정들이 오직 분노로만 표출되는 것을 막아 주며, 관계의 단절도 예방할 수 있다.

가족을 향한 사랑을 표현하는 아내는 종종 분노를 표현하는 남편의 반응으로부터 성인 자녀를 보호해야 한다고 느낀다. 부모들은 이런 방식으로 양극화된다.

다음 이미지를 상상해 보라.

테니스 경기에서, 당신은 단식 경기를 할 수도 있고, 복식 경기를 할 수도 있다. 부부로서 단식 경기에 나서기로 한다면, 당신은 아내나 남편에 맞서 그물 반대편에 서게 된다. 반대로, 당신이 복식 경기를 하기로 한다면, 당신과 배우자는 한 팀으로 함께 경기에 임하게 된다.

서로 어떻게 대화하는지가 그물의 같은 편에 서려는 진정한 갈망을 반영함을 확신하기 바란다. 아마 두 사람 다 어느 정도 분노(혹은 혼란, 슬픔, 상실감)와 사랑(보호)을 느끼고 있을 것이다. 부부는 서로에게 다양한 감정을 표현할 수 있는 공간을 허락해 주어야 한다. 그러는 것이 힘들거나, 부부가 "대치 상태"$^{locking\ horns}$에 놓이게 되는 것처럼 느낀다면, 상담사나 목회자와 같은 제삼자와 함께 논의함으로써 도움을 얻을 수 있다.

하지만 당신의 결혼을 돌본다는 것이 단지 그물의 같은 편에 서는 것만을 의미하지는 않는다. 이것은 힘겨운 시기에 서로를 향해 다가가는 적극적인 걸음을 내딛는 것을 의미한다. 나는 부부들에게 존 가트맨John Gottman의 『행복한 결혼을 위한 7원칙』Seven Principles for Making Marriage Work, 2000 같은 자료들을 찾아보라고 추천한다.² 저자는 부부가 서로에게서 멀어지기보다 서로를 향해 다가가는 경향성을 포함한, 만족스러운 결혼 생활의 원칙에 관해 이야기한다. 나는 잠재적 갈등을 내포하고 있는 혼란스러운 이런 시기에는 부부가 이런 원칙들을 적용할 것을 추천한다.

당신 자신을 돌보는 것 또한 중요하다.

깊은 슬픔의 감정은 많은 부부가 겪는 일반적인 반응임을 기억하라.

부부 중 한 명, 혹은 두 명 모두 우울증으로 고통받을 수도 있다. 자기 관리self-care는 당신에게 유익한 일상의 체계나 구조를 갖추는 것을 포함한다. 여기에는 식습관과 영양, 규칙적인 운동, 사회적 지지, 그리고 회중 예배와 성경 읽기, 기도와 같은 영적 훈련이 포함된다. 만일 우울증이 이런 일상적인 체계나 구조에 반응하지 않는다면, 상담사나 다른 정신 건강 전문가를 만나보는 것이 도움이 될 것이다.

사회적 지지에 대해 조금 더 이야기해 보려 한다. 성인 자녀가 동성애적 정체성을 지니고 있다는 사실은 일종의 도전적인 상황이며, 특히 일부 그리스도인은 이로 인해 고립을 경험하게 된다. 성인 자녀가 동성애적 끌림을 경험하거나 동성애적 정체성과 행동에 대한 선택을 받아들인다는 사실을 둘러싼 가족적인 수치가 존재할 수 있다.

이 상황은 부모들을 다음의 두 극단적 반응 중 하나로 인도한다. 하나는 공동체의 규범과 기독교 성 윤리에 도전하는 비판 없는 수용이며, 다른 하나는 힘겨운 시기에 그들에게 필요한 도움이 될 수 있는 사회적 지지 기반에서 벗어난 고립이다.

나는 부부가 삶에서 일어나는 일들에 대해 편하게 나눌 수 있는 목회자나 상담사, 친척, 가까운 친구들로 구성된 사회적 지원 체계를 개발할 것을 권장한다. 다시 말하지만, 일부 가정들은 현재 일어나고 있는 일에 대해 상당히 열려 있고 투명한 반면, 다른 가정들은 고립된 채 기능한다. 그들은 삶의 목적이나 삶의 질에 대한 자각 없이, 그리고 너무나 자주, 개인으로서 그리고 커플로서 자신을 돌본다는 것이 무엇인지에 대한 자각 없이 일이나 다른 요구에 초점을 맞추면서 그 시간을 보내고 있을지 모른다.

이 모든 일 가운데 하나님은 어디에 계신가?

성인 자녀의 정체성과 행동에 대한 반응으로 부부가 느끼는 강렬한 감정은 그들이 하나님을 향해 느끼는 감정의 반영일 수 있다. 부부는 특별히 분노와 혼란을 경험하게 될 수 있다. 많은 경우, 그들은 분노의 감정을 표현해도 괜찮은지 알지 못하고, 만약 괜찮다면, 어떻게 표현해야 하는지 알지 못한다.

우선, 나는 진심으로, 당신이 하나님을 향해 품은 감정을 표현하는 것이 괜찮다고 믿는다. 하나님은 당신이 느끼는 감정에 대해 이미 알고 계신다. 당신은 그 감정에 대해 하나님과 자기 자신에게 확인시키고 있는 것일 뿐이다. 많은 경우에, 하나님을 향한 분노는 사실상 혼란이다. 부모들은 현재 일어나고 있는 일과 이 상황 가운데 하나님은 어디에 계신가를 생각하며 혼란을 느낀다. 이는 이상한 일이 아니다.

당신이 이 힘겨운 상황 속에서 배우자를 향해 나아갈 것인지 아니면 등을 돌릴 것인지의 선택권을 갖고 있듯이, 당신은 하나님을 향해 나아갈 것인가 아니면 멀어질 것인지의 선택권도 갖고 있다. 이것은 당신이 직면한 가장 중요한 결정 중 하나이며, 나는 당신이 하나님을 향해 나아가길 격려한다. 당신이 느끼는 것에 대해, 그리고 당신의 자녀와 미래, 앞으로 달라질 가족 관계와 그 외의 여러 가지에 관해 걱정하고 우려하는 것에 대해 하나님 앞에 정직하게 나아가길 바란다.

하나님을 향한 분노를 표현하는 것조차도 하나님을 향해 나아가는 하나의 몸짓이다. 분노의 반대는 사랑이 아니라고 한다. 분노의 반대는 무관심이다. 하나님을 향해 분노와 혼란을 느끼는 것은 하나님을 향한 무관심과는 다르다. 하나님은 당신이 어떻게 느끼는지 알고 계신다. 하나님은 당신이 그 감정들을 표현하고 하나님과 함께 헤쳐나가는 것을 감당하실 수 있다.

나는 부모들이 느끼는 모든 고통 가운데 하나님은 어디에 계시는지에 대한 쉬운 답변을 갖고 있지는 않다. 그러나 나는 이런 고통의 시간에 부모들에게 도움이 될 만한 책들을 발견했다. 하나님과의 개인적인 관계에 있어서 이런 수준의 정직함을 가능하게 해 주는 책에는 제리 싯저 Jerry Sittser의 『하나님이 당신의 기도에 응답하지 않으실 때』 When God Doesn't Answer Your Prayer, 2004와 필립 얀시 Philip Yancey의 『하나님, 당신께 실망했습니다』 Disappointment with God, 1997가 있다.³

이런 종류의 책에는 공통점이 있다. 이들은 하나님 앞에서 투명해지는 것을 두려워하지 않는다. 이런 종류의 정직함에서 발견되는 믿음의 행위가 있다. 마치 이 신앙인에게는 더 이상 갈 곳이 없는 것처럼, 그래서 하나님의 신실하심이 나타났던 자신만의 삶의 역사를 그려보면서, 만약 그런 자신만의 역사가 많지 않다면 하나님이 구약 전체에서 자신의 백성들에게 보이셨던 신실하심의 역사를 그려보면서, 신앙인은 절망 속에서 찾은 결단의 관계를 붙들고 나아간다.

결론적으로, 나는 하나님이 우리를 혼란 속에 내버려 두신다고 생각하지 않는다. 나는 하나님이 부모들의 진실한 질문에 반응해 주시는 것을 목격해 왔다. 그러나, 때로 이것은 고통 속에 앉아, 하나님이 하나님의 때에 우리를 보살피시도록 내어드리는 것을 의미한다.

나는 이것이 반드시 하나님이 이런 힘겨운 상황을 허락하신 이유라고 말하지는 못한다. 그러나 나는 하나님이 우리에게 필요한 것을 공급하심으로써, 그리고 종종 그분의 은혜와 자비로 우리를 감격하게 하심으로써, 우리와 함께하실 것임을 믿는다.

이 상황은 어떻게 마무리될 것인가?

나는 성인 자녀가 동성애자 정체성을 선언한 가정들에서 나타나는 다양한 결과를 목격해 왔다. 흔치 않은 경우일지라도, 때로 모든 관계가 단절된다. 부모에게는 너무나 힘겨운 상황이었을 수도 있고, 자녀에게는 충분한 후원이 되지 못했을 수도 있다. 그리고 궁극적으로 그들은 각기 다른 방향으로 나아가기로 합의한다(아니면 한쪽에서 관계를 단절하기도 한다).

하지만 많은 경우, 부모와 성인 자녀는 상호 이해와 존중을 기초로 관계를 풀어 나간다. 어떤 경우에는 부모들이 동성애와 그 행동에 관한 자신의 믿음과 가치관을 변경한다. 다른 경우에는 부모들이 자신의 가치는 그대로 유지하면서 자녀와의 관계에 중점을 둔다.

이 부모들은 성인 자녀들이 내린 일부 결정에 대해 반대하고 있지만, 그들은 성인 자녀들 역시 그 사실을 알고 있다는 것과 그래서 이 부분에 대해 다시 언급할 필요가 없음을 알고 있다. 오히려 이 부모들은 자녀를 향한 진실한 사랑에 기초하여 관계의 다리를 이어간다. 그리고 이런 사랑은 성적 행동과 성적 도덕성에 관해 그들에게 말해 주는 바로 그 기독교 신앙에 의해 힘을 얻은 것이다.

일부 사례에서, 나는 성인 자녀가 몇 년간 동성 관계를 지속한 후에, 자신의 동성애자 정체성으로부터 탈동일시하는 결정을 내리는 것을 목격했다. 다수의 간증에서, 사람들은 자신이 했던 일이 잘못된 일이었음을 알고 있었다고 고백한다. 그러나 종종 그들은 계속하여, 그 관계는 진실한 것이었고, 자신의 정서적인 필요를 채워주는 것이었다고 말할 것이다.

동성애적 관계를 떠나는 것은 때로 그들에게 있어 가장 어려운 발걸음을 떼는 일이다. 이런 경우에서조차 여전히 그들을 위한 교회의 지지가 거의 없기에, 그들이 이런 발걸음을 옮기고 있다는 사실이 놀랍게 느껴지기도 한다. 물론, 이런 결과가 일반적이라고 말할 수는 없다. 그러나 이런 일은 실제로 일어나고 있으며, 이런 일이 일어났을 때, 이런 결정을 내린 사람들은 이것이 자신의 삶 속에서 성령님의 일하심에 대한 반응이라고 고백하는 경향이 있다.

몇 년 후에 어떤 일들이 펼쳐지게 될지 미리 알기는 어렵다. 나는 부모들이 오늘 자녀가 서 있는 자리가 성적 정체성과 관계에 대한 마지막 지점은 아닐 것임을 기억하면서, 장기적 시각을 갖도록 격려한다. 부모들이 오늘 즉각적으로 느끼는 반응에 연연하지 않으면서, 성인 자녀와 맺기 원하는 관계를 생각해 볼 것을 권유한다.

장기적인 시각을 갖는다는 것은 당신 자신과 당신의 결혼을 가꾸면서도, 자녀와의 대화의 통로를 열어놓고, 당신의 삶에 대해 정직하고 투명하게 반응하는 것이다. 당신의 자녀가 다가갈 수 있는 누군가가 되기 위해 자녀와 긴밀한 관계를 유지하는 것 또한 도움이 될 것이다. 나는 개인의 삶에서 성령의 역사라는 결과가 조작되거나 만들어질 수 있다고 생각하지 않는다. 오히려, 진정한 관계는 공감과 지지, 그리고 정직과 진실을 통해 나타난다.

결론

성인 자녀가 동성애자 정체성을 선언할 때, 부모들은 종종 어떻게 반응하는 것이 최선인가에 관한 다양한 질문을 놓고 씨름한다. 듣기를 방해하는 여러 장애물이 있으며, 이런 장애물을 극복하는 것이 중요한 시작점이 될 수 있다. 당신이 더 많이 듣게 될수록, 당신은 더욱 진심으로 성인 자녀의 경험을 이해할 수 있게 된다. 듣기는 또한 자녀에게 당신의 이해, 믿음, 가치관에 대해 나누는 미래의 대화를 위한 초석이 될 수 있다.

당신의 가치관으로 이끌어가기 전에, 당신이 믿는 것이 무엇이며 왜 그렇게 믿는지에 대해 깊이 생각해 보라.

이것은 당신이 이처럼 중요한 부분에 대해 처음으로 해 보는 일일 수 있다.

성경과 기독교 전통의 성적 윤리에 관한 신학적 논쟁의 양측 모두의 주장에 익숙해지도록 하면서, 또한, 당신 자신과 결혼, 그리고 하나님과 당신의 관계를 돌보라.

현재 상황에 대한 장기적인 시각을 지님으로써, 당신의 즉각적인 반응이 당신이 장기적으로 어떻게 관계할지를 정의하지 않도록 하라.

기억해야 할 포인트!

- 만약 당신의 성인 자녀가 동성애자 정체성을 선언한다면, 평정심을 유지하고 들으라. 당신 스스로에게 이 상황을 이해할 수 있는 시간을 허락하도록 한다.

- 3단계 구분법을 기억하면서 설명적인 언어를 사용하여 끌림의 감정에 대해 논의한다.

- 한계 설정은 상징적인 것이다. 따라서 당신의 시각뿐만 아니라 성인 자녀의 시각에서도 생각하도록 노력하라.

- 당신의 배우자에게서 멀어지기보다는, 배우자를 향해 다가감으로써 당신의 결혼을 잘 돌보라.

- 당신이 어떻게 느끼는지에 대해 분노와 혼란 같은 부정적인 감정까지도 하나님께 고백함으로써, 하나님을 향해 나아가라.

- 상황에 대한 장기적인 시각을 갖도록 한다.

07

나의 배우자가 동성애자 정체성을 선언한다면?

"마치 벽돌로 맞은 것처럼, 너무나도 충격적이었어요."

소파에 자리를 앉으면서, 셰리Sherri가 속삭였다.

"사실 충격이란 표현은 제가 느꼈던 것과 비교하면 아무것도 아니에요. 기절할 것만 같았어요.

아무 생각도 나지 않았고, 아마 당신이 저를 밀었다면 그냥 밀려 넘어졌을 거예요."

셰리는 컴퓨터에서 발견한 동성애 포르노그래피가 남편 제임스James의 것임을 안 그 날에 대해 말하고 있었다. 셰리는 이때까지는 감정적으로 마음을 열지 않았다. 그녀는 오직 감정적인 거리를 유지한 상태에서만 이 사실을 말할 수 있었다.

셰리는 42세였고, 제임스와 결혼하지는 17년이 되었다. 그들 사이에는 15세의 딸과 13세의 아들이 있었다. 셰리의 딸이 우연히 컴퓨터에 있는 포르노그래피를 발견했을 때, 셰리는 컴퓨터를 샅샅이 뒤져 다른 파일들도 찾아냈다. 그녀는 즉시 이것이 아들의 물건이라고 생각하면서, 염려하고 있었다. 그러나 막상 셰리가 이 문제에 관해 제임스에게 이야기했을 때, 그녀는 포르노그래피를 봤던 사람이 아들이 아닌 남편이라는 사실을 알아차렸다.

제임스는 셰리의 맞은편에 앉아서 말했다.

"나는 동성애자라오.

어떻게 말해야 할지 모르겠어.

내가 기억하는 한, 내가 동성애자라는 사실은 항상 내 삶의 일부였어.

하지만 난 항상 이 사실을 숨기려고 했지.

부정하려고 노력해 왔어."

셰리는 그 이후에 무슨 일이 일어났는지 잘 기억하지 못했다.

"저는 너무나 충격을 받았어요.

당신에게 솔직히 말하자면, 가장 비현실적인 순간이었죠.

혼란스러웠고, 남편이 무슨 말을 하는지 잘 이해되지도 않았어요.

처음에는 이 포르노그래피가 우리 아들에게 무엇을 의미하는지, 남편과 제가 한 팀으로서 어떻게 아들에게 다가갈 수 있을지, 남편이 아들에게 이 문제에 관해 이야기할 수 있을지에 대해서 생각하고 있었죠.

몇 분 후에 제 세상은 완전히 뒤집혔어요. 제가 알고 있던 모든 것이 이제는 다 잘못된 것만 같아요.

뭘 어떻게 생각해야 할지 모르겠어요."

내가 아는 많은 부부가 셰리와 제임스가 경험한 것과 비슷한 위기 상황에 나를 찾아온다. 배우자는 컴퓨터에서 동성애 포르노그래피를 발견하게 된다. 아니면 배우자가 동성과 불륜의 관계에 있는 것을 발견하게 될 수도 있다. 이런 위기 상황은 단순히 속임이나 불신만의 문제가 아니다. 이것은 정체성에 관한 근본적인 질문이다.

당신은 내가 생각했던 그 사람이 맞는가?
이것이 나에 대해 의미하는 바는 무엇인가?
이것이 우리의 결혼에 대해 의미하는 바는 무엇인가?
이것이 우리의 미래에 대해 의미하는 바는 무엇인가?

혼합-지향 결혼 Mixed-Orientation Marriages

혼합-지향 결혼이란 한 명의 배우자는 성소수자(정체성 분류와 상관없이 동성애적 끌림을 경험하는 남성 혹은 여성)이고 다른 배우자는 이성애자로 이루어진 결혼이다.

혼합-지향 결혼에 대해 우리가 알고 있는 것은 무엇인가?[1]

먼저, 왜 사람들이 이런 결혼을 하게 되는지 살펴보도록 하자.

밝혀진 바로는, 사람들은 이성애자들이 결혼을 하게 되는 여러 비슷한 이유로 혼합-지향 결혼을 한다. 그들은 자신의 배우자를 사랑한다. 그들은 배우자에 대한 깊은 애정을 느끼며, 그다음으로 취해야 할 가장 이성적인 행동 또는 사랑의 표현이 결혼이라고 느낀다.

흔히 알려진 다른 이유로는, 동반자에 대한 염원 또는 결혼을 해야 한다는 사회적 기대가 있다. 다른 사람들은 배우자와 자녀를 원한다. 그리고 또 다른 사람들은 성적 정체성 갈등을 해결하는 하나의 돌파구로써 결혼을 했다는 것을 인정한다. (이 마지막 이유는 간혹 선의로 이런 방향으로 상담해 준 친구나 심지어 목회자들이 만들어낸 결과이다. 이런 상황에 있는 여러 쌍의 커플을 만나본 결과, 결혼이 성적 정체성에 관한 의문이나 갈등에 대한 해결법이 되서는 안 된다고 말하고 싶다.)

대부분의 경우, 성소수자의 배우자는 심지어 이런 문제가 있다는 것조차 인지하지 못한다. 셰리처럼, 그들은 대부분 자신이 결혼한 사람이 이런 문제를 놓고 고민하고 있다는 사실을 전혀 짐작하지 못한다. 그들은 공개disclosure 또는 발견discovery을 통해 이 사실을 알게 된다.

공개는 그 자체로 힘겹고 고통스럽겠지만, 발견보다는 나은 방법이다. 공개는 성소수자인 배우자가 부부로서 함께 다음 단계에 대한 결정을 내려야 한다는 생각으로 자신의 배우자에게 동성애적 끌림의 경험을 솔직히 나누는 것이다.

결혼하기 전에 공개가 잘 이루어졌던 한 부부의 예를 소개하고자 한다. 제시카Jessica는 45세의 여성이었다. 그녀는 확고한 기독교적 확신이 있었고, 자신의 개인적 신앙에 안정감을 느끼고 있었다. 제시카와 처음 만났을 때, 그녀는 지난 15년 동안 남편인 프랭크Frank와 혼합-지향 결혼 상태에 있었다고 말했다.

제시카가 상담에 오게 된 이유는, 그녀가 다니는 교회에서 열린 동성애 토론으로 인해 내적 갈등을 겪게 되었기 때문이었다. 그녀는 개인적으로 섹슈얼리티라는 주제에 있어서 보수적인 사람이었다. 그녀는 하나님이 의도하신 성은 남편과 아내 사이의 일부일처제 결혼 관계 속에서 일어나게 하셨기에, 이런 관계 이외의 행동은 하나님이 의도하신 성적 표현이 아님을 믿었다. 동시에, 제시카는 자신이 게이나 레즈비언이라고 인정하는 성소수자들과 많은 면에서 공통점을 느낀다고 고백했다.

그녀는 기독교 성 윤리에 어긋나는 설교를 듣는 것이 고통스러운 만큼, 신앙의 동역자들이 성소수자들을 폄하하는 말을 듣는 것 역시 고통스러웠다. 제시카는 교회에 있는 것이 충분히 안전하게 느껴지지 않았다. 그녀는 사람들이 그녀의 평생 고민을 알게 된다면 자신을 어떻게 생각할지 알 수 없었다.

제시카는 자신의 결혼에 관해 프랭크와 약혼하기 전에 프랭크에게 대학 시절 여성과 있었던 성적 접촉에 대해 고백하므로 자신의 동성애적 끌림에 대해 이미 공개했다고 알려 주었다. 프랭크는 제시카가 여성에게 매력을 느낀다는 것을 이해했다. 이런 끌림은 대체로 전면으로 드러나지 않았지만, 특정한 관계가 그녀의 끌림을 수면 위로 떠 오르게 했다.

그녀는 자신의 끌림에 대해 이해하고 좀 더 효과적으로 대처할 수 있기 위해서 나에게 도움을 요청했다. 최근에 있었던 동성과의 관계는 특별히 더 힘겹게 다가왔다. 제시카는 이 관계를 통해, 이것이 진정 건강하지 못한 정서적인 유대인지에 대해 의문을 품게 되었다.

비록 이 동성과의 정서적 관계는 끝났지만, 제시카는 자신이 일차적인 헌신과 가치를 두고 있는 결혼과 가정에 우선순위를 두면서, 자신의 갈망에 대해 좀 더 의도적으로 반응하는 방법을 알아가고자 했다.

제시카는 발견이라는 셰리의 경험(예기치 못한 상황에서 제임스의 포르노그래피를 발견함)과는 대조적으로, 약혼하기 전에 자신의 끌림과 과거의 행동을 남편에게 공개했다. 제시카는 남편과 결혼하면서 이제 자신의 끌림이 달라졌다고 생각했었고, 그렇기에 여성을 향한 끌림이 다시 수면으로 올라오자, 진실로 놀라고 혼란스러웠다.

셰리는 발견을 통해 남편의 동성애적 끌림에 대해 알게 되었고, 제시카는 약혼할 때 자신의 동성애적 끌림을 남편에게 공개했다. 그러나 이성애자인 배우자가 공개나 발견, 어느 방법을 통해 알게 되었든, 혼합-지향 부부는 상상할 수 있는 가장 험난한 지형을 마주하고 있으며, 이곳을 통과하고 있는 부부들에게 도움을 줄 수 있는 신뢰할 만한 지침은 많지 않다. 종종 든든하게 발을 디딜 곳이 아무 데도 없는 것같이 느껴진다.

관계 변화의 단계

이런 험난한 지형을 통과하는 자세한 방법은 부부마다 다르겠지만, 일반적인 단계는 다음과 같다.

① 자각 awareness
② 감정적 반응 emotional response
③ 현실의 수용 acceptance of reality
④ 미래를 위한 협의 negotiating a future2

첫 번째 단계인 자각은 우리가 이번 장에서 지금까지 논의해왔던 공개 혹은 발견의 시점을 일컫는다.

때로 자각은 성소수자인 배우자가 오랜 시간 동안 씨름해 온 고통스러운 부분에 대해 겸손하게 울먹이며 고백하는 형태로 이루어진다. 이는 불륜 행위가 발각되고 난 후, 성소수자인 배우자가 과거의 행동에 대해 후회하고 용서를 구하면서도 일어날 수 있다. 반면에, 성소수자인 배우자가 자신의 동성애자 정체성을 주장하면서 자신의 행동이나 속임에 대해 전혀 후회하지 않을 수도 있다.

셰리에게 있어, 자각의 단계는 그녀가 결코 잊을 수 없는 사건으로 특징지어졌다. 아들의 것이라고 가정했던 동성애자 포르노를 발견하게 된 것이었다. 제시카의 경우에 자각의 단계는 결혼 전에 안정적으로 찾아왔지만, 몇 년이 지난 후 이 부분이 다시 효력을 발휘하게 되었다.

프랭크는 이 소식을 듣고 놀랐지만, 과거의 공개 덕분에 아내가 하는 이야기가 무엇인지 이해할 수 있는 틀을 가지고 있었다. 제시카는 이런 감정이 다시 떠오르게 된 것이 자기 자신과 결혼의 앞날에 어떤 의미로 다가올 것인지에 대해 고민하며 막막하게 느끼고 있었던 반면, 프랭크는 제시카가 자신의 끌림으로 인해 느끼는 혼란을 해결하는 과정 동안 인내심을 유지할 수 있었다.

두 번째 단계인 감정적 반응은 공개 또는 발견의 결과로써 배우자가 일반적으로 경험하게 되는 것을 일컫는다.

보편적인 감정으로는 혼란, 충격, 불신, 분노 등이 있다. 한 개인의 삶에서 이런 시기는 몇 주나 몇 달에 걸쳐 지속될 수 있으며, 특정 상황에 따라 더 오래 지속될 수도 있다. 셰리는 동성애자 포르노그래피를 발견했을 때 "엄청난 충격"을 받았던 반면, 프랭크는 과거 제시카의 공개 덕분에 무슨 일이 일어나고 있는지를 짐작할 수 있었다.

세 번째 단계인 현실의 수용은 자신의 배우자가 동성에게 정서적으로, 그리고 성적으로 끌리고 있다는 사실을 받아들이게 되는 것을 일컫는다.

이 과정을 통과하고 있는 배우자는 종종 성소수자인 배우자의 동성애적 끌림의 표현이었던 모든 성적 행동을 받아들이고자 애쓴다. 이 과정은 사람들이 배우자의 불륜 행위를 알게 되었을 때 일어나는 일과 비슷하다.

셰리는 남편의 행동이 자기-자극^{self-stimulation}과 동성애자 포르노그래피로 제한된 것에 감사했다(그래서 남편의 행동이 성관계를 통해 전염되는 질병과 같은, 부부 모두를 위험에 빠뜨릴 수 있는 동성애적 관계로까지 이어지지 않았음에 감사했다). 그러나 동시에, 그녀가 남편의 동성애적 끌림을 완전히 받아들이는 데에는 수개월이 걸렸다.

그녀는 그런 끌림이 어디서부터 온 것인지, 얼마나 오랫동안 그런 끌림을 느껴온 것인지, 그것이 여성인 그녀에게 의미하는 것은 무엇인지 등에 대한 숱한 의문을 품게 되었다. 이는 지극히 정상적인 질문들이며, 따라서 상담사가 동석하여 이 질문들이 정상적이라는 것을 확인하고 이에 대해 논의할 수 있는 안전한 공간을 마련함으로써 도움을 받을 수 있다.

제시카의 끌림이 오랜 시간 동안 다시 나타나지 않았을지라도, 적어도 프랭크는 그러한 끌림에 대해 참고할 만한 것이 있었다. 프랭크가 제시카의 동성애적 끌림을 받아들이는 것은 배우자의 동성애적 끌림에 대해 전혀 처음 듣는 사람만큼 힘들지는 않았다. 그러나 그는 제시카의 끌림이 완전히 사라지지 않았다는 현실을 받아들여야만 했다.

네 번째 단계인 미래를 위한 협의는, 개인으로서, 그리고 부부로서, 결혼 관계의 미래에 대한 결정을 내리는 것과 관련된다.

경우에 따라서, 이 결정은 관계를 떠나겠다고 말하는 한쪽 배우자에 의해 일방적으로 내려진다. 다른 경우에, 이 결정은 양쪽의 배우자가 서로에 대해 탐색한 후 함께 논의해서 내려진다. 결혼의 미래에 관해 결정해야 할 때, 부부는 서로를 향한 사랑과 배려, 그리고 자녀를 향한 사랑과 헌신과 같은 다양한 주제에 관해 고려해야 한다.

두 가지 사례 모두에서, 셰리와 제임스, 그리고 제시카와 프랭크는 그들의 결혼을 위해 노력하기로 결정했다. 각 부부는 상당한 도전을 직면하고 있었지만, 그들은 여러 해 동안 함께 해 온 결혼 생활에 계속하여 헌신하기로 선택했다. 다른 부부들은 별거나 이혼을 결정하기도 한다.

부부를 위한 조언

나는 공개나 발견 후에, 부부가 이혼해야 하는지 아니면 화해해야 하는지에 대한 한쪽 입장을 주장하지 않는다. 기독교 사회 내에서도 이혼에 대한 다양한 시각이 존재하기에, 나는 가능한 한 부부가 속한 믿음의 공동체에서 가르치는 내용에 비추어, 그리고 그들의 목회자와의 협의를 통해, 부부가 스스로 결정을 내리도록 돕는다. 즉, 이혼에 관한 질문은 중요한 것이기에, 이는 오직 부부에 의해, 그리고 목회적 상담이라는 맥락 내에서 이루어질 수 있다.

나는 부부 사이에 불거지는 문제들을 해결하는 데 있어 도움이 될 만한 몇 가지 생각들을 나누려 한다. 때로 나는 결혼 생활을 유지하기로 결정한 부부들 사이에서 일어나는 문제들에 더욱 초점을 맞추겠지만, 일부 조언들은 결혼 생활의 유지 여부와 상관없이 중요하게 고려될 필요가 있다.

배우자 성소수자 Sexual-Minority Spouse 에게 드리는 말
끌림에 동일시하기보다는 끌림을 설명하라. 당신과 배우자와의 관계를 생각할 때, 우리가 논의한 동성애적 끌림, 동성애적 지향, 동성애자 정체성의 구분에서부터 시작하는 것이 좋다(제2장).

가장 설명적인 단계에서, 당신은 동성애적 끌림을 경험하고 있음을 기억하라.

즉, 당신의 끌림이 반드시 당신의 정체성을 시사하거나 당신이 진정 누구인지를 정의하지는 않는다. 그보다는 훨씬 더 복잡하다.

당신이 스스로를 분류할 때, 당신은 그 정체성 분류에 상응하는 일련의 행동을 일정 수준 요구하게 된다. 당신의 끌림을 중심으로 하여 "나는 동성애자야"라고 말함으로써 동성애자 정체성을 형성하기보다는, 좀 더 설명적인 언어(예를 들어, "나는 동성애적 끌림을 경험하고 있어")를 사용하는 것이 도움이 될 수 있다.

많은 사람들이 끌림의 경험을 동성애자 정체성과 통합한다 할지라도, 당신은 그렇게 하지 않기로 선택할 수 있음을 기억하라.

동성애적 끌림이 반드시 성행위를 통해 표현되고 강화되어야 하는 것은 아니다. 이는 당신이 직면한 중대한 결정이다. 당신이 결혼 안에서의 회복에 중점을 두기로 결정했다면, 설명적인 언어의 사용은 부부로서 당신에게 특별히 중요하다.

다음 질문을 탐구하라: 이런 끌림이 무엇을 의미하는가? 다음 단계는 당신이 성소수자로서 자신(그리고 어떤 면에서는 당신의 배우자)의 끌림에 대하여 더 깊이 이해하려고 노력하는 것이다. 여기에는 이런 끌림이 무엇을 의미하는지, 그리고 그 끌림이 어디에서 온 것인지에 관한 질문이 포함된다.

이것은 사실상 귀인(歸因, attribution)에 관한 질문으로, 사람들이 삶 속에 있었던 사건과 경험 사이에서 만들어내는 관련성이다. 3단계 구분법에서 언급한 것처럼, 많은 사람은 자신의 끌림이 자신이 진정 누구인가에 대한 신호라고 믿는다. 즉, 어떤 이들에게 끌림이란 정체성과 동의어이다. 이런 답은 때로 부부들을 별거나 이혼으로 이끌어간다. 그러나 끌림을 정체성과 동일 선상에 놓는 것은 화해하기로 헌신한 부부들에게 큰 도움이 되지 못할 것이다.

내가 아는, 결혼 생활을 유지하기로 결정한 부부들은 종종 동성애를 타락의 결과로 보았다. 즉, 동성애는 근본적으로 인간의 삶에서 경계 대상이 되는 여러 다양한 것들과 다르지 않다는 견해이다.

성소수자들이 자신의 끌림에 대해 생각하는 또 다른 방법은 동성애를 성장기 경험의 결과로 보는 것이다. 만약 그렇다면, 이것은 앞으로의 사역이나 상담을 통해 탐색해 볼 가치가 있다. 아마도 이 부분에 관심을 기울임으로써 끌림을 더욱 건설적으로 다룰 수 있게 될 것이다. 그러나 중요한 점은, 끌림이라는 관점에서 당신 자신을 어떻게 생각할지에 대해 알아가는 것이다.

관련 질문: 나는 누구인가에 관한 다양한 측면들에 얼마나 무게를 두어야 하는가? 끌림과 그 의미에 대한 질문은 당신이 성소수자인 배우자로서 동성애적 끌림에 얼마나 무게를 두어야 하는가의 질문과 관련되어 있다. 이 질문은 당신이 자기 자신에 대해 진실이라고 알고 있는 다른 부분들도 함께 고려하면서 생각해보아야 한다.

제2장에서 논의한 내용을 기억해 보라.

성적 끌림에 덧붙여, 다음과 같은 내용을 생각해 볼 수 있다.

- 남성 또는 여성이라는 당신의 생물학적 성
- 당신의 성별 정체성, 또는 얼마나 남성적이거나 여성적인가에 관한 당신의 느낌
- 당신의 끌림에 관해 당신이 하고자 하는 행동

- 당신의 끌림에 관해 당신이 이미 해 온 행동
- 행동과 정체성에 관하여 당신이 옳거나 그르다고 믿는 것

대부분 사람은 자신이 누구인가에 관한 다양한 측면에 동일한 무게를 두지는 않으며, 대신 한 두 가지 측면을 다른 측면들보다 우위에 둔다. 우리가 언급했듯이, 일부 성소수자들은 동성애적 끌림을 한 인간으로서 자신이 누구인가에 대한 인식을 설명하는 처음이자 마지막 단어라고 여긴다.

그러나 다른 성소수자들은 자신을 남성 혹은 여성으로 창조하신 하나님의 관점에서, 또는 그리스도 안에서 자신의 가치와 정체성이라는 관점에서 자신이 누구인가를 생각하는 경향을 보인다. 그들에게 있어서, 그리스도의 형상을 닮아가는 것은 다른 요소들보다 중요하며 더욱 "실제적"이다.

당신은 당신의 행동과 정체성을 당신의 믿음과 가치에 순응시킬 수 있는가?

이것을 표현하는 용어가 일치congruence이며, 이것은 믿음과 행동 사이의 조화를 의미한다. 성소수자인 배우자에게 있어서, 일치의 개념은 결혼이라는 측면에서 당신이 원하는 것과 긴밀히 연관되어 있을 것이다. 이는 결혼과 관련된 일반적인 가치이자, 당신의 고유한 부부 관계 속에서 쌓아온 사랑과 정서적 헌신에 관한 것일 수도 있다. 남편 또는 아내가 결혼의 언약적 관점을 고수하고 있고, 그래서 그 언약에 비추어 결혼 관계를 유지하기로 결정하고, 배우자와의 관계를 위해 노력한다면, 이것은 일치의 한 예가 될 수 있다.

성적 정체성과 그것의 의미, 그리고 그 정체성에 비추어 당신이 어떻게 살아가야 하는지를 알아가는 데에는 아마도 상당한 시간이 걸릴 것이다. 나는 사람들이 이 문제를 놓고 진정으로 씨름하여 스스로 나아갈 방향에 대해 평안과 확신을 갖게 되는 데까지 보통 일 년 정도의 시간이 걸린다는 것을 알게 되었다.

이 시간은 또한 당신과 당신의 배우자가 신뢰를 쌓는 것의 의미에 관해 다시 생각해 보는 시간이다. 신뢰는 배우자에게 기만당했다고 느끼는 것으로 인해 잃어버리게 되는 무엇이다. 당신이 투명해질수록 당신은 정직할 수 있는 기회를 얻게 되고, 그렇게 함으로써 신뢰를 다시 쌓을 수 있다.

서두를 필요는 없다. 시간이 걸리는 일이다. 만약 당신이 이 부분에서 책임 의식을 갖고 행하기 원한다면(나는 이 부분이 중요하다고 생각한다), 나는 당신에게 섹슈얼리티와 관련된 문제를 해소하고 책임 동반자accountability partner를 연결해 주는 지역 사역 프로그램, 자기 도움 프로그램, 또는 상호 지원 그룹을 찾아볼 것을 추천한다.

예를 들어, 내가 셰리와 제임스를 만났을 때, 나는 제임스가 셰리와의 관계를 회복하기 위한 체계를 세워 가는 데에 도움을 주었다. 이 체계에는 그가 결혼을 위해 세운 목표를 약화시키는 행동들을 절제하는 것이 포함되었다. 제임스는 지역 사역 프로그램에 참여하여, 이곳에서 책임 동반자와 연결되었다. 또한 자기 도움 그룹에 참여하였으며, 그곳에서 후원자도 소개받았다. 그는 생활 속에서 두세 명의 가까운 사람들에게 자신의 고민에 대해 나누고 기도와 실제적 도움을 받았다. 또한 자신이 습관처럼 봐 온 영상들과 자기 자신 사이에 소프트웨어 프로그램 장벽 장벽을 설치했다.

지혜롭게도, 셰리는 제임스의 책임 동반자 역할을 맡지 않았다. 만약 셰리가 그 역할을 맡았다면, 셰리는 제임스를 신뢰하는 방법을 배우지 못했을 것이다. 만약 셰리가 그 역할을 맡았다면, 셰리는 제임스를 어깨너머로 살펴보면서 자신이 궁금해하는 모든 것을 확인하려고 했을 것이다. 대신에, 셰리는 제임스가 회복을 위한 체계에 전심으로 참여하는 것을 지켜보면서, 신뢰가 자라는 공간을 창조해 낼 수 있었다.

위에서 다룬 많은 내용이 당신과 당신의 배우자 모두에게 중요한 것일지라도, 이는 우선적으로 성소수자를 대상으로 한 내용이었다. 이제 우리의 관심을 성소수자의 배우자에게로 돌려보고자 하며, 여기서 논의하는 내용을 통해 양쪽 배우자 모두가 유익을 얻게 되기를 바란다.

성소수자의 배우자Spouse of the Sexual Minority에게 드리는 말

나는 앞서, 공개나 발견이 어떻게 일어났는가에 따라, 이제는 당신의 혼합-지향 결혼 역사의 한 부분이 된 배신 또는 기만을 실제로 경험하게 될 수도 있다고 언급했다. 심리학자들은 이런 배신 또는 관계적 공격의 경험을 "대인 관계 트라우마"(trauma, 정신적 외상)라고 기술해 왔다.[3] 이런 트라우마를 신중히 다루는 것의 중요성을 과소평가하지 않기를 바란다.

나는 많은 부부가 속히 용서하고, 전진해서, 더 나은 결혼 생활을 해야 한다는 압박(내면적으로든, 혹은 외부적으로든)을 느낀다는 것을 발견했다. 내가 용서의 조력자로서 이런 상황에 함께 할 때, 사람들을 조금 늦춰야 한다는 것을 배우게 되었다. 그들은 자신의 관계에 대해 어떻게 느끼는지, 스스로에 대해 어떻게 느끼는지, 배우자에 대해 어떻게 느끼는지에 대해 깊이 알아가야 하며, 이 모든 과정에는 시간이 필요하다.

이는 특히 그리스도인들에게 더욱 힘겨워 보인다. 나는 그리스도인들이 용서해야만 한다고 느끼며, 따라서 감정적 경험(실제로 그들이 내면에서 느끼는 것)이 한참 따르지 못하고 있는 상태에서 용서의 원리를 주장함으로써, 부담감에 "하얗게 질려" 있지는 않은지 의심해 본다. 감정적 경험이 방치되지만 않는다면, 오랜 시간에 걸쳐 용서의 감정을 다루면서 원칙에 따라 용서해도 좋다. 만약 감정적 경험이 무시되거나 근본적으로 억압당하거나 시야 밖으로 밀려나 있다면, 이는 결국 다른 장소에서 표출하게 될 것이다. 어쩌면 후에 억울함이나 분노, 혹은 다른 반응들이 예상치 못한 곳에서 튀어나오게 될 수도 있다.

나는 불륜이나 관계의 배신감과 같은 인간관계의 트라우마가 실제로 해결되는 데에는 적어도 일 년은 걸린다고 생각한다. 성소수자의 배우자는 부부로서 자신들은 누구인가뿐 아니라 이 결혼 생활에서 나와 배우자는 누구였는가에 대한 신뢰를 배신당한 것 같은, 상상할 수 없이 고통스러운 정보를 처리하고 있다. 실제로 육체적인 부정이 일어나지 않았고, 어쩌면 동성애 포르노그래피에 대한 동성애적 환상과 자위 행위만 있었다 할지라도 그러하다.

대인 관계에서의 트라우마에 관해 다루는 참고 문헌들은 기만당했다고 느끼는 배우자들이 전형적으로 다음과 같은 단계를 거치게 된다고 제안한다.

① 충격 impact
② 의미의 탐색 a search for meaning
③ 회복 recovery[4]

첫 번째 단계인 충격은 부정적 사건이 결혼과 개인으로서 자신에게 미치는 영향에 대한 초기 자각을 일컫는다.

이 단계는 내가 앞서 논의했던 공개나 발견의 단계와 비슷하지만, 부부가 최근의 폭로로 위태롭게 된 부부 관계에 상당한 관심을 기울이고 있는 가운데, 배신당한 배우자가 자신과 그들의 결혼에 대한 충격을 어떻게 감정적으로 경험하는가에 좀 더 관련되어 있다.

두 번째 단계는 의미의 탐색이다.

이 단계는 무엇이 일어났으며 왜 일어났는가에 대해 배우자가 의미를 탐색하는 시간을 말한다. 만약 그들의 배우자가 불륜 행위를 저질렀거나 동성애 포르노그래피를 봤다면, 이런 사건을 이해하고자 노력하는 시간이다.

셰리에게 있어 의미의 탐색이란, 제임스가 어린 나이에 경험했던 초기의 끌림을 이해하는 것을 의미했다. 여기에는 그가 당시에 포르노그래피에 노출되었다는 사실이 포함된다. 제임스에게 있어 그런 영상을 보며 환상을 갖는 것은 그를 위로하는 강한 습관이자 행동이 되어, 그가 혼란, 분노, 실망의 감정을 느낄 때 이를 발산하는 배출구가 되어주었다.

프랭크에게 있어서 의미의 탐색은 무언가를 하는 원동력이라기보다, 제시카에 대해 더 깊이 알게 되는 것이었다. 프랭크는, 제시카가 자신의 아동기에 충족되지 못한 정서적 필요가 있다고 느끼고 있으며, 그래서 최근 여성에게 끌리는 그녀의 감정은 그 필요의 반영 혹은 표현이라는 것을 인지하게 되었다.

세 번째 단계는 회복이라고 불린다.

인간관계의 트라우마를 극복해 가는 사람들에게 있어서 이 시간은 의미의 탐색을 통해 얻은 새로운 이해를 그들이 더 효과적으로 기능하는 데에 사용하는 시기이다. 이 단계는 이전에 느꼈던 고통과 분노를 극복하게 되는 것을 통해 증명된다.

회복 단계는 대부분 배우자들이 부부 관계의 미래에 대한 결정을 내려야 하는 시점이기도 하다. 나는 앞서, 종종 부부들이 화해를 시도하기 위해 용서를 서두름으로써 급하게 이 지점에 다다르고자 한다고 언급했다. 이것은 위험하다. 인간관계의 트라우마를 과소평가하면서, 그 과정에서 지름길을 택하고자 시도하기 때문이다. 부부에게는, 무슨 일이 왜 일어났는지, 앞을 향해 나간다는 것은 무엇을 의미하는지, 그리고 그 과정에서 필수 단계는 무엇인지에 대한 방향 설정의 시간이 필요하다.

항상 회복이 일어나는 것은 아니라는 사실도 기억하는 것이 중요하다. 양쪽의 배우자는 정체성과 신뢰에 관한 현재의 행동과 질문들에 비추어 관계를 근본적으로 재평가한다. 부부가 직면하고 있는 결혼에 관한 결정은 매우 개인적인 것이기에, 목회적 돌봄이라는 맥락 안에서 양쪽 배우자에 의해 내려져야 한다.

부부가 회복을 향해 나아가든 이혼하기로 결정하든 상관없이, 이와 같은 세 가지 단계를 기억하는 것은 도움이 된다. 왜냐하면, 인간관계의 트라우마를 극복한다는 것은 과거의 관계에서 오는 고통과 상실감에 얽매이지 않게 되는 것을 의미하기 때문이다.

회복력 resilience 과 혼합-지향 부부

부부가 결혼 관계를 유지하기로 결정하면, 나는 이들에게 관계를 강화하기 위한 몇 가지 중요한 기술을 알려준다. 의사소통, "우리"라는 의식의 함양, 유연성, 그리고 성적인 친밀함이 이런 기술에 포함된다.[5]

의사소통: 언제 그리고 어떻게 대화해야 할까

언제의 대답은 명확하다. 자주이다. 부부가 매일 대화를 나누는 것이 중요하다. 이것은 각자 어떻게 생활하고 있는지, 그날 무슨 일이 있었는지, 무슨 일이 예정되어 있는지, 그리고 전반적인 삶의 내용에 대해 "확인"하는 것을 포함한다.

배우자와 대화하는 것과 더불어, 당신의 삶에서 정직한 대화를 나눌 수 있는 다른 사람들이 있는 것 또한 유익하다. 제시카는 자신의 경험, 상담, 그리고 관계에서 직면하는 도전에 대해 이야기를 나눌 수 있는 몇몇 핵심적인 사람들을 생각해 냈다.

물론 프랭크와도 이런 이야기를 나눌 수 있었지만, 그녀는 곧 프랭크와 자신이 일상을 공유하는 것(예를 들어, 돌봄과 친밀함의 행동으로써 프랭크가 제시카에게 어떻게 지냈냐고 묻도록 하는 것)과 프랭크가 책임 동반자 역할을 하는 것 사이에는 구분이 있음을 알게 되었다. 제시카는 프랭크를 책임 동반자로 세우고자 하는 유혹에 저항함으로써, 프랭크가 그녀가 하고 있는 회복의 노력에 믿음을 갖는 법을 배우고, 신뢰와 친밀함 속에서 자랄 수 있는 공간을 창조할 수 있었다.

셰리와 제임스의 이야기는 이와는 사뭇 다르다. 제임스는 자신이 무엇을 하고 있는지에 대해 셰리와 이야기를 나눌 수 있었지만, 셰리는 제임스에 대한 불안감과 싸우고 있었다. 셰리는 인터넷 사이트의 방문 내역을 살피고, 그 외의 다른 "점검"을 통해 제임스의 절제 상황을 확인하고 싶어 하는 경향을 보였다. 즉, 셰리는 책임 동반자의 역할을 맡고자 했다. 그러나 결국 셰리는 제임스가 결혼 안에서 회복을 향한 바른 발걸음을 옮기고 있음을 신뢰하게 되었다. 제임스는 상담과 소그룹에 참여하면서, 책임 동반자의 도움을 받고 있었다. 물론 이런 구조 속에 있다고 해서 더 이상 기만이 없을 것이라는 보장은 없다.

그러나, 이것이 신뢰 형성의 속성이다. 위험이 없다면 신뢰할 수 있는 기회도 없다. 그리고 바로 이 사실이 신뢰형성을 어렵게 만든다. 대단히 중요해 보이는 것은, 부부로서의 당신들에게 도움을 줄 수 있는 상담사를 만나는 것이다. 부부로서 당신들이 회복의 틀을 형성하는 것을 돕고, 이를 통해 신뢰와 신뢰 가능성이 성장하고 표현되도록 이끌어 주며, 이 모든 과정에서 당신과 당신의 배우자와 친밀하게 일할 수 있는 상담사를 특정하는 것이 중요하다.

의사소통의 양과 함께, 의사소통의 질 역시 중요하다. 예를 들어, 정직이 정말 중요하다. 그러나 의사소통에는 공감이 열쇠다.

두 사람은 서로에게 공감할 수 있는가?

이것은 상대방의 말을 듣고, 상대방의 관점에서 그 말을 이해하는 것을 의미한다.

공개 직후에 당신이 결혼을 위해 노력한다면, 대화의 대부분은 슬픔과 상실감, 그리고 섹슈얼리티와 행동과 같은 주제에 관한 것일 것이다. 이런 대화는 적절하고, 심지어는 필요하며, 배우자가 책임 동반자로 기능하게 되는 것을 의미하지도 않는다.

나는 직면한 문제에 대한 이같은 정직함을 격려한다. 그렇지만, 유혹과 역행, 그리고 이와 관련된 문제들의 세부 내용은 성소수자의 배우자와 동행하고 있는 책임 동반자에게 맡기도록 한다.

이것이 제안하는 바는, 성소수자인 배우자의 삶에 성소수자로서 같은 목표를 향해 나아가는 사람들이 필요하다는 것이다. 여기에는 소그룹이나 목회 사역 후원 그룹, 책임감 있는 조력자, 상담사, 목회자, 몇몇 친구들이 포함될 수 있다. 이들은 현재 일어나고 있는 일들에 대해 알고 있으며, 격려와 지지 속에서 그들을 점검해줄 수 있다.

"우리"라는 의식

함께라는 의식 sense, 혹은 "우리"라는 의식을 조성하고 함양하는 방법은 다양하다.[6] 어떤 사람들은 최초에 부부로서 함께하게 된 이유를 돌아봄으로써 이 일을 시작한다.

　즉, 무엇이 당신을 서로에게 이끌었는가?
　초기에 함께 나누었던 경험들은 무엇인가?
　처음에 어떻게 부부로서 함께 성장하기 시작했는가?
　당신이 배우자와의 결혼 생활을 유지하는 데에 도움을 주는, 그리고 현재 당신이 배우자와 함께 즐기는 것들이 무엇인지에 대해 되짚어 보는 것 역시 도움이 된다. 당신은 처음부터 부부로서 자신에 대한 의식을 가지고 있었을 뿐만 아니라, 지금도 역시 그렇다.

　당신이 배우자와 함께 누리는 것으로써 당신과 배우자에게 공유된 정체성 의식을 주는 것은 무엇인가?

　어떤 부부들은 그들이 공유하는 그리스도인이라는 정체성을 깊이 생각해 보는 것으로 유익을 얻을 수 있다. 이것은 그들이 맺은 언약과 이것이 각 사람에게 주는 의미가 무엇인지를 반추해 보는 것을 의미한다.

　제시카와 프랭크에게 "우리"라는 의식에 관한 토론은, 곧 그들이 부모로서 누구인가와 그들이 자녀들의 삶에 어떻게 자신을 쏟아왔는가의 토론으로 이어졌다. 부모로서의 정체성은 그들 모두에게 매우 소중했다. 우리는 그들의 "우리"라는 정체성의 의식이 부모의 역할에만 국한되지 않기를 원하지만, 이것은 그들 부부가 함께 순수하게 가치를 두는 분야였기에 논의하고 고려할 가치가 있었다.

그들은 또한 그리스도인으로서, 그리고 공동체와 지역 교회에 적극적으로 참여하는 사람들로서, 공유된 정체성의 의식을 가지고 있었다. 마지막으로, 그들은 모두 성적 친밀함을 통해 "우리"라는 의식을 함양하는 데에 관심을 나타냈다. 이 부분에 대해서는 후에 좀 더 논의할 것이다.

유연성

유연성은 결혼 관계를 유지하면서 서로와 결혼에 대한 감사를 통해 성장하는 부부들에게서 발견되는 또 다른 자질이다. 이들은 자신의 결혼을 평가하는 기준으로써 다른 사람들의 결혼이나 대중매체, 또는 예능에서 나타나는 예시를 활용하지 않는다. 그보다는, 그들이 누구인가와 그들만의 고유한 관계에 적응하고자 한다. 이 부부들은 결혼을 각 배우자가 자기 자신을 헌신하기로 한 고유한 무언가로 여김으로써 유익을 얻는다.

성적 친밀함에 대해 다루기

종종 성적 친밀함은 혼합-지향 관계에 있는 부부에게 있어서 불안의 영역이다. 결혼 관계를 유지하기로 결정한 부부들에게, 나는 성적 친밀함의 시간을 그들만의 고유한 시간으로 바라보도록 격려한다. 다른 부부들과 비교하거나 엔터테인먼트 산업 또는 광범위한 문화에서 오는 이미지와 비교하지 않는 것이 중요하다. 그보다는 부부로서 자신들이 누구인가를 반영하는 고유한 무언가를 세워 나간다.

마지막으로 한번 더 제시카와 프랭크의 이야기를 하면서 마무리하고자 한다. 이들과 함께 성적 친밀감에 관해 상담하기 시작했을 때, 우리는 이 주제를 직접적으로 다루는 것에 대해 각자가 느끼는 불안감에 대해 논의했다. 제시카는 성관계가 "실망스러울까봐" 두려워했고, 결국 그들의 실패가 절망이 되어 그들이 함께 이루어 온 것들마저도 물거품으로 만들지 않을까 두려워했다.

프랭크는 모든 문제의 해답을 알아야 한다고 느끼는 많은 남성들의 부담을 반영하듯이, 결혼에서의 성관계에 대해 말하는 것조차 불편해 했다. 그들이 우려하고 있는 부분에 대해 듣고 다룬 후, 우리는 성적 친밀감의 향상을 위해 노력하기로 동의했다. 그들은 다른 사람들과 비교하기보다 자신만의 고유한 친밀함의 경험에 집중하는 방법을 배워 나갔다. 그 후에 우리는 성적인 반응이라는 측면에 있어서 무엇이 정상적인 것이며 기대되는 것인지에 대해 검토해 보았다.

우리는 주도적 욕구$_{\text{initiating desire}}$, 반응적 욕구$_{\text{responsive desire}}$, 그리고 원칙에 입각한 욕구$_{\text{principled desire}}$의 차이점에 대해 이야기를 나눴다.

첫째, 주도적 욕구는 결혼 관계에서 성관계를 추구하고자 하는 충동이나 흥미에 관련된 것이다.

둘째, 반응적 욕구는 부부가 서로 친밀하다고 느낄 때, 배우자가 호의적으로 성관계에 반응하는 것에 관련된 것이다.

셋째, 원칙에 입각한 욕구는 그리스도인들이 하나님과 충분한 시간을 보내고 있지 않다고 느낄 때, 그들이 영성 생활에서 하는 행동과 비슷하다. 관계를 위해 선한 일인 것을 알기에, 그들은 어쨌든 그렇게 하기로 선택한다. 성적 친밀감의 영역에서, 원칙에 입각한 욕구란 이와 같은 것이다. 배우자가 현재 강렬한 주도적 욕구나 반응적 욕구를 느끼지 못한다 할지라도, 결혼의 성적인 측면을 위해 노력할 수 있다.

제시카와 프랭크는 전반적인 의사소통의 영역뿐 아니라, 특히 성적 친밀감의 영역에 도움을 주는 훈련 역시 완수하였다. 그들은 더그 로제노Doug Rosenau의 『성의 축제』A Celebration of Sex, 2002를 읽기 시작했고, 각 장의 내용과 부부로서 그 내용의 적용에 대해 논의했다. 나는 친밀감을 높이고 의사소통을 한층 더 향상하기 위한 다른 구체적인 훈련도 제시했다. 훈련은 기술적인 부분에 대해 상의하고, 각각의 훈련에 대한 감정적인 반응을 점검한 후에 이루어졌다. 이 모든 과정에서, 부부는 함께 만들어 나가게 될 미래에 대한 현실적이고 겸손한 기대를 품었다.

결론

성소수자인 배우자의 동성애적 끌림이나 행동이 공개, 또는 발견되었을 때, 이것은 성소수자와 그 배우자 모두의 삶이 전환되는 경험이다. 혼합-지향 부부는 많은 장애물을 직면하게 되며, 그 안에는 결혼을 지속해야 하는가와 같은 중대한 질문도 포함된다.
이런 상황에서, 부부는 그들이 무엇을 느끼고 경험하게 될지 예상할 수 있도록 해 주는 인식 가능한 단계들을 통과하고 있다는 사실을 깨달음으로써 도움을 받을 수 있다. 대인 관계의 트라우마라는 측면에서도, 이 같은 내용은 부부가 결혼 생활의 유지 여부와 상관없이 점검할 수 있다. 결혼의 미래에 관한 결정은 성숙하고 분별력 있는 목회자의 돌봄 안에서 이루어져야 한다.

기억해야 할 포인트!

- 만약 당신의 배우자가 동성애자 정체성을 공개했다면, 혹은 배우자의 동성애적 끌림이나 행동이 발견되었다면, 스스로에게 이런 공개 혹은 발견에 수반되는 다양한 감정들을 다룰 수 있는 충분한 시간을 허락하라.

- 발견의 네 가지 단계를 기억하라: 자각, 감정적 반응, 현실의 수용, 미래를 위한 협의.

- 3단계 구분법을 기억하면서, 끌림의 감정에 대해 논의할 때는 설명적인 언어를 사용하라.

- 대인 관계 트라우마에 대한 상담 과정에는 충격, 의미의 탐색, 회복을 다루는 것이 포함된다.

- 결혼 생활을 유지하기로 결정한 부부들을 위한 중요한 기술에는 의사소통, "우리"라는 의식의 함양, 유연성, 성적인 친밀함이 있다.

III. 교회를 향한 질문

08

우리는 누구의 사람들에 대해 말하고 있는가?

몇 해 전에 나는 미국심리학회에서 개최한, 성적 정체성에 혼란을 겪는 신앙인에 관한 학술 회의에 참석했다. 발표자와 사회자 모두 동성애자 심리학자였다. 각 사람은 동성애자 공동체의 일원으로, 자신들이 어떻게 동성애자 공동체에 속한 사람들을 보수적인 종교 공동체로 몰아내 자기 사람들을 잃게 되었는지를 발표했다.

그들은 그 점을 진심으로 안타까워했다. 그들 생각에는, 자신들을 이용하고 성소수자에게 해가 되게, 연구를 왜곡하는 집단으로 사람들을 보냄으로써, 그들은 진정으로 "자기 사람들"을 잃었다고 느끼고 있었다.

당연히 나는 그들의 결론에 동의하지 않는다. 그러나 동성애자 심리학자들이, 내가 상담에서 만났던 그리스도인들이 나보다 자신들과 더 많이 일치한다고 말하는 것을 들으면서 깨닫게 되는 것이 있었다.

이 일을 통해, 나는 왜 교회가 동성애로 고민하는 그리스도인들을 우리의 사람들이라고 바라보는 생각과 태도를 지니지 않는지에 대해 생각하게 되었다.

잠시 생각해 보자.

교회 안의 성소수자들(여기서 나는 동성애적 끌림을 경험하는 신앙인을 의미한다)은 우리 사람들이다. 이런 마음가짐으로 이 주제의 틀을 세워 가는 것은, 교회가 더 큰 긍휼로 이 일을 통해 유익을 얻게 될 우리 공동체의 사람들을 지지하고 격려하는 방법을 강구하도록 이끌어 준다.

나는 성소수자인 그리스도인들이 기독교 공동체에서 "우리"의 한 부분인 것처럼 느낀다고 생각지 않는다. 그들의 갈등의 본질은 대단히 고립적이며, 상당한 수치심이 동반된다. 수치심은 죄책감과 다르다. 죄책감은 당신이 행한 어떤 일에 대해 나쁘다고 느끼는 것이다. 수치심은 당신이 누구인가에 대해 나쁘다고 느끼는 것이다. 섹슈얼리티는 한 인간으로서 자의식에 긴밀히 연관되어 있기에, 동성애적 끌림을 경험하는 그리스도인들은 일반적으로 자신의 행동과 상관없이 자신의 경험에 대해 수치심을 느낀다.[1]

그 결과는 무엇일까?

이런 갈등을 겪는 그리스도인들은 대개 자신이 기독교 공동체의 한 부분이라고 느끼지 않는다. 그들은 종종 머릿속에서 똑같은 소리를 반복해서 듣는다.

"넌 소속되지 않았어."

"넌 괜찮은 사람이 아니야."

"네 안에서 어떤 일이 일어나고 있는지 정말로 알게 되면, 사람들은 너를 거절할 거야."

이와 비슷한 소리는 계속된다. 이것은 다시 수치심으로 거슬러 올라갈 수 있다.

이런 내적 갈등에 더하여, 그들은 다른 사람들로부터 환영받지 못한다는 메시지를 받게 될 수도 있다. 성소수자인 그리스도인에게 다가가는 교회는 거의 없다. 그 사람이 우리가 소위 말하는 "진실한 분투자"sincere struggler일지라도 말이다.² 진실한 분투자란 하나님 앞에서 자신의 섹슈얼리티에 대해 신실하게 살아가고자 진정으로 노력하는 신앙인을 말한다. 즉, 그들은 섹슈얼리티와 성적 행동에 관한 전통적인 기독교 교리에 동의한다.

그들은 완전한 성적 표현은 남자와 여자 사이의 결혼을 위해서만 예비된 것임을 인정한다. 사실, 그들은 이런 성적 표현을 가치 있게 여기며, 많은 경우 이런 성적 표현을 원한다. 그러나 그들은 이성 간의 결혼이 도달 가능한 목표인지를 놓고 힘겨운 싸움을 하고 있다.

나는 "진실한 분투자"와 "적극적 옹호자"assertive advocate를 대조해 보고자 한다. 적극적 옹호자는 섹슈얼리티와 성적 행동에 관한 기독교 교리가 변경되어야 한다는 의견을 옹호하는 그리스도인 성소수자이다. 이들은 종종 섹슈얼리티에 관한 유대-기독교의 가르침이 되어 온 오랜 방침들을 변경하도록 지역 교회와 교단에 거대한 압력을 행사하며, 이런 옹호를 이끌어 간다.

진실한 분투자와 적극적 옹호자는 공통점을 지닌다. 분명히, 그들은 모두 동성애적 끌림을 경험한다. 그들은 모두 신앙인이다. 그들은 모두 지역 신앙 공동체에 소속되고자 한다. 그러나 그들은 동료 신앙인들과 관계하는 데에 있어 다른 강조점과 다른 방식을 가지고, 이 주제에 관해 다른 방법으로 접근한다. 진실한 분투자는 수 년에 걸쳐 지역 교회와 자기 자신의 섹슈얼리티, 그리고 다른 문제들 대해 절망감을 느낀 후, 적극적 옹호자로 전향할 수도 있다.

　이 장의 마지막 부분과 다음 장에서, 이런 두 종류의 신앙인들과 어떻게 관계해야 하는지를 제안할 것이다. 이것은 부분적으로는 양측 신앙인들을 혼동하지 않기 위해, 또는 마치 양측의 사람들이 동일한 메시지를 전달하는 것으로 오해하여 반응하지 않기 위해서 중요하기 때문이다.

정체성 오해

이번 장의 제목에서 제기한 질문으로 돌아가 보자.

　우리는 누구의 사람들에 대해 말하고 있는가?

　동성애자 공동체는 성소수자 그리스도인들을 포용하는 데에 실패했다는 사실을 인정했고, 대부분의 교회는 성소수자 그리스도인을 환영하지 않는다.

　그렇다면 이들은 어디로 가야 하는가?

　그들이 원하는 것은 무엇인가?

　이 질문을 살펴보려면, 동성에게 끌리는 그리스도인들이 자신의 정체성에 대해 어떻게 생각하는지 알아보는 것이 중요하다.

　그들은 자기 자신에 대해 무엇이라 말하는가?

내가 미국심리학회 학술 회의에서 가졌던 경험이 최근 반복되었다. 나는 "이퀄리티 유"Equality U라는 영화의 예고편을 보고 있었다. 이 영화는 소울포스Soulforce라는 성소수자 사회운동가 그룹이 진행하는 사회 정의 행사인 이퀄리티 라이드Equality Ride의 첫해를 기록한 다큐멘터리 영화이다.³ 이퀄리티 라이드의 리더 중 한 명은, "우리는 숨어서 고군분투하고 있는 모든 학생에게 말합니다. 하나님은 당신을 사랑하시며, 주저함 없이 당신을 인정하십니다"라고 선언했다.⁴

그는 기독교대학 내의 성소수자 그리스도인을 대상으로 이야기하고 있었다. 그가 믿는 한, 성소수자 그리스도인들은 스스로를 드러내지 않고 있으며, 그가 제안하는 특별한 변화를 필요로 하는 사람들이었다. 그는 캠퍼스를 향해, 동성애와 동성애적 행동은 하나님의 축복이며, 기독교 공동체에서 함께 즐기고 누려야 할 선한 것으로 받아들여져야 한다고 말하고 있었다.

분명 기독교대학 캠퍼스 내에도 현재는 은밀히 동성애자 정체성을 지니고 있지만, 대학의 정책이 바뀌면 공개적으로 동성애자의 정체성을 드러내고 싶어 하는 일부의 학생들이 있다. 그들이 전통적인 기독교대학에 오기로 선택한 것은 그들의 동성애적 끌림 혹은 동성애자 정체성으로 살고 싶은 갈망에 대해서 아무도 몰랐기 때문인지도 모른다. 아니면, 부모들이 그들을 그 학교로 보냈을 수도 있다.

그러나, 최근 세 개의 기독교대학에서 시행된 그리스도인 성소수자들에 관한 연구에 참여한 결과, 나는 이런 경험이 그리 흔치 않다는 것을 발견했다.⁵ 대신에 대부분 학생은 이성 간 결혼 내에서의 성의 위치에 관한 대학의 정책을 지지하고 고수하는 것으로 나타났다.

즉, 이퀄리티 유에서 그리스도인 성소수자는 고립되어 자유를 찾아 헤매는 사람들로 묘사된다. 그러나 우리의 연구에서 그리스도인 성소수자들은 기독교 성 윤리를 지지하는 것으로 나타났다. 물론, 이 결과도 시간의 흐름에 따라, 특별히 청년들이 동성애자 각본에 노출됨에 따라 바뀌게 될 수 있다.

제3장에서 동성애자 각본을 어떻게 정의했는지 기억해 보도록 하자.

- 동성애적 끌림은 동성애, 이성애, 양성애 사이의 구분이 자연발생적 구분 또는 "하나님에 의해 의도된" 구분임을 나타내는 신호이다.
- 동성애적 끌림은 당신이 한 인간으로서 "진정 누구인가"를 알게 되는 길이다(발견을 강조).
- 동성애적 끌림은 당신이 한 인간으로서 누구인가의 핵심이다.
- 동성애적 행동은 그 핵심의 연장이다.
- 당신의 성적 정체성에 따른 자아 실현(당신이 "진정 누구인가"에 부합하는 행동)은 자기 완성에 있어 결정적이다.

나는 이 각본이 자신의 동성애적 끌림에 대해 무엇을 해야 할지 고민하는 청년들에게 매우 설득력이 있다고 이야기했다. 그들은 동성애자 각본이 자신의 경험에 대한 사실적 묘사이자, 기독교적인 양육 환경에서 오는 잠재적 갈등을 해결하는 직관적인 방법이라고 여길지도 모른다.

그러나 연구 시행 당시, 우리는 많은 학생에게서 이런 경향을 보지는 못했다. 우리의 설문지를 작성한 그리스도인 성소수자들은 이 퀄리티 라이드가 그들에게 억압이 된다고 말했던 바로 그 가르침에 가치를 두는 것으로 보였다. 매우 소수만이 스스로 동성애자 정체성을 받아들였다. 사실, 그들은 스스로를 동성애자라기보다는 그리스도인으로 생각하는 경향이 있었다.

이 결과는 우리가 시행했던 다른 성소수자 그리스도인에 관한 연구의 결과와도 비슷했다. 일부는 자신의 동성애적 끌림의 경험을 동성애자 정체성으로(그리고 동성애자 정체성을 지지하는 사람들과 제도 속으로) 통합한 반면, 많은 사람은 그렇게 하지 않기로 선택했다. 그보다는, 그리스도를 중심으로, 또는 한 인간으로서 자신이 누구인가의 다른 측면을 중심으로 정체성을 형성해 나갔다. 동성애자 정체성을 수용하지 않는 사람들 사이에서 두드러진 특징은 그리스도 안에서 정체성을 형성하는 것이었다.

기독교대학 학생들의 이야기로 돌아가서, 우리가 조사한 성소수자들이 원하는 것은 성소수자들에게 좀 더 포용적인 분위기의 캠퍼스에서 생활하는 것이었다. 우리는 성소수자들을 대하는 캠퍼스의 분위기에 대해 몇 가지 질문을 던졌고, 그들은 자신이 직면하고 있는 어려움에 대해 나눴다.

일반적으로 기독교대학 캠퍼스는 성적 정체성에 대해 씨름하기에 수월한 장소는 아니었다. 대학 정책이 억압적이기 때문이 아니다. 다시 말하지만, 성소수자들은 학교 정책과 그 정책의 기반이 되는 신학적 근거를 지지하는 것으로 나타났다. 그보다, 때때로 그들은 주변의 분위기, 구체적으로는 다른 학생들의 경멸적인 발언을 통해 형성된 분위기로 인해 고통을 겪고 있었다. 이런 발언은 교수진이나 교직원들로부터 들려오는 것이 아니었다. 이 부정적인 분위기는 보통 교실보다는 기숙사 복도에서 발견되었다.

당신이 동성애적 끌림을 경험하고 있는데, 당신의 친구들이 동성애자에 대해 부정적으로 말하거나 경멸적인 언어를 사용하여 비방한다고 상상해 보자.

그 친구들을 당신의 고민을 공유할 수 있는 안전한 사람으로 여기기는 쉽지 않을 것이다.

하지만 핵심 내용으로 돌아가 보자.

우리는 정체성 오해라는 사례를 다루고 있다. 사회운동가들은 계속하여 자신들이 돕고자 하는 그 사람들을 오해하거나, 정확히 묘사하는 데에 실패하고 있다. 그리스도인 성소수자들이 기독교 전문학교나 기독교대학을 선택하는 이유는, 대부분 이런 기관이 표방하는 가치를 공유하기 때문이다.

그들은 은밀히 학교 정책으로부터 해방되기를 바라고 있는 것이 아니다. 그보다는, 이런 기관들이 그들의 경험에 대해 좀 더 투명해질 수 있는 장소가 되어, 이 힘겨운 싸움이라는 맥락에서 지지받고 싶은 것이다.

그렇다면, 왜 우리의 기독교대학들은 좀 더 지지적이지 못한 것일까?

배워야 할 교훈

기독교대학 캠퍼스에서 성소수자를 대상으로 하는 설문 조사를 준비하면서, 나는 다수의 기독교대학 리더들과 모임을 가졌다. 분명히 열정이 있었다. 이런 설문 조사는 진행된 적이 없었고, 대부분 이 주제가 중요하다는 것도 알고 있었다. 소문이 나기 시작했고, 열두 개 대학이 이 프로젝트에 관심을 나타냈다.

나는 출발이 좋다고 생각했다. 하지만 설문 조사에 착수해야 할 날짜가 다가오고, 학교들이 참가에 대한 확고한 의사를 밝혀야 할 때가 오자, 참가하는 학교의 수는 빠르게 줄어들었다. 기독교대학들은 아직 캠퍼스에서 성소수자에 관한 설문 조사를 할 준비가 되어있지 않았다.

연구가 시작되기 바로 전날, 사실 나는 한 대학의 총장과 전화 통화를 했었다. 그는 이 주제가 중요하다는 것을 알고 있었으며, 이런 연구를 하는 것이 바람직한 일이라고 믿고 있었다. 그는 심지어 미래에는 참여하고 싶다고 했다. 그러나 그는 지금 당장 참여하기는 너무 곤란하다고 말했다. 학부모들과 재단 이사들은 단순히 왜 우리가 동성애에 관심을 가져야 하는지 이해하지 못할 것이라고 했다.

나는 이전에는 한 번도 말로 표현하지 않았던 것을 그에게 설명하려고 시도했다.

"우리의 캠퍼스에 있는 학생들은 우리의 사람들입니다.

그들은 그리스도인들입니다.

그들은 자신의 성적 정체성과 행동에 관한 중요한 질문들을 풀어

나가는 중입니다.

그들을 도울 수 있는 더 나은 방법들을 모색하기 위해, 우리는 그들의 경험을 더 깊이 이해해야 합니다."

나는 이어서 이런 연구를 하지 않을 때 일어날 수 있는 일들에 대해 나누었다.

"외부의 다른 기관들이 이 주제에 대한 압력을 행사하고 있습니다. 다른 단체들이 우리의 학생들과 그들이 경험하는 것, 그들이 원하는 것에 대해 주장을 펼칠 것입니다.

그러나 우리에게는, 우리와 우리의 공동체에게 중요한 질문을 던질 기회가 있습니다…."

클릭click. 이야기는 그렇게 느닷없이 끝나지 않았지만, 전화 통화는 실제로 끝이 났다. 그리고 그 대학은 참가하지 않았다. 프로젝트에 열정과 지지를 보였던 대부분의 기독교대학은 참가하지 않았다. 열두 개 중 오직 세 개 대학만이 참가했다. 이 과정은 내가 다음 질문을 명확히 이해하도록 도와주었다.

"우리는 누구의 사람들에 대해 말하고 있는가?"

나는 지난 십 년간 다수의 기독교 전문학교와 대학들을 방문했다. 내가 말할 수 있는 것은, 오늘날의 젊은이들은 교회로부터 동성애라는 주제에 대해 더 나은 것을 기대하고 있다는 사실이다. 그들은 좋은 친구이자 가족 구성원이면서, 동시에 동성애자인 사람들 사이에서 자라나고 있다. 그들은 동성애에 관한 토론을 증진하기 원한다. 그들은 이 논란의 중심에 있는 주제에 대해 그들의 신앙이 해야 할 말을 찾기 원한다. 그들은 관련성을 갖기를 원한다.

내 생각에 이것이 어려운 이유 중 하나는, 그들의 관점에서 볼 때, 교회가 이 주제에 대해 침묵하거나, 아니면 이해되거나 동의할 수 없는 견해를 강요하는 것처럼 보이기 때문이다. 그들이 반대하는 견해가 반드시 성경이 동성애에 관해 말하는 부분에 대한 것이라고 볼 수는 없다. 그보다, 그들은 인과 관계와 변화에 초점을 두는 것에 반대한다.

그들은 동성애는 오직 ____ 때문에 생겨나며, 그래서 동성애는 쉽게 변화될 수 있다는 말들로 인해 고통받는다. "오직 ____"는 때로는 아동기 성적 학대를 지칭하며, 때로는 긴장된 부모-자녀 관계를 지칭한다. 그러나 어떤 원인이 강요되었든 상관없이, 그들은 이런 쉬운 설명이 중요한 무언가를 놓치고 있다고 여긴다. 그들은 또한 변화에 대한 강력한 주장을 받아들이지 않는다.

결국, 만약 성적 지향이 그렇게 쉽게 변할 수 있다면, 자신의 동성애적 지향을 원하지 않는 대부분 사람이, 전부는 아니더라도, 단지 선택을 내림으로써 극적이고 근본적인 변화를 이룰 수 있어야 하지 않는가?

진정한 문제: 우리 사람들을 지지하기

인과관계와 변화를 둘러싼 질문들은 중요하다. 이 질문들은 도전적이다. 오늘날 우리 문화에 속한 그리스도인들과 관련성 있는 질문들이다. 그러나 그리스도인들은 성경에 대한 이해로부터 시작해야 한다. 즉, 그리스도인들은 섹슈얼리티와 그 표현 문제를 포함한 모든 문제에 대해 하나님의 계시된 뜻에 대한 이해로부터 시작해야 한다. 이런 면에서, 과학은 유용한 정보와 지식을 제공하지만, 으뜸은 아니다. 따라서 인과관계와 변화에 관한 논쟁은 어떤 이들에게 흥미로울 수 있으나, 이것이 그리스도인들에게 본질적인 문제는 아니다.

다시 한번 분명히 말하고자 한다. 전통적인 기독교 성 윤리는 성적 끌림이나 지향의 원인에 그 본질을 두지 않는다.

한 가지 더. 전통적인 기독교 성 윤리는 성적 지향의 변화 가능성에 그 본질을 두지 않는다.

어떤 그리스도인들은 단지 선한 의도로 인과관계와 변화라는 두 가지 질문에 대한 손쉬운 답변을 원한다. 그들은 사람들이 왜 지속적인 문제로 고통을 받는지 잘 이해하지 못하기 때문이다. 우리는 이 부분에 대해 제9장에서 좀 더 자세히 다루도록 하겠다.

그러나 나는 교회가 이 두 가지 문제에 지나치게 많은 에너지와 관심을 쏟음으로, 그리스도인이면서 성소수자인 사람들에게 필요한 교훈과 지침, 목회적 돌봄을 사실상 거의 제공하지 못했다고 생각한다. 내가 보기에 그들이 많은 교회로부터 듣고 있는 메시지는 이것이다.

"하나님은 당신을 혐오하신다. 당신은 변해야만 한다."

적극적 옹호자들이 하는 일은 이런 경험을 받아들여, 교회에 기독교 역사에서 찾아볼 수 없는 급진적 변화를 요구하는 것이다. 그들은 동성애적 행동은 선한 것이므로, 인간의 섹슈얼리티와 그 표현에 대한 하나님의 다양한 계획의 표현으로 동성애를 포용해야 한다는 주장에 교회가 찬성하기를 원한다.

그러나 또 다른 방법이 있다. 동성애적 행동에 대한 교회의 입장에 대한 타협 없이도, 교회는 성소수자이면서 그리스도인인 사람들을 우리의 사람들로 인정할 수 있고, 우리는 그들과 소통할 수 있다. 진실한 분투자에게 지지와 목회적 돌봄을 제공하는 것이 하나의 형태가 된다면, 적극적 옹호자들에 대해 보완적인 목회적 돌봄을 제공하는 것은 또 다른 형태가 될 것이다.

안타깝게도, 진실한 분투자들은 적극적 옹호자들처럼 조직화 되어있지 못하다. 그들은 대개 기독교 공동체와 동성애자 공동체 모두에게 소외당한 채 침묵한다. 기독교 공동체는 종종 그들에게, 만약 끌림에 있어서 변화를 경험하지 못한다면 하나님 앞에서 신실하게 살아가지 못하고 있는 것이라고 말한다.

한편, 동성애자 공동체는 그들을 조롱할지도 모른다. 동성애자 공동체는 그들이 진실한 분투자가 됨으로써 자신의 "진정한 본성"인 섹슈얼리티를 억압하고 있으며, 결과적으로 동성애자 공동체에 더 큰 위해가 될 것으로 여긴다. 그래서 심지어 여기서도 동성애자 대본은 성소수자인 그리스도인들에게 그들이 우선순위를 두어야 할 곳은 동성애자 공동체라고 말한다.

그에 반해, 교회는 성소수자인 그리스도인들에게 그들의 우선순위는 하나님께 있으며, 예수 그리스도께, 그리고 그리스도의 형상을 닮아가는 데에 있다고 말해 주어야 한다. 이 진리를 선포한 후, 교회는 의미 있는 방법으로 이 과정을 통과하는 성소수자들에게 지속적인 도움을 제공해야만 한다.

만약 우리가 줄 수 있는 유일한 메시지가 충분한 노력과 믿음으로 그들이 이성애자가 될 수 있다는 것이라면, 우리는 그들을 오도하고 있다. 우리는 성공이라고 여겨지는 잘못된 기준을 적용함으로써 그들을 오도한다.

이성애자가 되는 것이 그리스도인 성소수자들의 성공의 척도가 아니다. 성적 끌림에 중대한 변화가 있느냐의 여부와 상관없이, 중요한 것은 그리스도의 형상을 닮아가는 것이다.[6]

그리스도의 형상을 닮아가는 것의 의미에 대한 비전이야말로 기독교 공동체가 그리스도인 성소수자들에게 제시해 줄 수 있는 것이다. 이 비전은 기독교 공동체의 정중앙에 그리스도인 성소수자들이 위치하도록 해 준다. 그들이 우리가 된다. 우리는 모두 하나의 목표를 향해 힘을 모으게 된다. 동성애적 끌림을 경험하고 있든 그렇지 않든, 우리는 모두 그리스도의 형상을 향해 나아가게 된다.

이런 공동체를 가능케 하는 교회는 모든 사람을 존중한다. 이런 교회는 동성애자 공동체에 대한 부정적인 언급을 피한다. 목회 지도자들은 관련 용어나 단어의 사용에 있어 모범을 보인다. 그들은 성적 정체성의 문제를 가지고 고민하는 사람들에 대해 이야기할 때 어조에 주의한다. 이런 교회는 깨어진 사람들을 환영하고, 회중들에 의해 선포되고 살아 내어진 하나님의 말씀을 경청하는 사람들의 삶 속에서 일하시는 성령님을 의지한다.

이런 공동체를 가능케 하는 교회는 "오만한 낙관주의"를 피하고, "현실적인 성경적 소망"으로 그 자리를 대신한다.[7] 전자는 고통과 혼란 중인 사람과 함께 앉아보지 않은 채, 상투적인 의견이나 확답을 제시하는 교회 내의 경향을 언급한다.

후자, 곧 현실적인 성경적 소망은, 한편으로는 우리가 누구인가와 우리의 미래는 어떠한가에 대한 낙관적인 시각을 지니면서도, 다른 한편으로는, 하나님이 우리에게 무엇이 필요한가에 대해 우리와 다른 시각을 갖고 계시기에, 우리가 기대하지 않았거나 원치 않는 방법으로 도움을 향한 요청에 응답하실 수 있다는 사실을 인정하는 것이다.

이런 공동체를 발전시키는 교회는 계속하여 고군분투 중인 사람들에게 수치심을 주지 않는다. 대신, 그들은 현실적인 성경적 소망을 품는다. 즉, 그들은 사람들이 어떤 방향으로 나아감이 있어 큰 진보를 이룰 수 있지만, 종종 이런 성취 후에 역행이 따라온다는 것도 알고 있다.

교회가 이런 고군분투나 퇴보에 대해 수치를 주며 과민 반응한다면, 사람들은 교회로부터 멀어져 고립되거나, 그들의 삶에서 진정으로 일어나고 있는 일이 드러나는 것에 대한 두려움으로 그들의 성과를 거짓으로 포장할 수도 있다.

이제 우리의 관심을 변화에 관한 토론이라는 또 다른 강조점으로 전환해 보도록 하겠다. 우리는 그리스도 안에 정체성의 의미와 그 실제적인 적용을 연구하는 잠재적인 유익에 대해 살펴보고자 한다.

"변화"는 실제로 어떻게 일어나는가?

이것은 본질적으로 성화의 실천신학이다.[8] 그리스도인에게 성화란 거룩하게 되는 것이다. 성화를 설명하는 또 다른 표현은 하나님의 목적을 위해 "구별되는" 것이다 ("구별된다"는 것은 "거룩"의 정의이다). 역사적으로 많은 그리스도인이 자신의 내면적, 외면적 삶을 다스림으로써 "성경의 분명한 가르침에 따라 동성을 향한 갈망을 신실하게 다루어 왔다."[9] 즉, 그들은 동성애적 끌림에도 불구하고 동성애적 행동을 받아들이지 않기로 선택했다.

이 같은 길을 걷고자 하는 사람들에게 있어서, 이런 갈등을 겪고 있는 사람이 비단 자신만이 아니며, 하나님은 이 상황을 당신의 은혜와 자비를 베푸시는 기회로 사용하고 계신다는 것을 이해하는 것은 중요하다.

성화는 단순히 스스로 쾌락이나 즐거움을 부정하는 것에 관한 문제가 아니다. 이것은 기독교적 관점에서 성화를 생각하는 정확한 방법이 아니다. 성화는 필연적으로, 하나님의 나라와 하나님의 경제 논리에 비추어 생각한 궁극적인 목적과 가치를 통해 세상을 바라보는 것을 수반한다.

적극적 옹호자는 빨간 불을 켤지도 모르겠다.

"내세의 보상을 기대하면서 현세의 쾌락을 부정하는 그리스도인이 또 하나 있군."

그러나, 이것 또한 신앙인들이 마주한 환경에 대한 기독교적 이해는 아니다. C.S. 루이스(C. S. Lewis)가 강조했듯이, 천국이 그리스도인을 기다리고 있다는 사실은, 예를 들어, 순종하는 삶의 "행동에 단순히 추가된 것"이 아니며, "성취된 행동 그 자체"가 보상이 된다.¹⁰ 즉, 성화된 행동은 단지 내세에서뿐 아니라 지금 바로 이곳에서도 보상이 된다. 그는 다음과 같이 기록한다.

> 하나님에 대한 비전 안에서 영원한 삶에 도달한 사람들은, 의심할 것 없이, 이것이 단순히 우리를 유혹하기 위한 것이 아니며, 이것이야말로 이 땅에서 제자도의 극치라는 사실을 매우 잘 알고 있다. 그러나 아직 이를 달성하지 못한 우리는 그와 동일한 방법으로 이것을 알 수 없으며, 궁극적 보상을 갈망하는 우리의 확장되는 능력 안에서 끊임없이 순종하며 순종의 보상을 찾는 길 외에는, 이것을 아는 일을 시작할 수조차 없다.¹¹

그리스도인은 행동과 그것의 최종 결과 모두를 진지하게 바라본다. 그리스도인에게 있어서, 우리의 행동은 순종, 제자도, 그리고 성화이다. 말하자면, 점점 더 그리스도의 형상으로 만들어져 가는 것이다. 그리고 이것의 최종 결과는 천국에서 우리를 기다리는 영광의 찬양 속에서 완전히 그리스도의 형상과 같이 되는 것이다.

나는 존 파이퍼John Piper의 측량할 수 없는 하나님의 은혜에 대한 설교에서 이 부분에 대한 자세한 설명을 들었던 것을 기억한다.¹² 그는 우리가 "하나님의 은혜의 영광을 위해 창조되었다"라고 말했다. 우리의 분깃은 "영원토록 하나님께 영광을 돌리는 것"이다. 만약 교회가 이를 가르치지 않는다면, 우리는 이성애를 궁극적인 목표로써, 혹은 성소수자의 영적 성숙의 측정 기준으로써 의존하는 위험을 감수하게 된다.

찬양이 그 자체로 목적이 되지 못할 때, 우리는 찬양을 목적을 이루기 위한 수단으로 취급하는 위험 역시 감수하게 된다. 교회는 성소수자들에게 이성애를 보상으로 받기 위해 하나님을 찬양하라고 가르치지 않는다("나는 이성애자가 되기 위해 당신을 찬양합니다"). 찬양은 그 자체로 목적이다. 목적을 이루기 위한 수단이 아닌, 목적 그 자체이다.

이것이 우리 귀에 낯설다면, 아마도 우리가 우리 문화에 지나치게 영향을 받아 왔기 때문일 것이다. 이 문화에서는 이런 논의를 구시대적이며, 자기 실현이라는 오늘날의 관심사와는 너무나 동떨어진 것으로 여긴다. 어쩌면 우리는 정체성과 행동의 문제에 관한 기독교적 세계관을 형성하는 방법을 생각하는 데에는 성공적일지 모른다. 그러나 이것은 단지 이론 문제가 아니다. 실천의 문제이다.

나는 최근에 "랍비가 오라고 부를 때"When the Rabbi Says Come라는 제목의 레이 반더 랜Ray Vander Laan의 동영상 시리즈를 시청했다. 레이는 예수님의 시대에 랍비의 제자가 되는 기준이 얼마나 엄격했는지를 포함하여 예수님의 제자가 되는 것의 의미에 대한 약간의 배경 설명을 제공했다.

이것은 혜안과 열정을 지닌 자들에게만 주어지는 엄청난 특권과 영예였다. 제자들이 랍비의 가르침 아래 있다는 것은, 그들이 진정 랍비와 같이 되기(거룩한 경전에 대한 지식과 영적인 삶, 성품 등에 있어서)를 원한다고 말하는 것과 같았다.

대부분 사람은 랍비의 제자로 선택되지 못했다. 대부분은 자신의 가업을 잇기 위해 돌아갔다. 그러나 예수님은 이런 전통을 완전히 뒤집어 놓으셨다. 예수님은 제자들을 직접 찾아 나섰고, 당신을 따르도록 그들을 초청하셨다. 예수님의 초청은 예수님을 인정하고, 예수님을 따르며, 예수님을 닮아가기 위한, 모든 그리스도인을 향한, 그리고 예수님을 따르는 모든 사람을 향한 초청이다.

어떤 면에서, 이것은 기독교 작가이자 철학자인 달라스 윌라드Dallas Willard가 스스로 "그리스도 형상의 교육 과정"curriculum of Christ-likeness이라고 지칭한 것에 대해 제기한 질문들의 기초를 형성한다.[13] 윌라드의 사고방식에서 중요한 질문은, "예수님이라면 어떻게 하셨을까?"가 아니라 "예수님은 어떻게 사셨는가?"이다. 이런 교육 과정에는 두 가지 중요한 실천 내용이 포함된다.

첫째, "예수님을 통한 하늘 아버지의 현재 다스림 앞으로 상황을 정확히 배치하는" 것이다.[14] 즉, 하나님이 모든 것을 책임지고 계시다는 것을 인정하는 것이다.

이것은 우리가 기독교적 관점에서, 즉 하나님의 구속적 계획이라는 맥락에서 우리의 상황을 정확하게 볼 수 있도록 해 준다. 이런 관점에서 동성애적 끌림으로 인한 고군분투를 바라보기가 쉽지 않은 때도 있다. 이것이 특별히 그러한 이유는, 동성애자 각본과 같은 경쟁 위치에 있는 각본들이 상당한 설득력을 지니고 있어서 우리의 상황을 명확히 보는 것을 훨씬 더 어렵게 만들기 때문이다.

둘째, 그리스도 형상의 교육 과정에서 중요한 실천 내용은 "경험에 기초한 이해와 확신을 주기 위해 삶의 실제 상황에서 개인들과 함께 걸어가는 것"이다.[15]

이것은 교육 과정을 통해 배우는 것이 지식적인 노력이거나, 적어도 단지 우리의 지적 능력만이 연루된 것은 아님을 의미한다. 실생활에서의 적용이 일어나야 한다. 개인들은 그리스도는 누구시며 자신의 정체성과 삶이 그리스도로 인해 어떻게 형성되었는가에 대한 바로 그 실재를 자신의 삶에서 일구어 내야 한다.

서로에게 투명한 관계를 맺는 것 또한 중요하다. 이런 관계를 어렵게 하는 것은 수치심으로 인해 성소수자들이 느끼는 고립감이다. 앞서 언급했듯이, 성소수자들은 자신이 무언가 근본적으로 잘못되었다거나, 자신이 진정으로 겪고 있는 일이 사람들에게 알려지면 사랑받거나 인정받지 못할 것이라고 느낀다.

그러나 우리는 동성애적 끌림을 경험하는 사람들 곁에서 함께 걸어주어야 한다. 그 사람들이 영적인 삶에서 우리와 함께 걸어주듯이 말이다. 우리가 하나님께 가까이 나아가고 그분의 아들 형상에 더욱 가까워짐에 따라, 우리는 더 나누고 격려하게 된다.

영적 훈련을 향한 간절한 호소는 성적 지향을 변화시키기 위함이 아니다.

그보다는, 우리가 다른 사람에게는 불가능했을 방식으로 삶을 살아가고 정체성을 형성하도록 돕기 위한 것임에 주목하라.

영적 훈련은 "우리가 진정으로 해야 할 것을 하고 하지 말아야 할 것을 피할 수 있도록 내적 자아와 '보혜사'[성령님]와의 관계를 변화시키는 훈련"이다.[16] 이것은 성적 정체성에 관한 우리의 논의 및 강조점과 매우 일관성이 있어 보인다.

이것은 우리를 성령님의 역사로 인도한다. 만약 우리 모두가 윌라드의 충고를 여기에 적용해 본다면, 성령님의 역할은 "예수님과 그분의 왕국 실재를 나타내기 위해 우리의 영혼, 특별히 우리의 정신 속에서 운행"하시는 것으로 보인다.[17] 다르게 말하면, 성령님은 운동력이 있으시며, 우리의 내적인 삶과 그 내적인 삶의 본질을 반영하는 행동을 형성하는 데에 핵심 역할을 하신다.

당신은 우리의 언어가 얼마나 변화되었는지 감지하겠는가?

우리는 더 이상 동성애적 끌림을 지닌 그리스도인들에 대해, 마치 그들이 하나님 앞에 신실하게 살아가고자 하는 독특한 종류의 사람들이라는 듯이 말하지 않는다. 맞다. 지금 우리가 속한 문화 속에서, 그리고 동성애자 대본이 명성을 얻고 있는 상황 속에서, 동성애적 섹슈얼리티에 따른 특별한 도전들이 분명히 있다.

그러나 우리는 같은 목적지를 향해 여행하는 동료 순례자로서 말해야 한다. 이런 접근은 새로운 것이 아니다. 이것은 교회가 역사적으로 자기 훈련에 대해 가르쳐 왔던 내용과 일치한다. 이 관점은 분명 미래를 내다보는 것을 의미한다. 만약 세상이 그저 여기에 머무른다면, 자기 훈련을 구현하는 접근은 아무런 의미가 없다. 그리고 그리스도인들이 우리 문화에 의해 형성되어 결국 주변의 불신자와 똑같이 살아간다면, 우리는 우리 스스로 지지 않는 짐을 성소수자들에게 지우는 죄를 범하게 될 수도 있다.

따라서 이것은 모든 그리스도인이 큰 성장을 이룰 수 있는 영역이며, 성적 정체성의 문제로 고민하지 않는 사람들이 주도할 수 있는 영역이다.

사람들이 눈 앞에 펼쳐진 자신의 삶을 보게 된다고 가정해 보자.

그리고 자신의 현재와 미래의 모든 삶이 하나님의 왕국이라는 관점에서 바르게 이해된다고 가정해 보자.

그렇다면 우리는 내일을 향한 소망으로, 오늘의 영적인 삶 속에 있는 자원에 접근하는 삶을 살아갈 것이다. 우리는 하나님이 세상과 우리 자신을 재창조하시기를 고대할 것이며, 이것은 곧 우리가 어떻게 현재를 살아갈 것인지와 긴밀히 연관될 것이다.[18]

앞서 나는 삶에서 이런 문제를 풀어나가고 있는 그리스도인들의 목소리에 귀를 기울이는 것이 중요하다고 언급했다. 몇 년 전 나는 동성애적 끌림을 경험하는 그리스도인들에 관한 일련의 연구를 시작했다. 우리는 동성애자를 인정하는 교회들과 접촉했고, 보수적인 종교 사역 단체들과도 접촉했다.

일부 참여자들은 동성애자 정체성을 수용했다. 다른 참여자들은 스스로를 동성애자로 인식하지 않기로 선택했다. 두 그룹 모두에 대해 더 깊이 이해하게 되는 것은 겸손하게 되는 일이었다. 그 당시에 나는 이 연구가 나를 어디로 데려갈지 전혀 짐작하지 못했다.

첫 번째 그룹은 섹슈얼리티와 성적 행동에 대한 전통적인 기독교 교리로부터의 일탈을 시작했다. 그들은 이 부분을 인지하고 있는 듯이 보였다. 그들은 동성애자가 되는 것이야말로 진정한 자기 자신이 되는 것으로 믿었으며, 동성애자라는 자신의 모습에 진실할 때만이 진정성을 가질 수 있다고 믿었다.

그들은 제2장에서 언급된 발견이라는 비유를 따라 살았다. 그들 중 일부는, 이전에는 자신도 진정한 자기 모습을 부정하거나 변화를 위해 노력했지만, 결국 진정한 자신이 누구인지에 대한 깨달음, 곧 동성애자라는 깨달음을 얻게 되었다고 말할 것이다.

이 그룹의 그리스도인들은 "동성애자가 된다는 것"을 하나님의 계획의 일부라고 생각했다. 일치를 이루어 내기 위해 그들은 자신의 정체성과 행동에 상응하도록 성경 해석을 변경할 필요가 있었다.

반면, 두 번째 그룹의 그리스도인들은 동성애에 관하여 시작부터 끝까지 자신의 종교적 믿음과 가치를 중시하는 것으로 보였다. 그들은 동성애를 진정한 자신의 모습으로 경험하지 않았다. 많은 사람은 마치 어떤 사람들이 당뇨나 암, 우울증이나 불안증, 알콜 중독에 취약한 것과 같이, 동성애를 타락의 표현 중 하나로 생각했다.[19] 이런 측면으로 이 문제를 구조화함으로써, 그들은 발견의 비유를 거부했다.

두 번째 그룹은 이렇게 말하는 것처럼 보였다. 우리가 자연에서 보게 되는 일부 다양성은 하나님의 창조를 반영하는 반면, 우리가 자연에서 보고 경험하는 다른 측면들은 타락, 곧 그 다양성의 왜곡을 반영하는 것으로 보인다. 이 그룹에게 있어 진정으로 중요한 것은 하나님의 뜻 안에서 살아가는 것이다. 그들에게 동성애적 행동은 성적 표현을 향한 하나님의 계획을 반영하는 것이 아니다. 따라서 동성애적 행동으로 이끄는 끌림을 중심으로 동성애자 정체성을 형성하는 것은 선하지 않다.

이 그룹은 내가 "진실한 분투자"라고 지칭한 사람들이다.

이 그리스도인들이 그리스도 안에서 더 깊이 있는 삶을 추구하는 데에 방해가 되는 것은 무엇일까?

동성애자 공동체가 방해가 될 수 있다. 동성애자 공동체가 신앙인들에게 심각한 문제가 되는 행동을 승인하고 촉진하는 동성애자 대본을 제시함으로써 신앙인들이 동성애자 정체성을 수용하도록 회유할 때, 동성애자 공동체는 방해가 될 수 있다.

그러나 교회가 변화에 대한 단순화된 기대를 강요한다면, 교회도 역시 방해가 될 수 있다. 여기서 의미하는 단순화된 기대란 동성애로부터 이성애로의 완전하고 분류적인 전환이 마치 충분한 노력이나 충분한 믿음의 직접적인 결과인 것처럼 기대하는 것이다.

두 가지 메시지 모두 진정한 목적과 청지기적 사명으로부터, 곧 당신에게 맡겨진 모든 것에 대해 책임감 있게 살아가는 삶으로부터 신앙인들을 멀어지게 할 수 있다.

청지기적 사명은 이 두 가지 메시지처럼 "빠른 해결"은 아니기에 처음에는 그리 매력적으로 다가오지 않는다. 동성애자 대본은 대개 처음에는 사람들의 경험이나, 적어도 그들이 원하는 경험의 모습과 맞아 떨어지기에 매력적으로 다가온다. 완전한 변화에 대한 강조 또한 강렬하다. 변화가 일어났을 때, 거기에는 큰 기쁨이 있다. 그러나 변화가 일어나지 않았을 때, 그리스도인과 그들의 최우선의 목적인 하나님께 찬양을 드리는 것에 방해가 될 수 있다. 반면, 청지기적 사명은 힘겹지만, 장기적으로는 큰 보상을 안겨준다.

교회가 마주한 도전은 모든 그리스도인들을 의미 있는 방향으로 지원하고 준비시키고 훈련하는 것이다. 우리는 함께 이 일을 해 나가야 한다.

교회가 피해야 할 것

진실한 분투자를 생각한다면, 몇 가지 의식적이거나 잠재 의식적인 행동은 피하는 것이 지혜롭다.

"편협한 관점"을 피하라. 교회는 다른 관심사들을 배제하고 동성애에만 전념하는 것을 피해야 한다. 내가 알고 있는 동성애의 문제로 고민하는 사람들은 교회에서 나타나는 위선적으로 보이는 행동에 매우 민감하다. 즉, 어떤 죄는 쉽게 넘어가는 반면, 다른 죄에는 유난히 집중한다.

부연하여 설명하면, 동성애를 논함에 있어, 창조, 타락, 구속, 영화를 포함한 인간 섹슈얼리티의 신학이라는 좀 더 광범위한 토론이라는 맥락에서, 그리고 결혼과 독신의 섹슈얼리티에 관한 토론이라는 맥락에서 논의할 것을 고려해 보라.

로마서 1장 26-27절이 떠오른다. 이 말씀은 바울이 동성애를 실례로 들어 설명한 중요한 본문이지만, 그는 계속하여 시기, 탐욕, 분쟁, 교만, 무자비함 등과 같은 마음의 죄에 대하여 논의한다(29-30절). 이런 죄들이 지역 교회에서 훨씬 더 일반적이며, 우리는 성화의 과정 가운데 있는 신앙인들의 삶에서 이런 모든 죄가 다루어져야 한다는 사실을 기억해야 한다.

"상자 안에 가두기"를 피하라. 3단계 구분법을 기억하라. 끌림과 지향, 정체성 사이의 차이를 인식하라.

우리는, 사회적 상황에서 우리가 생각하는 남성성이나 여성성의 모습에 부합하지 않는 사람들을 미성숙하게 분류함으로써, 사람들을 상자 안에 가두는 일을 해서는 안 된다. 이로 인해 그들은 자신의 경험에 대해 말할 수 있는 안전한 사람들을 찾는 데에 더 큰 어려움을 겪게 될 뿐이다.

만일 누군가가 동성애적 끌림을 경험하고 있다면, 자신의 경험에 동일시하기보다는, 그 경험에 관해 설명할 수 있는 공간을 내어주도록 한다. 만약 사람들이 스스로에 대한 성급한 분류를 내린다면, 3단계 구분법을 소개하고, 이것이 그들과 그들의 경험에 대해 어떠한 반향을 불러일으키는지 살펴보도록 한다.

"기대치 높이기"를 피하라. 이것은 치유나 변화에 있어서 지나치게 높은 기대를 하는 것을 피하고자 함을 의미한다.

우리는, 누군가가 하나님이 자신의 삶에서 어떻게 역사하시는지에 대해 간증하기 위해 반드시 이성애자로 치유받거나 변화되어야만 한다는 메시지를 전달하기 원치 않는다.

그 과정은 어떠한가?

하나님이 매일의 삶에서 어떻게 역사하시는지에 대한 간증을 독려하라.

이것은 교회가 미혼에 대해 어떻게 논의하고 어떤 프로그램을 세워야 할지에 대해 다시 생각해야 함을 의미할 것이다. 실로, 동성애라는 주제와 독신이라는 주제는 중요한 면에서 관련성을 갖는다. 만약 교회가 독신을 낮게 평가한다면, 교회는 동성애로 고민하는 그리스도인들이 이성애자가 되어야 한다는 당위성을 시사하는 것이다.

이와 상반되게, 교회가 독신을 "통과"해야 하는 하나의 단계가 아니라 머물 수 있는 바람직한 단계로서 가치를 부여할 때, 교회는 그리스도인이면서 성소수자인 사람들에게 가치 있고 의미 있는 공간을 제공할 수 있다. 성소수자인 그리스도인들보다 독신인 이성애자 그리스도인들의 수가 훨씬 더 많다.

오늘날 교회는 독신이란 무엇인가에 대한 의미 있는 말씀을 전해야 할 절실한 필요 속에 놓여 있다.[20] 우리가 독신이 되는 것을 더 가치 있게 여길수록, 우리는 성소수자 그리스도인을 더 소중하게 여길 수 있으며, 깊고 풍부하며 충만한 영적 삶을 사는 것이 무엇인지에 대한 비전을 제시할 수 있게 될 것이다.

"찬양대에게 설교하기"[21]를 피하라. 여기서 내가 의미하는 것은, 동성애에 대항하여 설교하는 것은 줄이고, 모든 그리스도인이 그리스도의 형상에 관한 교육 과정 속에서 성장하도록 준비시키는 것은 늘려야 한다는 것이다. 앞으로, 준비시키는 것이 설교하는 것보다 훨씬 더 중요하게 될 것이다.

몇 년 전에, 내가 감독하고 있는 기관에서 하나의 캠페인을 시작했다. 이것은 '나란히 걷기'Coming Alongside라고 불린다. '나란히 걷기' 캠페인의 중심 주제 혹은 원칙은 다음과 같다.

- 모든 사람이 지닌 하나님 형상의 전달자로서의 가치를 인정한다.
- 성적 정체성의 문제로 고군분투하고 있는 동료 신앙인과 함

께 선다.
- 종종 이런 고민 자체에 주어지는 낙인을 벗긴다.
- 하나님 앞에 신실하게 살아가고자 노력하는 그리스도 안의 형제와 자매들을 격려한다.

기독교 공동체로써, 우리가 취할 수 있는 중요한 단계들이 있다. 이 주제를 놓고 씨름하는 신앙인들의 삶을 향해 말해야 할 필요가 있다. 그러나 우리는 동시에 우리 자신의 삶을 향해서도 말하는 것이다. 우리는 순종과 그리스도의 형상이라는 동일한 목표를 향해 나아가면서, 우리 스스로를 성장시키고 있다.

교회는 적극적 옹호자들에게도 건설적으로 반응할 수 있는 길을 찾아야 한다. 내가 보기에, 앤드류 마린 Andrew Marin 의 저서 『사랑은 하나의 지향이다』Love Is an Orientation, 2009 만큼 기독교 공동체들이 참조하기에 훌륭한 자료도 없을 것이다.[22] 이 책이 교회 정책의 문제를 해결해주지는 않겠지만, 동성애적 행동을 좀 더 적극적으로 옹호하는 사람들과의 토론을 증진하는 데 도움을 줄 수 있다.

마린은 동성애자 공동체와의 "대화를 활성화하도록" 돕는 개방형 질문들을 제안한다.

예를 들어, 이런 논쟁의 양측 진영 모두 예외 없이 마음에 품고 있는 질문을 받았다고 가정해 보자.[23]

"동성애가 죄라고 생각하십니까?"

마린은, 타락으로 인한 우리의 공유된 경험, 즉 공유된 인간성이라는 공통 기반을 찾으라고 권유한다. 그는 우리에게 적극적 옹호자들과 토론하기 위한 또 다른 질문을 제안한다.

"하나님처럼 완전하신 분이 우리처럼 불완전한 존재들과 여전히 관계를 맺기 원하신다는 사실이 당신에게 의미하는 바는 무엇입니까?"[24]

"당신은 동성애자이면서 그리스도인이 되는 것이 가능하다고 생각하십니까?"

이런 질문을 받았을 때, 마린은 다음과 같은 내용을 제안한다.[25]

"'동성애자 그리스도인'이라는 용어가 당신에게 의미하는 것은 무엇이며, 당신의 삶에 어떤 영향을 끼쳐왔습니까?"[26]

이와 비슷한 개방형 질문들이 동성애의 원인과 변화 가능성에 관한 질문의 반응으로써, 그리고 동성애자 공동체에 속한 사람들의 영원한 운명에 관한 질문의 반응으로써 제시된다.

이런 질문들은 교회 공동체 내의 실제적인 관계들을 정립하는 데에 중요하다. 이 질문들은 진실한 분투자와 적극적 옹호자 양측 모두에게 중요하지만, 종종 적극적 옹호자는 이런 질문들을 신앙 공동체가 감당할 수 있는 영역 밖의 안건을 추진하기 위해 이용하고 있다.

대개 이런 옹호는 일단 이해되고 나면, 교회 내에서의 고통스러운 경험과 치리로 이어질 수 있다. 다른 경우에 이런 옹호는, 옹호자들이 도달해 온, 그리고 이제는 마치 교회와 광범위한 문화에 이로운 것처럼 느껴지게 된 형성된 판단을 그대로 반영하는 것처럼 보인다.

교회 교리가 변화되어야 한다는 주장은 과열되거나 분열을 초래할 수 있다. 결국, 공동체와 적극적 옹호자 모두에게 힘겨운 상황이 유발되고, 종래에는 각자 다른 방향으로 흩어지는 고통스러운 결정이 내려지게 될 수도 있다. 그러나, 이런 행보는 충분한 고려 후에, 그리고 이 주제에 관한 대화를 도모하는 다양한 시도 후에 이루어져야만 한다.

당신의 빛을 가져오라

몇 년 전 한 목사님에게 다음의 이야기를 들었는데, 나는 이 이야기가 우리의 논의에 적용된다고 생각한다.

1800년대의 한 귀족은 어떤 유산을 남겨야 할지를 놓고 고민했다. 그는 가장 중요한 것이 무엇인지 말해 줄 수 있는 무언가를 남기기 원했다. 그는 교회를 건축하기로 결심했다. 물론 오랜 시간이 걸렸지만, 그 교회가 완성되었을 때, 그는 자신의 유산으로 남길 무언가를 이루게 되었다고 느꼈다. 마을 사람들이 교회의 완공을 축하하기 위해 모였다. 그러나 바로 그때, 한 구경꾼이 치명적인 실수처럼 보이는 무언가를 발견했다. 교회에는 등이 하나도 없었다.

이 아름다운 교회에 어떻게 불을 밝힐 것인가?

벽에는 받침대도 있었고, 등잔도 있었지만, 등이 없었다. 그러자 그 귀족은 각 가정에 등을 나누어 주었다. 그들은 예배에 나올 때마다 등을 들고 와야만 했다.

"여러분들이 여기에 계시면, 이곳은 더 밝아질 것입니다."
그가 말했다.
"여러분들이 계시지 않으면, 이곳은 더 어두워질 것입니다.
기억하십시오.
여러분들이 여기 계시지 않으면 하나님의 집의 어떤 부분은 어두워질 것입니다."

나는 교회가 진실한 분투자들에게 "당신의 빛을 가져오시오"라고 말하는 것을 보고 싶다. 나는 우리가 그리스도인 성소수자들을 이런 시각으로 바라보고 있다고 생각하지 않는다. 그러나 나는 자신의 섹슈얼리티라는 영역에서 청지기로서의 사명을 감당하는 그리스도인들이 지닌 깊은 영적 확신을 목격했으며, 이로 인해 감명을 받아 왔다.

나는 내 삶에서 고군분투하는 영역들에 있어서 때로 합격점을 받고 통과할 수 있을지 모르지만, 이 믿음의 동역자들은 매일 어려운 결단을 마주한다. 그들은 하나님이 자신들을 부르신다고 느끼는 그것에 '예'라고 말할 수 있기 위해 동성애자 공동체와 더 넓은 문화가 홍보하는 것에 '아니오'라고 말한다. 비록 그렇게 하는 것이 지역의 신앙 공동체로부터 거의 아무런 지지를 받지 못한다 할지라도 말이다.

나는 섹슈얼리티의 영역에서 청지기로서의 사명을 감당하는 그리스도인들에게 말해 주고 싶다.

당신의 빛을 가져오라.

나는 특별히 이런 경험, 혹은 고군분투에 따라오는 낙인에 대해 알고 있다. 그러므로 당신은 당신의 경험을 나눌 사람을 신중하게 선별해야 한다.

교회는 당신이 성에 대한 교리를 바꾸도록 교회에 압박을 가하는 자유주의 신학을 가져올 것이라고 예상한다는 사실을 기억하라.

투명함에 따라오는 두려움도 있을 것이다. 이 모든 것에도 불구하고, 나는 이 말을 하고 싶다.

때가 되면… 그래도 당신의 경험을 나누라.

기억해야 할 포인트!

- 성적 정체성의 문제를 가지고 고민하는 신앙인들을 "당신의 사람들"로, 곧 당신의 신앙 공동체의 한 부분으로 여기도록 스스로를 도전해 보라.

- 적극적 옹호자와 진실한 분투자의 차이를 확인하라. 그 차이가 당신이 양쪽 그룹에 속한 사람들에게 적절히 반응하도록 도와줄 것이다.

- 그리스도인 성소수자들은 영적인 삶에서 큰 성장을 이룰 수 있는 잠재성을 지니고 있으며, 이는 무엇보다도 인내와 연단에서 얻어지는 유익으로 인한 것이다.

09

지속적인 상황에 대해 교회는 어떻게 반응하는가?

테리는 동성애에 관한 고민으로 나를 찾아왔다. 그는 혼합-지향 결혼 중인 그리스도인이었다. 그는 결혼 생활 동안, 출장지에서 동성애적 만남을 몇 번 가졌다. 그리고 최근에 거의 20년을 함께 한 아내 린다에게 이 사실을 고백했다. 두 사람 모두 이 결혼을 살리려고 노력하고자 했다. 상황이 어떠하였든지, 그들은 오랜 시간 함께 해왔으며, 그들 사이에는 16살, 14살, 11 살의 세 자녀가 있었다.

테리가 린다에게 고백한 이유는, 그가 에이즈 바이러스^{HIV: Human Immunodeficiency Virus}에 감염되었기 때문이었다. 그는 린다가 이 사실을 알아야 한다고 느꼈고, 그래서 린다에게 에이즈 바이러스에 관한 이야기뿐 아니라 오랜 시간 지속하여 온 동성애로 인한 갈등에 대해서도 털어놓았다.

그는 자기의 죄라고 믿는 것, 특별히 자신과 아내의 건강에 이렇게 큰 위험을 안겨준 성적 행동에 대해 고백했다. 시간이 흐름에 따라 린다는 테리를 용서할 수 있게 되었지만, 이와 동시에 린다는 자신만의 고통을 마주하고 있었다. 그녀는 암 진단을 받은 상태였다.

두 사람은 그들을 둘러싸고 있는 상황에 대한 각기 다른 경험을 하고 있었고, 이에 대해 테리가 이야기하는 것을 듣는 것은 흥미로웠다. 그들을 공격하고 있는 상황은 그것이 질병이든, 유혹이든, 중독이든, 또는 다른 무엇이 되었든, 그것에 대항하여 계속 진행 중인, 또는 견뎌내야 하는 전쟁이었다. 그것은 빨리 또는 쉽게 해결되거나, 다루어지거나, 치유되는 것이 아니었다.

린다는 그녀의 암 투병에 관해 가족, 직장 동료, 친구들, 교회 소그룹 모임, 그리고 교회 전체에 나눌 수 있었다. 그들은 린다를 중심으로 하나로 뭉쳤다. 그들은 린다를 사랑했다. 그들은 기도를 통해, 가족을 위한 음식으로, 직장에 휴가를 내면서 격려의 말과 많은 방법으로 린다를 섬겼다. 이런 실제적인 사랑과 후원의 표현을 받는 것은 린다의 가족들을 겸손케 했다.

그녀가 받은 모든 기도에도 불구하고, 린다에게 암 치유의 기적은 일어나지 않았다. 린다는 암 치료를 받았고, 상태는 호전되었다. 그녀는 이것을 자신의 미래를 형성하는 역사이자 경험의 일부분으로 자각하면서 살았다. 린다가 다니는 교회와 소그룹 사람들은 하나님이 그녀의 암을 치유해 주실 수 있음을 믿으며, 그렇게 기도했다. 그러나 교회는 린다가 기적적 치유를 경험하지 못했을 때에도 그녀를 비난하지 않았다.

테리의 경험은 완전히 반대였다. 그는 자신의 에이즈 바이러스 감염 사실을 많은 이들에게 말하지 못했다. 직장 동료들은 아무도 모른다. 자녀들도 모른다. 그는 지난 몇 년간 자신의 동성애 갈등을 네 친구에게만 이야기했다. 소그룹 모임의 구성원들도 모른다. 그들은 여전히 매주 모여 서로를 위해 여러 기도를 하지만 말이다. 당연히, 그의 교회 공동체도 모른다.

어느 날 건강이 악화된다면, 그는 그것을 어쩔 수 없이 말해야 할지도 모른다. 그러나 테리와 아내는 가능한 그 시기를 늦추고자 한다. 감당하기엔 너무나 벅찬 낙인이기 때문이다.

분명히, 테리와 린다는 전혀 다른 경로를 통해 질병에 걸렸다. 린다의 건강 상태는 그녀의 통제 밖에 있는 영향력의 결과였지만, 테리의 건강 상태는 자신의 행동에 대한 직접적 결과였다. 그리고 교회로부터 받는 섬김이라는 면에서 테리와 린다를 구분 짓는 격차는 실로 컸다.

테리와 린다의 지속적인 상황에는 또 다른 차이가 있다. 사실 어떤 면에서, 테리에게는 두 가지의 지속하는 상태가 있다.

첫째, 진행 중인 동성애적 끌림이다.
둘째, 에이즈 바이러스이다.

테리의 에이즈 바이러스는 아내의 암과 다른 바 없는 신체적 상태이다. 반면, 그의 동성애적 끌림은 죄의 유혹으로 이끄는 상태이다. 우리는 모두 삶 속에서, 그것이 정욕, 탐심, 교만, 혹은 다른 무엇이든, 우리를 공격하는 유혹이라는 경험에 공감할 수 있다. 대개, 신체적인 상태에 대해서 말하는 것보다 우리를 공격하는 상황에 대해 말하는 것이 훨씬 더 어렵다.

나는 테리가 자신의 동성애적 끌림에서 치유되도록 기도해 왔음을 덧붙이고자 한다. 그의 기도, 그리고 그의 가장 친한 친구들의 기도에도 불구하고, 다른 남성을 향한 그의 끌림은 여전히 계속되었다.

그가 무언가를 잘못하고 있는가?

나는 그렇게 생각하지 않는다. 그러나 동성애에 대해서는 이런 질문을 자주 한다. 암에 대해서는 그렇지 않지만 말이다.

내가 교회에서 경험한 것에 따르면, 때로 교회는 동성애와 씨름하는 사람들의 동성애적 끌림이 지속될 때, 더 열심히 노력하지 않다거나 충분한 믿음이 없다는 식으로 그들을 비난한다. 우리가 보내는 메시지는, 테리가 하나님이 그의 삶 속에 하신 일을 증거가 되기 위해서는 반드시 성적 지향에 있어서 극적인 변화를 경험해야 한다는 것이다.

하지만 우리가 진정으로 테리에게 해 주어야 할 말은 무엇일까?

하나님이 공급하실까?

교회는 동성애와 씨름하고 있는 사람들에게 어떻게 반응해야 할까? 우리는 공통 관심사인 하나님의 공급하심을 생각하면서 시작할 수 있다. 오늘날 많은 사람은 하나님이 공급하실지를 질문한다.

경제적인 상황을 바라볼 때, 하나님이 공급하실까?

실직의 가능성을 고려해볼 때, 하나님이 공급하실까?

가족의 건강을 생각할 때, 하나님이 공급하실까?

그렇다면 교회가 동성애적 끌림이 지속되는 상황 속에 있는 사람들을 어떻게 도울 수 있을까?

아마도 하나님이 공급하신다는 메시지를 통해 도울 수 있을 것이다. 하지만 나는 하나님이 공급하시는 방법에 어떤 공식이 있다고 믿지는 않는다. 이것은 아마도 대부분 그리스도인이 직면하는 가장 어려운 현실 중 하나일 것이다. 상황이 어떻게 해결될 것인가를 미리 알려 주는 알고리즘은 없다. 그보다 우리는 성경과 교회 역사 전반을 통해 하나님의 공급하심이 항상 우리가 원하거나 기대하는 방식으로 오는 것은 아님을 깨닫는다.

하나님은 당신의 목적을 이루시기 위해 공급하신다. 우리는 성경 속에서 미리 정해진 몇 가지 공식을 찾아내려고 시도할 수도 있지만, 그것은 인간의 방식대로 하려는 인간의 경향이다. 우리는 이해하고 예측하기 위해 사건과 인과관계를 구조화하고 싶어하며, 하나님과의 관계까지도 그렇게 하려고 한다.

그래서, 하나님이 공급하실까?

나는 구체적으로 동성애적 끌림에 초점을 맞추고 있지만, 이 질문은 우리가 모두 경제, 건강, 가족, 성적, 직업, 또는 섹슈얼리티에 대한 질문이라는 사실도 인정하기 바란다.

나는 교회가 가장 중요한 것이 무엇인가에 대해 생각하는 방식에 변화를 주도록 격려한다. 간혹 교인도 자기 실현, 또는 더 구체적으로, 우리 문화에 만연한 정신인 성적 자기 실현에 사로잡힐 수 있다. 즉, 우리는 하나님이 우리에게 원하시는 것에 순종하기보다, 우리가 원하는 것을 정당화하는 경향이 있다.

나는 우리가 섹슈얼리티와 성적 정체성을 포함한 우리의 모든 영역에서 청지기적 사명에 대해 이야기할 수 있도록 준비되기를 원한다. 그리고 이를 통해 교회 내에서 우리의 신앙을 든든히 세워 갈 수 있기를 원한다.

하나님이 공급하실 수 있으실까에 대한 질문은 거의 자동적으로 동성애의 원인과 그것의 변화 가능성에 관한 논쟁을 불러일으킨다. 제3장의 시작이자 결론으로 제시했던 것을 기억해 보자.

우리는 알지 못한다. 동성애의 원인에 대한 확정적 진술에 관한 것이라면, 우리는 알지 못한다. 우리는 종종 변화된 한 사람의 예를 들어 이런 논쟁을 이어가고자 한다.

제4장을 기억해 보라.

나는 의미 있는 변화를 보고했던 일부 사람들도 있었지만, 모든 사람이 그런 것은 아니라고 결론 내렸다. 또한, 많은 사람은 성적 지향의 변화를 시도했을 때, 단지 보통의 성취만을 경험했다. 만약 존재한다면, 아주 적은 수의 사람들만이 동성애자에서 이성애자로 완전한 변화를 경험했을 뿐이다.

하지만 교회는 성도가 동성애적 끌림과 싸울 때, 흔히 이런 완전한 변화를 기대하는 듯이 보인다. 성경을 보면, 우리가 원인과 변화의 논쟁에 사로잡힌 첫 번째 사람들은 아니다. 예수님의 제자들이 첫 번째 사람들이었다.

예수께서 길을 가실 때 날 때부터 맹인된 사람을 보신지라 제자들이 물어 이르되 랍비여 이 사람이 맹인으로 난 것이 누구의 죄로 인함이니이까 자기니이까 그의 부모니이까 예수께서 대답하시되 이 사람이나 그 부모의 죄로 인한 것이 아니라 그에게서 하나님이 하시는 일을 나타내고자 하심이라(요 9:1-3).

이 본문은 특별히 원인에 관한 것이다. 제자들은 그 남자의 상태가 누구의 죄로 인한 것인지 알고 싶어 했다. 그러나 예수님은 제자들이 기대한 답을 주지 않으셨다. 오히려 예수님은 하나님의 더 높은 목적이라는 주제로 대화를 옮기셨다.

누가 죄를 지었나(린다 또는 린다의 부모?), 그래서 그녀는 암 투병 중인가?

누가 죄를 지었나(테리 또는 테리의 부모?), 그래서 그는 동성애와 씨름하는가?

그 누구의 죄로 인한 것이 아니다.

그렇다면 우리는 테리의 동성애적 끌림의 경험을 어떻게 이해해야 하는가?

반복하면, 우리는 동성애의 원인에 대해 알지 못한다. 그러나 우리는 동성애에 어떻게 반응해야 하는가를 알려고 그 답을 알아야만 하는 것은 아니다. 우리가 진정으로 답해야 하는 질문은 우리의 상황과 상관없이 하나님이 공급하실 수 있는가이다. 그리고 우리가 기억해야 할 것은 하나님이 어떤 모양으로도 공급하신다는 것으로 인해 놀라게 될 수도 있다는 것이다.

목적과 청지기적 사명

나는 C.S. 루이스의 책을 읽으면서 요한복음 9장의 구체적인 적용을 발견하게 되었다. 몇 년 전에 나는, C.S. 루이스가 동성애에 관한 글을 쓴 적이 있었다는 사실을 모르는 상태에서 아래의 내용을 읽었다.

> 나는 동성애적 욕망을 육체적으로 만족시키는 것이 죄임을 당연하게 받아들인다. 이것은 [동성애자를], 어떤 이유에서든, 결혼하지 못한 다른 평범한 사람들보다 더 나쁘게 남게 한다.… 이상abnormality의 원인에 대한 우리의 추측은 중요한 것이 아니며, 우리는 무지에 만족해야 한다. 제자들은 그 남자가 왜 맹인으로 난 것인지(합리적인 원인이라는 측면에서) 설명을 듣지 못했다(요 9:1-3). 오직 궁극적인 원인, 곧 그에게서 하나님이 하시는 일을 나타내고자 하심이라는 설명만을 들었을 뿐이다. 이것은 다른 모든 고난에서 그러하듯이, 동성애에 있어서도 그러한 일이 나타날 수 있음을 시사한다. 즉, 모든 장애 속에는 소명이 감추어져 있다. 만일 우리가 찾을 수만 있다면 말이다….[1]

오늘날 교회에서 성적 지향의 변화는 자유주의와 보수주의 양쪽 모두에게 중요한 관심사가 되고 있다. 자유주의자들은, 하나님이 결코 한 가지 지향만을 의도하지 않으셨기 때문에 사람들은 진정한 자신의 모습을 바꿀 필요가 없다는 주장을 펼치기 위해 이런 논의를 제시한다. 자유주의자들은 사람들이 변하지 않는다는 사실을 입증하고 믿도록 하는 데에 중점을 둔다.

보수주의자들은 하나님이 치유나 전문적인 상담을 통해 지향의 변화를 일으키실 수 있다고 말함으로써 지향-재설정 reorientation 을 제시한다. 보수주의자들은 사람들이 실제로 변한다는 사실을 입증하고 믿도록 하는 데에 중점을 둔다.

제2장에서 언급했듯이, 나는 성적 정체성에 집중하는 것이 이런 지향 집중에 대한 바람직한 대안이 될 수 있다고 본다.

먼저, 복음은 사람들이 성적 지향의 변화를 경험할 수 있는가의 여부에 달려 있지 않다. 위의 인용문에서, C.S. 루이스가 변화를 선택권으로 받아들이지 않았다는 사실이 내게 흥미롭게 다가왔다.

그는 동성애를 하나의 주어진 사실, 하나의 실재로서 받아들이는 듯이 보였고, 특히 변화를 경험하기 위해 어느 누구에게도 무엇을 하도록 조언하지 않았다. 오히려, 그는 소명으로 우리의 초점을 가지고 왔다. 그리고 성적 정체성은 소명이라는 관점에서 생각하는 사람들을 돕는 자원이 될 수 있다.

"소명"이라는 의식은 한 개인의 삶의 목적에 관련된 것이다. 소명은 우리가 누구이며 무엇이 되고자 하는가를 나타낸다. 당신은, 성적 정체성이 사람들에게 최종 목적지에 집중할 수 있도록 돕는다는 것을 알고 있다. 소명은 우리가 누구의 왕국에 속해 있는지에 대해 생각하도록 돕는다.

우리의 정체성이 성적 끌림 안에서 발견되어야 하는가?

아니면 그리스도 안에서 발견되어야 하는가?

하나님은 영원 이편의 삶에서 치유하시기로 선택하실 수도 있으나, 자주 그렇게 하지 않으신다. 사실, 몇 해 전에 내가 만난 한 남성은 동성애적 끌림에서 직접적이고 기적적인 방법으로 치유 받은 경험에 대해 이야기해 주었다. 그의 간증은 놀라웠고, 나는 그가 경험한 치유를 의심치 않는다. 그러나 우리가 그의 삶과 치유에 대해 함께 이야기했을 때, 그마저도 자신의 경험이 일반적인 것은 아니라고 이야기했다.

그는 대부분 사람이 기적적인 치유를 경험하지는 못하며, 많은 경우 남은 삶 동안 계속하여 자신의 끌림과 싸우게 될 것이라고 말해 주었다.

왜 그럴까?

우리는 타락에서 그 원인을 찾을 수 있으며, 또한 하나님이 본래 우리를 위해 의도하지 않으신 사건과 환경들에 대해 우리 모두가 투쟁하는 방법에서 원인을 찾을 수 있다. 그러나 거기에는 더 큰 목적, 곧 우리가 자주 간과하는 초월적인 목적도 있을 수 있다.

요한복음 9장에서 읽었듯이, 하나님의 목적은 당신의 이름에 영광을 돌리고, 우리를 거룩하게 하며, 당신의 목적을 위해 우리를 구별하기 위한 것이다.

이것은 청지기적 사명에 관한 질문이다.

오늘날 교회에서, 우리는 우리의 섹슈얼리티의 청지기가 될 수 있을까?

이 질문이 의미하는 바는 무엇일까?

지난 장에서 언급했듯이, 청지기적 사명에 대한 모든 논의는 우리 문화에 정면으로 대항한다는 사실을 명심해야 한다. 이 말은 조류를 역행하여 상류로 헤엄치는 것을 의미한다. 우리 문화에서 조류는 한 가지 방향, 곧 자기 실현의 방향으로 흐른다. 즉, 우리의 충동에 주파수를 맞춤으로써, 그리고 그 충동을 삶의 궁극적인 의미와 개인적인 완성에 대한 신뢰할 만한 지침으로 따름으로써, 우리의 잠재력을 깨닫는 것이다.

　이것은 인간의 상태와 충동에 대한 신뢰 가능성이라는 부분의 기독교적 이해와는 극렬히 대조된다. 다음은 C.S. 루이스의 『인간 폐지』The Abolition of Man, 1947에서 언급된 내용이다.

　하지만 왜 우리가 본능에 복종해야만 하는가?
　우리에게 그렇게 하라고 지시하는 더 높은 차원의 다른 본능이 존재하고, 또 다시 그것에 복종하라고 우리에게 지시하는 그보다 더 높은 세 번째 차원이 본능이 존재하는가?
　본능의 무한 회귀인가?
　이것은 짐작건대 불가능하겠지만, 다른 무엇으로도 설명할 수 없을 것이다. 우리가 아무리 독창적이라 할지라도, "나는 이렇게 저렇게 하고자 하는 충동이 있어"라는 심리학적 사실에 대한 진술로부터 "나는 이 충동에 복종해야만 해"라는 실천적인 원칙을 도출할 수는 없다.…
　본능에 복종하라고 말하는 것은 "사람들"에게 복종하라고 말하는 것과 같다. 사람들은 여러 다른 것들을 말한다. 본능도 마찬가지이다. 우리의 본능은 서로 상충된다.[2]

기독교는 우리의 충동이 신뢰할 만한 도덕적 지침이라는 생각을 거부한다. 그리스도인들은 어떻게 살아야 하는가의 방향성을 자신의 외부에서 찾아야만 한다.

청지기적 사명에는 우리가 섹슈얼리티의 주인이 아니라 청지기라는 사실이 포함된다. 이것은 우리가 누구인가와 우리에게 주어진 나머지 부분에 대해서도 청지기적 사명을 감당해야 하는 것과 같다.

청지기적 사명이라는 말은 중요하지만, 처음에는 파악하기 어려울 수도 있다. 우리는 우리 문화 속에서 소유권에 대해 생각하도록 길러졌다. 우리는 성취와 소유를 통해, 즉 우리가 무엇을 달성해 왔는가와 우리가 무엇을 가지고 있는가로 우리 자신을 정의한다. 우리는 우리의 집을 우리의 소유라고 생각한다.

우리의 직업을 우리의 소유라고 생각한다. 우리의 자녀를 우리의 소유라고 생각한다. 우리의 자동차를 우리의 소유라고 생각한다.

사실, 우리는 우리의 차가 달리고 있는 차선을 우리의 소유라고 생각한다!

나는 최근 톰 밴더빌트 Tom Vanderbilt의 베스트셀러, 『트래픽』 Traffic: Why We Drive the Way We Do and What It Says About Us, 2008을 읽었다. 이 책은 운전의 다양한 형태와 교통 패턴, 교통 체증(종종 한눈파는 사람들에 의해 생기는), 그리고 이런 교통 문제를 해결하기 위해 고용되는 다양한 전문직에 관한 흥미로운 책이다.

그는 운전 중 우리의 인식과, 우리가 차를 넘어 달리는 차선에 우리 자신을 어떻게 투사하는가에 관한 몇몇 연구를 나누었다. 즉, 우리는 우리가 달리고 있는 차선을 우리 자신의 확장이라고 생각한다.

우리는 우리보다 한참 앞서가는 누군가가 우리의 차선으로 들어올 때, 실제로 화가 날 수 있다. 우리는 이런 투사를 통해 우리 자신에서 우리의 자동차로, 그리고 우리의 차선으로 빠르고 지극히 자연스럽게 이동한다.

만약 우리가 고속도로에서 차선 때문에 씨름한다면, 청지기 사명이라는 개념이 개인의 섹슈얼리티에 적용될 때 이것이 왜 이상하게 보이는지 이해되지 않는가?

하지만 쟁점은 청지기 사명의 개념이 아니다. 그보다는 우리가 가진 것, 우리의 소유, 그리고 우리의 것에 집중하는 문화이다. 청지기적 사명이라는 말이 잘못된 말이 아님에도 이 단어가 우리 귀에 낯설게 들린다면, 우리는 잠시 멈춰야 한다. 우리는 너무나도 우리 문화에 의해 형성되었다. 따라서 진정한 기독교적 용어로 우리 자신과 우리의 섹슈얼리티를 생각할 수 있도록 준비되기 위해서는 중대한 변화가 일어나야만 한다.

청지기적 사명을 가지고 우리의 섹슈얼리티를 감당하기 위해서, 우리는 우리 자신과 우리의 경험을 넘어서는 신뢰할 수 있는 지침을 바라보아야 한다. 우리는 우리의 생각, 충동, 경험을 이해하기 위해 성경과 성령의 역사를 바라보아야 하며, 이를 통해 우리는 섹슈얼리티와 그 표현에 대한 하나님의 계시된 뜻에 순응하는 삶을 살 수 있게 된다.

평범한 그리스도인에게 청지기 사명이라는 개념은 얼마나 실천 가능한가?

바울이 고린도교회에서 했던 설교는 오늘날 그리스도인에게도 공감을 불러일으키는가?

> 너희 자신의 것이 아니라 값으로 산 것이 되었으니 그런즉 너희 몸으로 하나님께 영광을 돌리라(고전 6:19-20).

나의 경험으로, 성숙한 그리스도인들은 삶의 전 영역에서 청지기적 사명의 중요성을 깨닫고 있으며, 이런 청지기적 사명이 그들의 섹슈얼리티까지 확장되는 것에 놀라지 않는다. 그들은 시간, 자원, 재정, 그 외의 영역에 있어서 청지기로서의 사명을 감당한다. 그들은 이런 것이 자신의 소유인 양 행동하지 않는다. 그들은 오히려, 그들이 소유한 모든 것과 그들 자신조차도 청지기의 소명에 따라 잘 관리해야 할 것으로 여긴다.

그러나 이것이 대부분의 기독교 공동체에서 일관성 있게 교육되고 실천되는 개념은 아니다. 이것은 의심의 여지 없이, 적어도 부분적으로는, 사적인 소유를 칭송하는 사회에 살아가며 개인적인 잠재력을 실현하는 삶의 결과이다.

교회로서의 우리가 청년들의 삶에 성화의 의미와 경험이 스며들 수 있도록 노력하고 있지만, 어쩌면 우리 자신이 이런 성화의 삶을 일관성 있게 살아내는 데에 실패했기에, 동성애적 끌림을 경험하는 그리스도인들이 현재의 동성애자 대본에 그렇게도 매료되는 것이 아닐까?

관계에서 실천해야 할 원칙

청지기적 사명을 가지고 자신의 섹슈얼리티를 감당해야 한다는 사실에 모든 사람이 동의하지는 않을 것이다. 우리가 알고 교류하는 사람들에 대해 생각할 때, 제7장에서 다루었던 적극적 옹호자와 진실한 분투자 사이의 구분을 다시 생각해 봄으로써 도움을 받을 수 있다.

적극적 옹호자

나는 모든 적극적 옹호자에 대해 말하기보다는, 교회의 한 부분인 적극적 옹호자에 대해 말하고자 한다. 그들은 교회를 사랑하지만, 교회가 섹슈얼리티와 성적 행동에 관한 핵심적인 가르침을 변경하기를 원한다. 그들은 죄는 미워하지만 죄인은 사랑하라는 말을 거부한다. 그들은 이 말이 거짓된 흑백 논리라고 주장할 것이다. 왜냐하면 내가 누구인가의 연장선에 내가 하는 행동이 있는 것처럼, 나 자신을 사랑하는 것은 내가 하는 행동을 사랑하는 것을 의미하기 때문이다.

이 주장을 듣고 무언가 생각나는 것이 없는가?

이 주장은 제2장에서 다룬 동성애자 대본을 반영한다. 동성애자 대본은 끌림과 정체성을 동의어로 취급하면서, 끌림과 지향, 정체성의 경계를 허물어 하나로 만들어버린다. 적극적 옹호자는 그들을 향한 당신의 사랑이, 동성애는 하나님의 다양한 창조 계획의 반영이라는 사실에 동의함으로써 표현되어야만 한다고 굳게 믿는다. 또한,

당신의 사랑이, 동성애적 행동은 도덕적 문제라기보다는 정체성과 다양성의 표현이라는 사실에 동의함으로써 표현되어야만 한다고 굳게 믿는다.

적극적 옹호자는 동성애자 대본을 자신의 경험을 이해하는 핵심이자, 조직하는 방법으로 여기는 관점에서 시작한다.

그렇다면, 우리는 어떻게 적극적 옹호자와 교류해야 하는가?

모범을 보이라. 나는 최근 마이클 맨지스Michael Mangis의 저서 『고유한 죄』Signature Sins, 1947를 읽었다. 이 통찰력 있는 책은 우리 모두에게는 싸워 나가야 할 고유한 죄의 영역이 있다는 내용을 다룬다.
이 고유한 죄는 사람마다 다르다. 타락한 세상에 살면서, 우리는 모두 죄인으로서 일반적인 죄를 공유하는 한편, 우리 모두 우리만의 방법대로 고유한 죄의 영역에서 투쟁한다.

하지만 나는, 나만의 신앙의 여정에서 씨름하는 질투와 교만 같은 죄 때문에 동성애적 끌림과 씨름하는 사람들이 받는 만큼의 혹독한 감시를 받지는 않는다는 사실을 알고 있다. 즉, 우리는 섹슈얼리티를 포함하여, 우리가 씨름하고 있는 삶의 영역에서 청지기적 사명을 제대로 감당하지 않으면서, 동성애적 끌림을 경험하는 사람들에게는 섹슈얼리티에 대해 청지기가 되라고 요구하고 있지는 않은지 반드시 점검해야 한다.

예를 들어, 당신은 혼전 순결을 적극적으로 지지하는가?
아니면 혼전 성관계를 일반적인 것이라고 믿는가?
포르노그래피에 대해서는 어떠한가?

내 경험으로 동성애로 씨름하는 사람들은 교회 안에서의 위선을 의식하고 있으며, 이에 대해 상당히 민감하다. 그들은, 다른 사람들은 요구받지 않는 무언가를 하도록 요구받는 순간을 안다.

만약 당신이 그리스도의 형상을 닮아가는 삶의 교육 과정을 통해 성소수자들이 유익을 얻을 수 있다는 데에 동의한다면, 당신도 당신의 삶에서 그 교육 과정을 따르라.

모범을 보임으로써 인도하는 것은 언제나 더 유익한 방법이며, 당신이 이런 교육과정을 따름으로써 얻을 수 있는 유익에 대해 말할 때 신뢰감을 줄 수 있다.

다르게 말하면, 만약 당신이 섹슈얼리티에 대해 청지기적 삶을 살아야 한다는 것을 믿는다면, 당신이 지지하는 원칙을 살아냄으로써 모범을 보이라.

"확신에 찬 존중"을 실천하라. 풀러신학교 총장이었던 리처드 마우 Richard Mouw는 하나의 유용한 표현을 제안했다. 그는, 한편으로는 그리스도인들이 자신의 믿음과 가치관(즉, 그들의 "확신")을 고수하면서도, 다른 한편으로는 그들이 동의하지 않는 사람들과 상호적인 존중과 깊은 배려를 표현하는 방법으로 교류해야 한다는 두 가지 아이디어 사이의 균형을 이루려고 노력했다.

그는 이를 종합하여 "확신에 찬 존중"이라고 명명했다.

내 경험상, 대부분 그리스도인은 어떻게 이 두 가지를 함께 붙들고 나아갈 것인가를 놓고 씨름한다. 어떤 그리스도인에게는 확신이 더 쉽다. 그들은 동성애에 관해 자신이 무엇을 믿는지 알고 있다. 그래서 그들은 자신의 믿음을 가지고 이끌지만, 종종 다른 사람들과의 건설적이고 의미 있는 관계들을 놓치고 만다.

또 다른 그리스도인들에게는 존중이 가장 중요하다. 그들은 관계를 유지하는 데에 지나치게 초점을 맞춘 나머지, 논의에서 자신의 신앙이 얼마나 중요한지 보지 못한다. 그들은 잠재적인 반대를 마주할 때, 자신의 신앙과 가치에 대해 분명히 설명하는 것에 어려움을 느낀다. 적극적 옹호자를 대함에 있어서, 확신과 존중의 양측을 균형 있게 유지하는 것이 중요하다.

듣고 나누라. 적극적 옹호자의 이야기를 듣는 것은 중요하다. 당연히, 누구의 이야기이든지 듣는 것은 중요하다. 하지만, 적극적 옹호자는 당신이 자신의 말을 듣지 않을 것이라고 가정한다. 물론, 그들은 "듣는 것"을 그들의 이야기에 동의하는 것으로 정의할 수도 있다. 따라서 그 부분은 명확히 할 필요가 있다. 그들에게 당신의 생각에 대해 나눌 때도, 이와 같은 충고를 따를 수 있다. 그들이 당신의 이야기를 듣는 것을 당신의 이야기에 동의하는 것으로 단정하지 않도록 한다.

당신은 그들의 이야기를 듣고, 사람에 따라 성적 정체성의 다양한 측면에 두는 각기 다른 비중에 대해 생각해 볼 수 있다. 어떤 사람은 동성을 향한 끌림에 더 큰 비중을 두는 반면, 다른 사람은 생물학적 성, 종교적 가치와 같은 것에 더 큰 비중을 둘 수도 있다.

하나님과 동행하는 그들의 삶을 격려하라. 당신과 의견이 일치하는 사람들과만 어울리면서, 적극적 옹호자를 피하고 싶은 유혹을 느끼는 순간들도 올 수 있다.

하지만, 기억하라.

당신과 그들 사이에 수많은 차이점만이 존재하는 것처럼 보일지라도, 당신과 그들 사이에는 하나님과의 관계라는 공통점이 있다.

하나님과 동행하는 그들의 삶을 격려하라.

그들이 이 주제나 다른 주제에 관한 견해를 변경할 것이기 때문이 아니다. 우리가 하나님과의 관계 속에서 성장하고, 하나님이 우리에게 말씀하시도록, 그리고 우리의 삶에 하나님의 목적을 이루시도록 내어드리는 것이 모두에게 선하기 때문이다.

진실한 분투자

그러면 교회는 진실한 분투자가 하나님과 동행할 수 있도록 어떻게 그들과 소통하며 격려할 수 있을까?

나는 우리가 마음에 새겨 두어야 할 세 가지를 생각해 본다.

견고한 기초. 내가 알고 있는 청지기적 사명이라는 실제적인 이해를 향해 나아갈 수 있었던 진실한 분투자들은 하나님의 말씀에 견고한 기초를 두고 있었다. 나는 견고한 기초를 세우는 것에 대해 생각할 때마다, 결혼에 관한 개리 토마스 $^{Gary\ Thomas}$의 책을 생각하게 된다. 이 책의 제목은 『결혼, 영성에 눈뜨다』$^{Sacred\ Marriage,\ 2000}$이며, 부제는 "결혼을 향한 하나님의 목적이 행복보다는 거룩이라면?"$^{What\ if\ God}$

Intended Marriage to Make Us Holy Rather Than Happy? 이다.

개리는 결혼에 대한 그리스도인의 관점이 세상의 그것과는 뚜렷하게 대조된다는 사실을 설득력 있게 입증한다. 이것은 그리스도인들이 결혼을 통해 행복해질 수 있다는 사실을 믿지 않는다거나 행복이 나쁘다는 말이 아니다.

하지만 그리스도인들은 결혼의 세속적 관점, 곧 결혼의 목적이 우리가 행복해지기 위해서라는 세속적인 관점을 받아들여서는 안 된다. 이것은 전혀 기독교적인 관점이 아니다. 그보다는, 하나님은 결혼이라는 관계를 사용하셔서 우리가 그리스도의 형상을 더욱 닮아가고, 더욱 거룩해지도록 하는 그분의 목적을 이루신다.

우리의 섹슈얼리티에 관해서도 비슷한 질문을 할 수 있다.

만약 하나님의 목적이 우리가 행복해지는 것보다는 거룩해지는 것에 있다면 어떠한가?

이는 하나님이 우리의 행복에 반대하시기 때문이 아니다. 하나님이 우리가 하나님을 가장 먼저 추구하면서, 세상이 주는 만족과 행복보다는 하나님 안에서의 행복과 만족을 찾기를 요청하고 계시다는 것일 수 있다.

또한 모든 것을 해로 여김은 내 주 그리스도 예수를 아는 지식이 가장 고상하기 때문이라 내가 그를 위하여 모든 것을 잃어버리고 배설물로 여김은 그리스도를 얻고… 내가 그리스도의 그 부활의 권능과 그 고난에 참여함을 알고자 하여 그의 죽으심을 본받아 어떻게 해서든지 죽은 자 가운데서 부활에 이르려 하노니(빌 3:8, 10-11)

바른 시각. 당신이 그리스도의 소유임을 기억하라. 나의 자녀들이 이제는 많이 성장하였지만, 수년간 나와 아내가 본 영화는 오직 만화 영화밖에 없었기에 내 예시의 대부분은 만화 영화에서 나온다. 만약 당신이 영화 "라이온 킹"The lion King을 봤다면, 당신은 심바Simba가 집에서 멀리 떨어져 수치심 속에서 성장하는 장면을 기억할 것이다.

심바는 라피키Rafiki라는 성미 고약한 원숭이를 만나기 전까지, 자신이 아버지를 죽였다고 믿고 있었다. 라피키는 막대로 심바의 머리를 때리며, 자신이 심바의 아버지를 봤다고 선언했다. 심바가 울창한 숲속을 통과하여 거대한 물줄기에 이르기까지 라피키를 따라가는 추격이 이어진다. 원숭이는 물속에 비친 심바의 모습을 가리킨다. 그리고 우리는, "네가 누구인지 기억하렴"이라고 우렁찬 소리로 말하는 제임스 얼 존스James Earl Jones3의 목소리를 듣는다. 당신도 알듯이, 심바는 자신이 누구인지 잊고 있었다. 그는 자신이 왕위의 계승자임을 잊고 있었다. 그는 자신의 정체성을 잊고 있었다.

당신이 누구인지 기억하길 바란다. 이것은 정체성의 문제이다. 내가 알고 있는, 자신의 섹슈얼리티에 대해 청지기적 사명을 품을 수 있었던 진실한 분투자들은 자신의 삶에 대한 바른 시각을 가지고 있었다. 그들은 자신이 누구인지 알고 있었다. 그들은 자신이 누구에게 속해 있는지 알고 있었다. 그들의 정체성은 예수 그리스도를 중심으로 형성되어 있었다. 그들의 정체성은 그리스도 안에 있었다.

바로 이런 맥락에서, 나는 진실한 분투자에게, 자신의 경험에 동일시하기보다는 자신의 경험을 설명하라고 권하고 싶다.

끌림, 지향, 정체성 사이의 3단계 구분법을 생각해 보자.

정체성과 행동을 스스로 결정할 수 있는 개인의 권리를 존중하면서, 설명적인 자세를 유지하라.

우리가 읽게 되는 다양한 대본에 대해 생각해보는 것 역시 도움이 될 수 있다.

이런 대본들은 우리가 제2장에서 논의했던 동성애적 끌림, 동성애적 지향, 동성애자 정체성 사이의 3단계 구분을 무너뜨리는가?

이런 대본들은 발견의 은유 discovery metaphor 를 가정하는가, 즉 개인들은 자신의 동성애적 끌림을 자신이 진정 누구인가에 대한 표징으로써, 즉 대부분 사람과는 분류적으로 다른 사람이라는 표징으로써 인식하는가?

좀 더 설명적인 언어를 사용하는 것은, 사람들이 동성애적 끌림이라는 경험을 동성애자 정체성으로 통합할 것인가의 결정에 대해 말할 수 있도록 격려한다. 아마도 동성애적 끌림은 인간의 유형에 대한 분류적 구분을 암시하기보다는 타락의 여러 가지 모습 중 하나를 나타낸다.

인내. 진실한 분투자들에게 내가 마지막으로 해 주고 싶은 말은, 그들이 가고 있는 길에는 인내가 요구된다는 것이다. 몇 년 전에 진Jean이라는 청년 자매를 만난 적이 있었다. 우리가 상담을 시작했던 첫 해에, 그녀는 자신이 동성애적 끌림으로 인해 갈등하고 있다는 사실을 인식조차 하지 못했다. 그녀는 최근 동성애 관계를 마무리했지만, 그녀는 이것이 지속적인 문제라기보다는 한 번의 경험이었다고 생각했다.

그것은 특별한 한 여성에 대한 끌림이었고, 그녀의 생각에(그리고 당시까지의 그녀의 경험으로는) 그것이 그녀가 진정으로 동성에게 끌린다는 것을 의미하는 것은 아니었다. 진은 자신의 상황을 이해하는 데에 몇 번의 전환기를 맞게 되었다. 그리고 그중 하나는, 그녀가 얼마 전에 마무리한, 자신에게 해로웠던 그런 관계에 대한 자신의 끌림과 취약성을 깨닫는 것이었다.

그러나 또 다른 중요한 전환점은 그녀가 방문한 교회에서 여성들을 위한 성경 공부 모임에 초대를 받았을 때 찾아왔다. 염려스러운 마음이 들었지만, 그녀는 일단 한번 시도해 보기로 했다. 다음 해까지 이어진 성경 공부 기간 동안, 진은 모임에 속한 여성들에게 자신의 이야기를 나누었고, 다른 여성들도 진에게 그들의 이야기를 나누었다.

당시에 진은 자신의 싸움(동성애적 끌림에 대한)의 구체적인 본질에 대해서는 아직 나눌 준비가 되지 않았지만, 실패한 관계, 그녀가 느꼈던 슬픔, 그리고 친밀했던 사람을 잃은 후 찾아오는 어려움 등에 대해서는 나눌 수 있었다. 그해에 그녀의 신앙은 놀랍게 성장했고, 그녀의 신앙을 진지하게 받아들이는 다른 여성들과 나누는 교제를 통해 기쁨을 느꼈다.

그 성경 공부를 마친지 일 년 정도 후에, 진은 좀 더 구체적으로 섹슈얼리티에 초점을 맞춘 사역에 참여하게 되었다. 그녀는 마침내 비슷한 어려움을 직면하고 있는 사람들과 함께, 이 문제에 대해 좀 더 직접적으로 탐색할 준비가 되었다.

많은 사람들은 너무나 성급하게, 너무나 깊이 들어가는 실수를 범한다. 과정에 머무르기 위해 알아야 할 것이 있다. 여기에는 현실적인 기대와 인내가 요구된다.

몇 년 전 나는 여러 도전을 마주하게 되면서, 다시 한번 인내에 대해 떠올리게 되었다. 그리고 가족 중 한 사람에게 큰 격려가 되는 편지를 받게 되었다.

믿음의 시험을 받는다는 말의 의미는 무엇일까요?

시련(어려움)은 우리의 믿음을 시험합니다.

왜일까요?

시련은 우리로 하여금 하나님의 약속에 대해 의문을 갖도록 만들기 때문입니다. 시련은, 아직 보지 못한 일이 일어날 것이라는 믿는 우리의 자신감에 가득 찬 확신을 서서히 약화시킵니다. 우리는 아직 그 일이 일어나는 것을 보지 못했고, 그래서 지금 나에게 일어나고 있는 이 끔찍한 일은 내가 그 일을 언젠가는 볼 수 있게 될지 의심하도록 만듭니다.

그러나 바로 이 시점에 인내가 그림 속으로 들어옵니다.

인내란 무엇일까요?

인내는 믿음과 어떤 관련이 있을까요?

만약 우리에게 보지 못한 것들에 대한 확신이 더는 남아 있지 않다면, 만약 우리가 의심에 사로잡혀 있다면, 만약 우리가 그저 너무 지치거나 너무 큰 고통 가운데 있어서 보지 못한 것들이 우리에게 비현실적인 것이 되어버린다면, 인내는 그것이 무엇이든지 간에, 우리가 그것을 계속할 수 있도록 이끌어줍니다.

어떤 면에서, 인내는 하나님을 향한 의지적이고 맹목적인 순종이자, 포기하지 않는 고집스러운 결단이며, 하나님과 씨름하여 하나님이 자신에게 복 주시기 전까지는 그분을 놓아드리기를 거부했던 야곱과도 같은 것입니다.

시험을 기쁨의 기회로 여기라고 했던 야고보의 권고를 받아들이는 것은 실로 힘든 일입니다. 시험 그 자체 때문이 아니라, 견뎌내야 하는 기회 때문입니다. 이것은 그리스도인의 내면에서 무엇이든 할 수 있도록 준비된 견고한 성품의 열매를 맺게 하는 기회입니다.

이 모든 것은, 믿음의 시험을 전혀 받아보지 않은 그리스도인은 결코 그리스도인이라 할 수 없다고 말하는 것처럼 보입니다!

즉, 하나님은 그리스도인의 삶을 이 타락한 세상 밖에서는 불가능했을 (내 생각에는) 성품의 성장이라는 과정에 세워 가십니다. 여기서 우리는 진심으로 수건을 던지며 포기하고 싶은 유혹의 상황을 직면해야만 합니다. 그럼으로써 우리는 끝까지 밀고 나가는 진정한 기회를 얻게 되고, 끝까지 밀고 나감으로써 믿음의 승리를 얻게 되며(작은 승리일지라도), 그렇게 함으로써 우리만의 기독교 역사, 곧 우리 개인의 성품과 일체가 된 개인적인 기독교의 기억을 세워나갈 수 있게 됩니다.

우리는 우리가 지나온 길과 그 과정에서 하나님의 인도하심을 볼 수 있게 되며, 우리 자신 때문이 아니라 하나님이 이미 우리를 위해 그리고 우리 안에서 하신 일들로 인해 앞으로 어떤 일이 일어나든지 맞설 수 있도록 준비됩니다.

만약 진실한 분투자가 지향을 바꾸고자 시도한다면, 나는 그들의 노력을 응원할 것이다. 내가 권유하는 것과 실제로 일어나는 것 사이의 차이를 말한다면, 오늘날 많은 사람이 고립과 수치심 가운데서 완전한 이성애자가 되겠다는 높은 기대를 가지고 변화를 시도한다는 것이다.

나는 현실적이고, 적절한 기대를 품기를 권한다. 예를 들어, 그리스도인들은 종종 고린도전서 6장 11절을 인용하여 성적 지향에 있어서 완전하고 분류적인 변화에 대해 말한다.

결국, 바울이 말하는 것은 고린도교회의 몇몇 사람들이 한때는 동성애자였지만 지금은 이성애자라는 것 아닌가?

나는 그 본문에서 이 같은 결론이 도출될 수 있다고 생각지 않는다. 내가 보기에 우리가 더 큰 확신을 두고 할 수 있는 말은 사람들이 하나님의 계시된 뜻에서 벗어난 행동 양식을 취하고 있었다는 것이다. 어쩌면 그러한 행동 양식은 어떤 면에서 마음의 상태를 반영했다. 그러나 행동의 변화로 인해 정체성의 변화, 곧 마음의 변화가 찾아왔다.

당신은 이런 부류의 사람이었지만(이런 양식의 행동을 하는 사람), 이제 당신은 그런 사람이 아니다. 이것은 바울이 간음을 행한 사람들에 대해 한 말과 비슷하다. 당신 중 일부도 그런 사람이었다. 당신 중 일부는 간음하는 사람이었다.[4] 사람들은 그들의 마음의 상태를 반영하는 특징적인 행동 양식(배우자가 아닌 사람과의 성관계)을 멈출 때, 간음하는 자가 되기를 그쳤다.

사람이 기대할 수 있는 유일한 부분이 행동의 변화라고 말하려는 것이 아니다. 물론 행동의 변화는 그 자체로 중요하다. 나는 분명 사람들의 변화 시도를 지지한다. 당신이 아는 사람들은 변화를 위해 엑소더스와 연계된 사역에 적극적으로 참여하거나 상담사를 만나고 있을 수도 있다. 만약 그들이 변화를 시도하고 있다면, 그들은 오랜 시간이 걸리고 감정적 희생이 요구되는 무언가를 하고 있을 것이다. 그리고 당신은 그 과정 속에서 그들과 함께 있어 줄 필요가 있다.

동시에, 완전한 변화를 위해 노력하는 사람들을 향한 우리의 사랑이 그들의 결과에 달려 있지 않다는 사실을 기억하기 바란다. 그들의 영적 성숙 역시 동성애자에서 이성애자로 전환되는 분류적인 변화에 달려 있지 않다. 그들은 실제적이고 의미 있는 성취를 이룰 수도 있지만, 이런 영역의 모든 싸움으로부터 자유로워져야만 한다는 추가적인 부담을 친구들로부터 느낄 필요는 없다.

또한, 그들은 이 험난한 지형에서 길을 찾는 과정을 통해, 당신과 다른 사람들에게 도움이 되는 중요한 삶의 교훈을 배우고 있음을 기억하라. 그들은 한 가지에 '예'라고 말하기 위해 다른 것들에 '아니오'라고 말하는 걸음을 옮김으로써, 당신과 더 넓은 기독교 공동체에 많은 것을 흘려보낼 수 있다.

역시 이런 맥락에서, 나는 그들이 고립되거나 사회적 지원에서 멀어지지 않도록 도움을 주고 싶다.

당신은 그들의 성공의 정도와 관계없이, 그들이 변화를 시도하는 과정과 그 이후에도 함께 할 수 있는가?

인내는 믿음과 가치를 공유하는 사람들과 함께함으로 힘을 얻는다. 인내하는 것은 그 자체로도 충분히 힘든 일이며, 도움을 받을 수 있는 기독교 공동체가 있는데도 혼자서 인내하는 것은 비극이다. 이런 경우에 사회적 지원은 그 사람이 무엇을 희생하면서 무엇을 하고 있는지 진심으로 이해하는 사람들에게서 오는 장기적인 격려와 공감의 실재여야 한다.

문법과 문장 부호의 교훈

당신은 최근 문법에 관한 좋은 책을 읽은 적이 있는가?

나도 이것이 생경한 질문이라는 것을 안다. 몇 년 전에, 나는 린 트러스Lynn Truss의 『먹고, 쏘고, 튄다』Eats, Shoots, and Leaves, 2006를 읽었다. 이 책은 문법과 문장 부호에 관한 재밌고 흥미로운 책이었다. 이 책에서 저자는 이야기를 하나 들려 준다.

판다 한 마리가 카페로 걸어 들어갔다. 판다는 샌드위치를 주문해서 먹고는, 총을 하나 그래서 공중에 두 발을 쐈다.

"왜 이러시는 거예요?"

판다가 출구를 향해 걸어가자, 당황한 웨이터가 물었다. 판다는 형편없이 문장 부호를 찍은 야생동물 설명서를 만들어서는 그의 어깨너머로 던졌다.

"나는 판다요."

그가 문 앞에서 말했다.

"읽어 보시오."

웨이터는 관련 항목을 펼쳐서, 그 설명을 찾았다.

"판다. 거대한 흑백의 곰과 같은 포유류. 서식지 중국. 먹고, 쏘고 튄다Eats, shoot and leaves."[56]

린 트러스의 결론이다.

"따라서 문장 부호는, 설사 이것이 생사의 문제가 되는 경우는 거의 없다 할지라도, 정말로 중요하다."[7]

우리는 성적 정체성을 살펴봄에 있어서, 우리가 사용하는 단어들과 중요하게 여기는 특정 개념들을 연구할 필요가 있다. 즉, 동성애적 감정의 원인과 이런 감정의 변화 가능성 여부와 같은 질문에 대해, 우리가 "문장 부호"를 어떻게 사용하는지 연구할 필요가 있다. 우리는 우리가 사용하는 단어들과 "문장 부호"가 어떻게 다른 이들의 삶에서 하나님의 구속적 사역이 확장되는 능력에 도움을 주거나 방해가 되는지 배울 수 있다.

우리는 오늘날 사람들이 읽는 대본을 확인하고 수정할 수 있어야 하며, 문장 부호로부터 그 일을 시작할 수 있다.[8] 동성애적 끌림을 경험하는 사람들은 오직 마침표만 볼 수 있다. 쉼표도, 괄호도, 느낌표도 보지 못한다. 오직 마침표만 본다.

그들은 자신의 관점이 유일한 것이라고 가정한다. 그들은 대안적 반응의 여지가 있다고 생각하지 못한다. 영국 사람들은 마침표를 "완전 멈춤" full stop 라고 부르는데, 아래의 글을 통해 그 이유를 알 수 있다.

"나는 동성애적 끌림을 경험하고 있어." 마침표.
"동성애적 끌림에 대한 경험은 내가 진정 누구인지에 대한 신호야." 마침표.
"나는 동성애자야." 마침표.

"교회는 내 문제를 해결 못 해. 교회는 나에게 관심이 없어." 마침표.

이 글을 예수께서 하신 말씀과 비교해 보라.
예수님은 고군분투하는 사람들이 기대했던 것보다 훨씬 더 많은 것을 공급해 주신다.

"네 짐을 [내게] 맡기라 [내가] 너를 붙들리라!"(시 55:22). 느낌표.
당신: "저는 두렵습니다." 마침표.
그러나 예수님: "두려워하지 말라. 내가 너와 함께 있음이라!"(창 26:24). 느낌표.
당신: "하지만 주님은 제 상황을 이해 못 하십니다." 마침표.
"저의 고통에 대해 얼마나 알고 계십니까?"
예수님: " [나를] 사랑하는 자들에게는 모든 것이 합력하여 [내가] 선을 이루느니라!"(롬 8:28). 느낌표.
당신: "저는 혼자가 아닌가요?"
그러나 예수님: "[나는] 결코 너를 떠나지 아니하시며 버리지 아니할 것임이라!"(신 31:6). 느낌표.

우리는 여기서 접근 방식의 전환과 마주하게 된다. 더 이상 그 마지막이 이미 정해진 결과가 아니라면, 섹슈얼리티의 문제로 고민하는 사람들은 다음과 같은 전환을 맞이할 수 있다.
"나의 성적 정체성에 비추어 나의 믿음을 어떻게 이해해야 하는가?"

이 질문에서 다음 질문으로 이동할 수 있다.

"하나님의 선하심에 대한 나의 믿음에 비추어 나의 성적 정체성을 어떻게 이해해야 하는가?"

우리 모두는 마치 우리 앞에 놓인 길의 끝이 이미 정해져 있는 것처럼 삶에 마침표를 찍는 경향을 보인다. 여기에는 소망이 없다. 이제 그만이다. 다 끝났다.

동성애에 대한 고민이 당신의 것이든 아니든, 당신은 당신의 삶 속의 문장 부호에 대해 질문하기를 시작해볼 수 있다. 이것은 우리에게 고통을 안겨 주며 우리를 죄여 오는 상황을 포함한, 우리가 처한 모든 상황 속에서 의미를 발견하는 문제이다.

우리는 문장 부호를 가지고 서로를 도울 수 있다. 우리는 "마침표" 또는 "완전 멈춤"에 대해 들음으로써 도울 수 있다. 만약 당신이 성적 정체성 문제를 풀어가고 있는 누군가의 친구라면, 특별히 그 친구가 "완전 멈춤"을 하기 쉬운 친구라면, 우리는 그들의 옆에서 나란히 함께 걸어주어야 한다.

인내하면서 과정을 존중하라

동성애로 고군분투하고 있는 사람들에게 빠른 해결책을 줄 수 있다면 좋겠지만, 그것은 결코 쉬운 일이 아니다. 당신이 힘겹게 싸우고 있는 사람들의 옆에서 함께할 때, 그들에게 느낌표를 강요하지 않도록 주의한다.

과정을 존중하라

마침표에서 느낌표로 옮겨 가는 과정은 대개 천천히 일어난다.

위에서 제시된 대화를 통해, 느낌표는 종종 물음표 다음에 나오게 된다는 것에 주목하라.

몇 년이 걸릴 수도 있지만, 때가 차면 모든 마침표는 하나님의 은혜로 느낌표로 변화될 것이다.

몇 년 전, 아내와 내가 아기를 갖고자 했을 때, 우리는 생물학적 자녀를 가질 수 없음을 알게 되었다. 우리는 불임으로 인해 힘겨운 시간을 보냈다. 우리는 우리를 향한 하나님의 계획과 그분의 공급하심에 대한 많은 질문과 씨름했다. 우리는 무엇이 잘못되었는지 알고자 했다.

왜 우리인가?

이는 대답하기 힘든 질문이었다.

많은 선의의 그리스도인이 그들의 "도움"을 제공했다. 그들은 우리에게 주옥같은 신학적 지혜를 제시해 주었다.

"하나님께는 능치 못할 일이 없습니다!"

"모든 것이 합력하여 선을 이룰 것입니다!"

"하나님이 공급하십니다!"나 가정용 민간 요법("사각 팬티를 입으세요!")

그들이 신학적으로 동의할 수 없는 말을 했다는 것이 아니다. 우리는 하나님이 공급하실 수 있음을 믿었다. 우리는 그 사실을 머리로는 알고 있었다. 그러나 우리는 고통 가운데 있었고, 의심과 씨름하고 있었으며, 하나님을 경험하지 못하는 것 같았다. 도움을 주려는 그들의 많은 시도가, 실은 모든 것이 괜찮다고 스스로를 확신시키기 위한 것같이 느껴졌다. 그들은 우리의 고통 속으로 발걸음을 내딛고자 하지 않았고, 우리의 질문과 의심 속에 함께 머물고자 하지 않았다.

우리는 동료 그리스도인과 함께하는 소그룹을 통해 큰 치유를 경험했다. 이 그룹의 몇몇 사람들은 불임으로 인해 다양한 어려움을 겪었다. 그들에게는 즉각적인 신뢰를 느낄 수 있었다. 우리는 그들의 이야기를 들을 수 있었다. 그들의 말에는 삶의 경험이 녹아 있었기에, 우리는 그들이 해 주어야 했던 말들을 들을 수 있었다.

그러나, 당신은 아는가?

그들은 상투적인 말을 해 주던 사람들처럼 말을 많이 하지 않는 경향이 있었다. 아니다. 우리 소그룹에 있었던 사람들은 그저 들었다. 그들은 우리의 경험을 나눌 수 있는 공간을 창조해 주었고, 우리와 함께 그 자리에 있어 주었다. 우리로 하여금 우리가 있는 곳에 머물 수 있도록 해 주었다.

따라서 우리가 동성애를 좀 더 지속적인 상황으로 생각할 때, 우리는 그들의 경험과 질문 속에 함께 머무는 것을 더욱 잘 해 나갈 수 있을 것이다.

문법과 문장 부호에 관해 생각해 때, 우리는 믿음의 공동체에 있는 우리 모두가 어떻게 하나님을 작가로서, 어떻게 성령님을 편집 과정에서 우리를 도우시는 분으로서 설명할 수 있을지 생각해 볼 수 있다.

우리는 이런 이해를 마음에 간직하면서, 자신의 지속적인 상황에 어떻게 접근해야 할지 고심하고 있는 사람들을 인내심 있게 후원할 수 있다.

그들이, "나는 동성애자이고, 나의 기독교적 신앙을 어떻게 해야 할지 고민 중입니다"라고 말하는가 아니면 그들이 이와는 다른 방향성을 가지고, "나는 그리스도인이고, 내가 경험하는 동성애적 끌림에 대해 어떻게 해야 할지 고민 중입니다"라고 말하는가?

기억해야 할 포인트!

- 지향의 변화를 시도하는 일부 사람들은 의미 있는 변화를 경험할 수 있다. 그러나 대부분의 사람들은 보통의 성취를 이루며, 여전히 어느 정도의 동성애적 끌림을 경험한다는 사실을 인정한다.

- 교회는 다른 지속되는 상황에 대해서는 대개 건설적으로 반응하지만, 동성애적 끌림을 지닌 사람들과 동행하는 데에는 어려움을 겪어 왔다.

- 하나님의 공급하심은 종종 우리가 기대하지 못했던, 다른 형태로 찾아올 수 있다.

- 사람들이 자신의 삶에 찍는 "마침표"에 대해 들으라.

- 다른 사람들의 삶에 "느낌표"를 강요하는 것을 피하라.

- 동성애와 관련된 주제로 씨름하면서 하나님 앞에서 신실하게 살아가고자 하는 사람들의 옆에서 함께 하라.

10

맺는 생각

동성애와 성적 정체성은 그리스도인들에게 어려운 주제이다. 여러 방향에서 신앙인들에게 압력이 가해지고 있으며, 많은 새로운 문제들을 이해할 효과적인 방법을 찾기도 쉽지 않다. 이를 염두에 두고, 우리가 지금까지 배운 내용을 다시 보면서 부족한 내용을 보충하고 글을 마무리하므로 유익을 얻고자 한다.

그래서 나는 이번 장에서, 우리가 함께 만난 다양한 사람과 그들이 마주했던 고유한 도전들을 기억해 봄으로써, 우리가 배운 내용에 대해 간략히 정리하도록 하겠다.

하나님이 동성애에 관해 어떻게 생각하시는가?

우리는 한 가지 질문을 살펴보며 제1장을 시작했다. 하나님은 동성애에 관해 어떻게 생각하시는가?

나는 부모에 의해 상담소에 오게 된 십 대 청소년, 스콧을 소개했었다. 스콧은 순수한 믿음을 갖고 있었고, 이 힘겨운 질문에 대한 정직한 답변을 원했다.

우리는 "하나님이 어떻게 생각하시는가…"에 관한 모든 질문에 겸손한 마음으로 접근해야 함을 인정한다. 동시에 우리는 성경이 섹슈얼리티와 성적 행동을 포함한, 신앙과 삶의 모든 문제에 있어 바른 정보와 지침을 주는 신뢰할 만한 원천임도 인정한다.

내가 청년들에게 이 질문에 관해 이야기하게 된다면, 몇몇 성경 구절에 집중하는 것보다 섹슈얼리티에 관한 성경의 전반적인 증거를 찾아보는 것이 더 효과적이라고 말하고 싶다. 다음의 네 가지를 살펴봄으로써 그렇게 할 수 있다.

① 우리를 일부일처제, 이성애적 연합으로 창조하신 하나님의 목적
② 섹슈얼리티를 포함한, 인간의 모든 경험에 미치는 타락의 영향
③ 하나님의 구속 계획, 그리고 성적 행동에 대한 하나님의 섭리적 구조로서의 결혼의 역할
④ 영화, 즉 우리의 최우선적인 정체성이 그리스도의 몸의 한 부분, 곧 교회임을 상기시켜주는 것

나는 성경이 기독교 권위의 최고 원천임을 인정하며, 동시에 다른 원천들도 존재함을 알고 있다. 스콧의 경우에, 성경이 동성애에 관해 어떻게 말하고 있는가는 그의 결정에 중요한 역할을 했다. 동

시에 그리스도인들은, 신앙인들이 어떤 주제에 관해 "하나님이 어떻게 생각하시는가"의 질문을 풀어감에 있어 다른 정보의 원천들도 있음을 인정할 수 있다. 그 원천은 기독교 전통, 이성, 그리고 경험이다.

기독교 전통은 주로 우리보다 앞선 신앙인들의 성경에 대한 이해를 기반으로 한다. 우리는 어떻게 기독교 전통이, 평생 서로에게 충실하기로 언약을 맺은 남성과 여성의 결혼에서 성관계가 일어나는 것이 하나님의 의도라는 관점을 지지하는지 살펴보았다.

이런 관점에서의 일탈은 상당히 급진적이다. 이 새로운 관점은 지난 삼십 년간 강력하게 발전되어 왔으며, 기독교 성 윤리를 지지하는 보수주의자들에게 커다란 압력을 가하는 특징을 지닌다.

우리는 또한 우리 문화가 어떻게 이성이라는 용어를 성적 지향에 대한 과학적 증거를 설명하는 데에 보편적으로 사용해 왔는지 살펴보았다. 동성애의 보편성, 동성애의 원인, 동성애를 둘러싼 정신 건강 문제, 그리고 성적 지향의 변화 가능성에 관한 질문에 대답하고자 시도하는 연구들은 흥미롭다.

그러나, 이런 연구들이 교회에서 일어나는 도덕적 논쟁을 해결하는 것은 아니다. 도덕적 논쟁은 무엇보다도 신학적 논쟁이며, 과학에서부터 얻은 기술적 연구 결과보다는 성경에 대한 정확한 이해를 통해서만 해결될 수 있다. 신학적 문제는 과학적 연구를 통해 유익한 정보를 얻을 수 있지만, 그것을 통해 결정될 수는 없다.

"하나님이 동성애에 관하여 어떻게 생각하시는가?"라는 질문에 대한 반응의 마지막 권위, 또는 정보의 원천은 개인의 경험이다. 이런 토론에서 개인의 경험이란, 흔히 섹슈얼리티의 문제에 있어서 교회의 도덕적 가르침을 변경하고자 하는 사람들의 이야기에 귀를 기울이는 것을 말한다. 즉, 교회가 동성애 관계를 위한 공간을 마련해 주기를 원하는 사람들의 이야기를 듣는 것을 말한다.

교회가 자신을 동성애자로 인식하는 사람들의 경험에 귀를 기울여야 하는 것은 사실이다. 하지만 동시에, 이 논의에서 우리가 경청해야 할 목소리는 그들의 것만이 아니라는 것도 기억할 필요가 있다. 교회는 동성애자 정체성을 형성하지 않기로 선택한 신앙인들, 그리고 하나님이 그들을 부르셨다고 믿는 것에 '예'라고 대답할 수 있기 위해 자신의 동성애적 부분에 대해 '아니요'라고 말하는 신앙인들의 경험에도 귀를 기울여야 한다.

이것은 스콧이 이 문제에 대해 생각해 나가는 데에 도움을 주었다. 그는 성경을 공부하고 기독교 전통을 회고할 뿐만 아니라, 그가 제기한 질문과 과학이 어떻게 연관되어 있는지 살펴볼 수 있었다. 그리고 자신처럼 이런 질문에 의문을 품으면서 하나님의 계시된 뜻에 순응하는 결정을 내리기 위해 노력하는 사람들의 특징을 확인할 수 있었다.

내가 스콧을 마지막으로 보았을 때, 그는 부모의 요청에 따라 성적 지향을 바꾸고자 하지 않았으며, 그렇다고 동성애자 정체성을 채택하고자 하지도 않았다. 그는 동성애자 정체성에 동일시하거나, 그러한 정체성을 지지하는 사람이나 조직에 동일시하지도 않았다. 그보다, 그는 섹슈얼리티와 성적 행동에 관한 기독교적 이해에 대해 자신이 지닌 의문들을 탐구할 수 있는 시간과 공간을 갖기 원했으며, 이를 통해 그 영역에서 자신의 삶을 향한 하나님의 뜻과 평안을 누리고자 했다.

제1장의 마지막 부분에서, 나는 모든 신앙인이 다양한 정보의 원천, 또는 권위에 스스로 부여하는 상대적인 무게에 따라 생각한다는 사실에 주목했다. 이 주제에 대해 의견을 품은 모든 사람은, 자신이 성경, 기독교 전통, 이성, 개인의 경험 중 어느 정보의 원천이나 권위를 으뜸으로 여기는지 특정할 수 있어야만 한다. 모든 사람은 한 가지 혹은 두 가지 권위의 원천을 다른 것들보다 우위에 둔다.

왜 성적 정체성이 문제의 핵심인가?

제2장의 많은 부분은 성적 정체성의 개념을 소개하는 데에 할애되었다. 나는 동성애적 끌림, 동성애적 지향, 동성애자 정체성 사이의 구분을 명확히 함으로 이 개념을 소개했다.

첫째, "동성애적 끌림에 대해 말하려면 최대한 설명적 언어를 사용하도록 한다. 그것은 우리가 어떤 사람이 "동성애적으로 끌린다"라고 말할 때, 실제로 이것은 단순히 동성에 대한 그들의 신체적이고 감정적인 끌림을 설명하는 것이기 때문이다.

둘째, "동성애적 지향"이라는 용어를 사용하는 것도 역시 설명적이지만, 이것은 동성을 향한 개인의 끌림이 매우 강렬하며, 오랜 시간 지속한다는 사실을 인정하는 것이다.

셋째, 동성애자 정체성에 관해 말하는 것은, 현대 사회문화적 운동에 속한 언어적 표현으로 진입하는 것이다. 이것은 역사상 처음으로, "나는 동성애자이다"라는 자기 동일시적 self-identifying 분류를 사용함으로써, 동성애적 끌림에서 자신의 본질을 찾는 사람들에게 속하게 되는 것이다. 이것은 단 하나의 속성으로 자기 자신을 정의한 후, 우리 문화가 "동성애자"를 어떻게 정의하느냐에 상응하는 일련의 태도와 행동을 채택하는 방식이다.

동성애자 정체성을 형성하는 일종의 발달학적 경로가 있으며, 여기에는 일반적으로 정체성 딜레마, 정체성 발달, 정체성 통합이라는 세 가지 단계가 있다. 오늘날 우리가 이해하는 바로는, 성적 정체성 발달은 만 10세 혹은 12세경에 시작되는 성적 끌림으로부터 시작하며, 그중 일부는 만 13세에서 14세경에 동성애적 행동을 시작하게 된다. 동성애적 행동은 성적 정체성에 대한 의문 후에 따라올 수 있으며, 일부는 그 후에, 대략 만 15세경에 자신을 동성애자로 분류한다.

바로 그 장에서 나는 당신에게 16세의 크리스를 상상해 보도록 요청했다. 동성애적 끌림을 경험하는 다른 많은 청소년처럼, 크리스는 자신이 누구인지와 자신의 경험이 무엇을 의미하는지를 파악하기 위해 도움을 구하였다. 나는 크리스가 무대 위에 서 있는 배우라고 상상해 보도록 요청했었다. 여느 배우들처럼, 크리스도 자신의 배역을 이해하고 다른 배우들과 어떻게 관계해야 할지를 알려 줄 대본을 찾고 있다. 즉, 그는 자신의 정체성에 대한 정보를 제공할 대본을 찾고 있다.

나는 동성애적 끌림을 경험하고 있지만 그 끌림을 동성애자 정체성으로 통합하지 않은 사람들에 관한 최근의 연구들이 내가 "동성애자 대본"과 대안적인 대본이라고 지칭했던 두 가지 사이에 존재하는 차이를 보여 준다고 제안했다. 동성애자 대본은 다음과 같다.

- 동성애적 끌림은 동성애, 이성애, 양성애 사이의 구분이 자연 발생적 또는 "하나님에 의해 의도된" 구분임을 나타내는 신호이다.
- 동성애적 끌림은 당신이 한 인간으로서 "진정 누구인가"를 나타내는 신호이다(발견을 강조).
- 동성애적 끌림은 당신이 한 인간으로서 누구인가의 핵심에 있다.
- 동성애적 행동은 그 핵심의 연장이다.
- 당신의 성적 정체성에 따른 자아 실현(당신이 "진정 누구인가"에 부합하는 행동)은 자기 완성에 있어 결정적이다.

동성애자 대본은 동성애적 끌림이 한 개인이 진정 누구인지를 나타내는 신호라는 사실을 강조함으로써 발견의 상징에 크게 의존한다. 이를 통해, 이 대본은 사람들을 성적 끌림에 근거하여 분류한다. 즉, 사람들은 자신이 누구에게 끌리는가에 따라서 정의되며, 이 문제에 있어 다른 선택권은 없다.

대안적 대본은 "통합"의 상징에 초점을 두며, 사람들은 동성애적 끌림과 상관없이 자신의 정체성을 선택할 수 있다는 사실을 강조한다. 그러한 대안이 바로 "그리스도 안에" 정체성 대본이다. 여기에 이 대본의 기본적인 내용이 있다.

- 동성애적 끌림은 인간의 유형에 대한 분류상 구분을 나타내는 신호가 아니며, 이는 "본래 의도되지 않은 방식"의 다양한 인간 경험 중의 하나이다.
- 동성애적 끌림은 당신 경험의 일부일 수 있지만, 당신의 정체성을 정의하는 요소는 아니다.
- 당신은 동성에 대한 끌림의 경험을 동성애자 정체성으로 통합하는 선택을 할 수 있다. 반면에 당신은 생물학적 성, 사회적 성 정체성, 또한 그 외의 여러 가지를 포함한 경험의 측면을 중심으로 당신의 정체성을 선택할 수 있다.
- 그리스도인이 지닌 가장 강력한 특성은 이들의 정체성이 그리스도 안에 있다는 것이며, 이것은 예수를 따르는 자가 되는 것이 의미하는 바의 핵심이자 정의이다.

위에서 언급했듯이, 이 대본은 발견의 상징보다는 통합의 상징에 의존한다. 통합은 다양한 부분을 취하여 하나의 통일된 전체로 만든다. 통합의 상징은 동성애적 끌림을 인간을 정의하는 유일한 특성이 아닌, 인간의 다양한 요소 중 한 가지로서 여긴다. 그 후에 이 대본은 청년들이 행동과 정체성 모두에 대한 선택권을 가진다는 것을 인정한다. 청년은 자신의 끌림을 동성애자 정체성으로 통합할 수도 있고, 다른 무언가를 중심으로 정체성을 형성해 나갈 수도 있다. 이 단계에는 다양한 선택권이 존재한다.

우리가 기억해야 할 한 가지는 동성애자가 된다는 것은 다양한 사람들에게 다양한 의미로 다가간다는 것이다. 어떤 그리스도인들은 단순히 자신이 동성애적 끌림을 지니고 있다는 의미로 자신을 동성애자라고 부른다. 나는 롭이라는 청년의 경우를 예로 들어 설명했었다. 롭은 자신을 동성애자로 지칭하는 것이 다른 사람들에게 자신의 경험에 대해 정직하게 말하는 방법이라고 생각한다.

롭과 같은 사람들은 전통적인 기독교 성 윤리를 믿으며 순결한 삶을 살고 있지만, 자신의 성적 끌림에 대해 전달하는 무언가로서 "동성애자"라는 용어를 사용한다. 내가 마지막으로 롭을 보았을 때, 그는 정체성에 관한 자신의 결정과 순결을 유지하고자 하는 노력에 평안을 누리는 듯이 보였다.

다만 그가 마주하고 있는 도전은 가족들과 관계하는 방법을 찾는 것이었다. 가족들은 "동성애적 끌림과 동의어로서의 동성애자"라는 표현을 이해하지 못했고, 그가 끌림 또는 지향에 있어서 큰 변화를 경험해야만 한다고 느꼈다.

현재로서는 동성애자라는 단어가 다수의 그리스도인이 불편해하는 의미와 암시를 전달하기에, 이것은 더욱 일반적인 정체성 용어를 채택한 사람들이 직면하는 어려움 중 하나를 보여 준다.

자신이 동성애자이면서 그리스도인이라고 말하는 사람들의 경험은 롭과 그와 비슷한 사람들의 경험과는 모든 면에서 다르다. 이 사람들은 기독교가 동성애에 대해 잘못된 인식을 가져 왔으며, 전통적인 기독교 성 윤리가 잘못되었다고 말한다. 그들은 동성애를 단순히 하나님의 창조 질서에서 나타나는 다양성의 표현으로 여기면서, 성적 행동에 관한 교회의 이해를 변경하라는 주장을 옹호한다.

어떠한 경우든지, 성적 정체성에 관한 토론은 성적 지향과 그것의 변화 가능성이라는 편협한 토론을 넘어서, 더욱 유익하고 건설적인 대화로 인도하게 될 것이다.

동성애의 원인은 무엇인가?

제3장에서 나는 당신에게 릭과 그의 어머니를 소개했다. 릭은 16세의 청소년으로, 최근 그의 부모에게 자신이 동성애자임을 고백했다. 그의 어머니는 이 사실로 인해 고통스러운 시간을 보내고 있었는데, 어떤 면에서는 릭이 여자 친구들과 데이트를 했었고, 그래서 이 동성애자 정체성이 어머니가 알고 있는 릭의 모습과 "어울리지" 않기 때문에 더욱 그러했다. 많은 부모들처럼, 릭의 어머니도 릭과 릭의 정체성에 대해 의문을 품기 시작했다. 그녀는 동성애의 원인에 대한 질문을 하며, 답을 찾아가고 있었다.

나는 그녀에게 사람들이 동성애적 끌림을 경험하기로 선택하는 것은 아니라고 말해 주었다. 사람들은 동성애적 끌림을 경험하는 자신을 발견하게 된다. 릭과 같은 사람들이 어떻게 동성에게 매력을 느끼게 되는지는 명확하지 않다. 현재로서는 우리가 알지 못하는 것들이 많다. 그러나 우리가 분명한 답을 알지 못한다 할지라도, 논쟁의 양쪽 진영에 속한 사람들과 단체들은 각자의 주장을 개진하고 있다. 한 진영은 본성이 주요한 원인이라고 믿는다. 다른 진영은 양육이 비난의 책임이라고 믿는다.

본성 측의 주장에 관해서는, 연구가들이 지난 20년 동안 생물학적인 가설에 대해 부지런히 연구했음에도 불구하고, 결과는 혼합적이다. 양육 측의 주장에 있어서는 동성애의 환경적 원인에 관한 연구 결과 역시 혼합적이다.

동성애의 원인에 관한 논쟁에서는 "오직-주의"라는 오류를 범하는 경향이 있다. 즉, 사람들은 동성애가 "오직____"로부터 비롯되었다고 주장하는 경향이 있으며, 본성이나 환경에서 도출한, 자신이 선호하는 원인을 빈칸에 채워 넣는다. 교회는 특별히 두 가지 이론, 곧 부모-자녀 관계와 아동기 성적 학대라는 두 가지 이론의 방향성을 취함으로써 이런 오류를 범하는 경향이 있다.

이 영역의 연구들이 생물학적 가설을 발전시키는 데에 가려져 전반적으로 무시되어 온 것은 사실이지만, 그 행해진 연구들도 그리 설득력이 있지는 않다. 환경이 일부 사람에게는 어떤 역할을 하는 것으로 보이나, 그 역할이 무엇인지는 불분명하다.

릭의 어머니가 답을 찾아가기 시작하면서, 나에게 자신과 남편이 릭의 동성애를 유발하는 무언가를 하지 않았는지 질문했을 때, 나는 그렇게 생각하지 않는다고 답했다. 현재로서는 동성애적 끌림이나 지향에 관한 어떤 한 가지 원인이 있는 것으로 보이지 않는다. 동성애적 끌림과 동성애적 지향에 기여하는 다양한 요소가 있는 것으로 보이며, 이런 요소들은 아마도 다양한 사람들에게 다른 무게로 영향을 미칠 것이다.

내가 릭과 그의 어머니를 마지막으로 만났을 때, 그들은 모두 다시 한번 가족이라는 의식을 회복할 수 있도록 도움을 준 것에 대해 감사를 표했다. 그들은 릭의 동성애적 끌림을 다르게 보게 되었다. 릭은 자신의 끌림을 정체성에 대한 신호로서 보았던 반면, 릭의 어머니는 그의 동성애적 끌림을 타락의 영향으로 보았다.

그러나 그녀는 릭이 곧 자신의 삶과 행동, 정체성에 대해 스스로 선택을 내리는 18세가 된다는 것을 염두에 두면서, 릭을 존중하는 가운데 자신의 의견을 소통하는 방법을 찾아냈다. 그녀는 릭의 정체성에 대한 장기적 시각을 갖기로 했다. 릭이 자신의 성적 정체성에 대해 앞으로 몇 년 동안 계속 고민할 수도 있다는 사실을 기억하면서, 릭에게 지속적인 도움의 원천이 되는 자리에 머무르기로 했다.

나는 동성애의 원인은 무엇인가라는 주제는 겸손하게 접근해야 하는 영역이라는 것을 밝힘으로써 그 장을 마무리했다. 당분간은 원인미상 etiology agnostic 이어도 괜찮다. 겸손한 접근은 자신의 동성애적 끌림의 경험을 어떻게 해야 할지 풀어나가고 있는, 우리가 알고 사랑하는 사람들과 소통하는 데 도움이 될 것이다.

성적 지향은 변화 가능한가?

제4장은 숀을 소개하면서 시작했다. 그의 이야기는 흥미롭다. 나를 만나기 전 숀은 자신의 성적 지향을 변화시키기 위해 노력하고, 노력하고, 또 노력했기 때문이다. 그는 지난 3년 동안 30주간 진행되는 사역 프로그램에 3번 참여했으며, 현재는 자신이 충분히 노력했는지에 대해 의문을 품고 있었다.

숀은 그 사역 프로그램을 통해 자신의 문제에 관한 많은 정보와 통찰을 얻었고, 영적으로 성장했다고 느꼈으며, 자신이 받은 사회적 지지에 감사했다. 그런데도, 그는 성적 지향에 있어서 변화를 경험하지는 못했다.

동성애가 변화 가능한가에 대한 질문은 상담이나 심리학 분야에서 제기되는 질문 중 아마도 가장 정치적 분열을 초래하는 질문일 것이다. 이것은 또한 성적 정체성 문제를 다루는 많은 가정에서 공통으로 제기하는 질문이기도 하다. 현재까지 시행되어 온 연구들은 이상과는 너무나 거리가 있었고, 이에 사람들이 성적 지향을 변경하려 시도할 때 무엇을 기대할 수 있을지에 대한 이해를 증진할 필요성이 대두되었다.

그러나 현재까지의 연구에 따르면, 일부의 사람들은 실제로 성적 끌림의 변화를 경험하지만, 대부분 사람은 보통 정도의 성취를 경험하는 것으로 나타난다. 그리고 여전히 많은 사람은 가끔 동성애적 끌림을 경험한다고 고백한다. 이것은 현실적인 기대는 분류상 변화(완전한 동성애자에서 완전한 이성애자로)를 이루는 것이라기보다는 끌림이라는 연속 선상에서 어느 정도의 변화라는 것을 시사한다.

이 말의 뜻은 동성애를 향한 끌림이 어느 정도 감소할 가능성이 있으며, 이를 통해 일부 사람들은 순결을 이전보다는 좀 더 수월한 선택으로 받아들이게 된다는 것이다. 반면에, 소수의 사람은 이성에 대한(또는 배우자와 같은 특정한 사람에 대한) 끌림이 증가하는 것을 경험할 수도 있다. 동성에 대한 약간의 끌림의 감정이 남아 있음을 종종 인정할지라도, 그들은 이것을 이성애라고 보고한다.

성적 지향을 변화하기로 시도하는 것이 해로운가에 대한 질문 역시 제기되어 왔다. 단순히 변화 시도에 대해 말함으로써 "해로움"이 나타난다는 것인지, 혹은 특정한 방법을 사용할 때, 아니면 그들 앞에 놓인 엄격한 기대 때문에(동성애자로부터 이성애자로의 180도 변화) "해로움"이 나타난다는 것인지는 불확실하다.

상처를 받은 사람들이 있지만, 그 원인이 무엇인지 말하기는 힘들다. 그들의 고통은 비현실적 기대로 인한 것일 수 있으며, 이 영역에 있어 서투르거나 잘못되었거나, 아니면 불완전한 안내를 받음으로써 비롯된 것일 수도 있다. 아니면 현재까지는 불분명한 다른 어떤 원인이 있을 수도 있다.

최근 연구들은 성적 지향의 변화를 시도하는 것이, 특히 현실적인 기대로 임한다면, 본질에서 해로운 것으로 나타나지는 않는다고 제안한다. 나는 숀이 3년 동안이나 노력했으나, 그 변화의 시도로 해를 받지 않은 좋은 예라고 본다.

그러나 가장 큰 어려움은 대체로 비현실적인 기대나 노력을 덜 했다거나 충분한 믿음이 없다는 메시지로부터 온다. 내가 숀을 만났을 때, 그는 여전히 자신이 충분히 노력했는지에 대한 확신이 없었다.

아마도 어떤 시점에 우리는 숀과 같은 사람들을 위해 다른 선택권들을 살펴보아야 하는 순간을 맞이하게 될 수도 있다. 그들이 비록 성적 끌림과 지향의 영역에서는 의미 있는 변화를 경험하지 못했을지라도, 사회적 지원의 혜택을 받고 영적 성숙을 위한 신앙의 자원을 얻을 수 있도록 돕기 위해 말이다.

숀은 여전히 동성애적 끌림을 경험하고 있다. 그는 더 이상 적극적으로 성적 지향의 변화를 추구하지는 않지만, 동성에 대한 지속적인 끌림이라는 측면에 비추어 자신의 정체성을 탐구하는 일을 계속하고 있다. 그는 자신을 그리스도인으로 여긴다. 그는 자신의 동성애적 끌림에 정직하지만, 자신의 정체성을 동성애자에 두지는 않는다. 그는 지역 교회 공동체에 소속되어 지금 현재와 앞으로 올 미래에 자신에게 자원이 될 사회적 지원 망을 형성해 나가고 있다.

어린 자녀 또는 청소년 자녀가 동성애자 정체성을 선언한다면?

제2부 "가정에서 직면한 질문에 대한 솔직한 대답"에서 먼저 다음과 같은 질문을 살펴보았다.

"어린 자녀나 청소년 자녀가 동성애자 정체성을 선언한다면?"

나는 불안감에 휩싸인 한 어머니를 소개했다. 그녀의 불안감은 어린 아들 제레미의 "여자아이 같은 행동"에서 비롯되었다. 그녀의 생각에, 제레미는 아버지보다 어머니인 자신과 더욱 동일시하고 있었기에, 그녀는 비슷한 상황에 놓인 많은 부모가 하는 공통적인 질문을 던졌다.

우리 아이가 동성애자인가요?

제5장은 두 가지 질문을 솔직하게 다룬다.

첫째, 우리 자녀가 동성애적 끌림을 경험할 가능성이 있는지 어떻게 알 수 있는가?

이것은 제레미의 엄마가 했던 바로 그 질문이다.

둘째, 부모들은 자신을 동성애자로 인식하는 청소년 자녀에게 어떻게 반응해야 하는가?

그 장 전반에 걸쳐 나는 동성애를 불러 일으키는 단 한 가지 원인은 없다는 사실을 부모들에게 상기시켜 주었다. 여기에는 부모-자녀 관계도 포함된다. 나는 부모들이 동성애와 같은 주제가 불거져 나왔을 때 자신을 비난하려는 경향에 압도당하지 않도록 약간의 감정적인 공간을 제공하고자 한다.

우리가 분명히 아는 것은 "성별 비순응"(남아가 여아와 같이 행동하고, 여아가 남아와 같이 행동하는 것)이 아마도 동성애적 지향을 지닌 성인들에게 가장 일관성 있게 나타나는 아동기 경험이라는 사실이다. 그러나 사회적 기대(남아나 여아에 대한)의 상자 밖에 있는 아동이 자라서 모두 게이나 레즈비언의 정체성을 갖게 되지는 않는다.

현재로서는 무엇이 동성애의 원인인지 모르지만, 대부분 전문가는 본성과 양육이라는 양측의 어떤 결합이 역할을 한다는 데에 동의

한다. 환경(그리고 어떻게 그 개인이 환경에 반응하는가)도 역할을 하는 것으로 나타나기에, 부모들은 성별 정체성의 문제를 해결하는 데에 도움이 되어 온 몇몇 방법을 사용해 보기도 한다.

그러나 많은 사람은 이것을 치료법이라기보다는 단순히 사회적 성에 관한 분명하고 일관성 있는 메시지로 여긴다. 그 목표는 아동의 사회적 성에 부합하지 않는 흥미를 무시하거나 전통적인 성 역할에 좀 더 부합하는 흥미 쪽으로 부드럽게 방향을 조절해 줌으로써, 아동의 관심을 긍정적으로 확인해 주는 것이다.

그 장에서 다루었던 두 번째 질문은 십 대 청소년의 성적 정체성에 관한 것이었다.

부모들은 자신을 동성애자로 인식하는 청소년 자녀에게 어떻게 반응해야 하는가?

나는 필이라는 17세 아들과 함께 상담을 받으러 온 한 어머니를 소개했다. 필의 어머니는 최근 사회관계망 서비스에 올라온 필의 암시적인 사진을 보게 되었고, 필은 스스로 동성애자임을 인정했다. 그 장에서 언급했듯, 필의 부모가 필의 정체성에 대해 알게 되었을 때, 그는 이미 다수의 친구에게 그것을 공개한 상태였고, 그들에게 상당한 지지를 받고 있었다.

그 장에서 나는 부모들에게, 만약 청소년 자녀가 동성애적 끌림을 고백한다면, 마음을 가라앉히고 경청할 것을 권유했다. 부모들은 경청에 방해가 되는 것들을 기억해 둘 수 있다. 여기에는 혼란, 분노, 실망과 같은 강렬한 감정적 반응이 포함된다. 또한, 부모로서 자신이 동성애의 원인이라거나, 복음주의적 기독교 가정에서 동성애를 둘러싼 가족적 수치와 같은 생각에 결부된 죄책감, 수치심과 같은 감정적 반응이 포함된다.

부모가 처음 청소년 자녀의 동성애자 정체성에 대해 들으면, 그들은 종종 청소년 자녀가 속해 있는 발달학적 단계에 대해 간과한다. 청소년 자녀들은 다양한 환경에서 다양한 역할을 시도하며 정체성을 형성해 가는 단계에 속해 있다. 또한, 동성애에 있어서, 십 대들은 자신에게 설득력 있는 대본을 받아들이고 있다. 교회는 젊은이들에게, 섹슈얼리티와 그리스도 안에서 산다는 것의 의미를 이해하도록 준비시키는 대안적인 대본을 제시하지 못해 왔다.

대부분 경우 부모가 십 대 자녀의 끌림에 대해 인지하기 훨씬 전부터, 십 대들은 자신의 끌림에 대해 알고 있었음을 기억하는 것은 중요하다. 부모들은 이 정보를 받아들이는 데에 스스로 시간을 허락할 필요가 있다.

부모들은 본인의 결혼을 잘 돌봐야 하며, 이 격동의 시기에 본인이 느끼는 중압감을 과소평가해서는 안 된다는 사실 역시 매우 중요하다. 부부는 자녀의 동성애자 정체성의 공개로 인해 강렬한 감정을 느끼게 되며, 이에 대한 반응으로써 감정적으로 양극화되는 경향을 보인다.

이런 양극화된 감정은 전형적으로 분노-혼란 유형과 사랑-보호 유형으로 나뉜다. 대개 양쪽 부모는 이런 감정을 모두 느끼지만, 각 부모는 재빨리 분열된 감정의 유형 중 하나, 즉 분노-혼란이나 사랑-보호 중 하나를 대표하는 양상을 띠게 될 수 있다. 이런 현상에 유의하면서, 각자 부모가 느끼는 다양한 감정에 대해 지속적으로 다루어 감으로써 도움을 얻을 수 있다.

또 한 가지 도움이 될 수 있는 것은, 끌림의 감정에 대해 논의하는 데에 있어 성급하게 분류나 정체성으로 뛰어들기보다, 설명적인 언어를 사용하여 접근하는 것이다. 만약 십 대 자녀가 이미 동성애자 정체성을 받아들였다면, 그들을 분노하게 하는 방식으로 이 전략이 사용되어서는 안 된다. 대신, 이 전략은 부모가 마음을 차분히 가라앉히고, 십 대 자녀를 하나의 분류가 아닌 한 사람으로 대하면서 덜 감정적인 반응을 조성하고자 할 때 사용되어야 한다.

내가 제레미와 그의 부모를 마지막으로 만났을 때, 나는 제레미의 행동에 관한 평가를 마친 상태였다. 나는 그가 성별 정체성 장애 Gender Identity Disorder의 진단 기준에 부합하지 않는다고 결론내렸다. 즉, 제레미는 그의 나이에 맞는 관심이라는 측면에서 남성성의 좁은 정의에 부합하지는 않았지만, 성별 표현이라는 아동 활동의 측면에서는 정상적인 범주에 속해 있었다.

그 장에서 언급했듯이, 나는 제레미의 부모가 지닌 동성애에 관한 근심과 걱정에 대해, 그리고 만약 제레미가 성장한 후에 동성애적 끌림을 경험하게 된다면 그 사실이 이들에게 무엇을 의미하는지에 대해 상담했다.

그들은 이런 가능성을 직면해 봄으로써, 그리고 아들을 긍정적으로 지지하고 무조건적인 사랑을 표현하는 방법을 찾아봄으로써, 유익을 얻은 것처럼 보였다. 그들은 모두 부모로서 제레미에게 스트레스와 불안의 원천이 되기보다는 도움이 될 수 있는 좀 더 유익한 위치에 서 있기를 원했다.

성인 자녀가 동성애자 정체성을 선언한다면, 이제 어떻게 해야 하는가?

제6장에서 나는 산체스 부부를 소개했다. 산체스 부부는 최근 23세의 딸이 레즈비언 정체성을 선언함에 따라 큰 혼란에 빠져있었다. 부부는 이 소식을 접하고 망연자실했으며, 이에 대해 어떻게 이야기를 나누어야 할지를 놓고 힘겨워하고 있었다. 이런 상황에 놓인 다른 많은 부모들처럼, 산체스 부부도 자신이 딸에게 동성애를 일으킬 만한 무언가를 했던 것은 아닌지(아니면 무언가를 하는 데에 실패한 것은 아닌지 - 예를 들어 경쟁적인 운동을 멀리하도록 하는 것) 궁금해 했다.

제5장과 마찬가지로, 만약 성인 자녀가 동성애자 정체성을 고백한다면, 나는 부모들에게 마음을 가라앉히고 경청할 것을 권면한다. 나는 부모들이 스스로에게 이 상황을 받아들일 수 있는 시간을 허락하고, 성인 자녀가 하는 말을 이해하고자 노력해 보기를 권한다.

나는 또한 부모들이 동성애적 끌림, 동성애적 지향, 동성애자 정체성 사이의 3단계 구분법을 기억하여, 끌림의 감정에 대해 논의할 때 설명적인 언어를 사용할 수 있기를 격려한다. 이것은 부모에게 어느 정도의 공간을 허락하여, 그들이 여유를 가지고 생각하며, 사랑하는 자녀와의 관계를 지속하고, 끌림의 경험을 그 사람이나 정체성과 혼동하지 않도록 돕는다.

부모들에게 있어서, 성인 자녀가 동성애자 대본에 많은 부분 기초하여 동성애자 정체성을 채택했다는 사실을 기억하는 것은 중요하다. 성인 자녀들에게는 고려할 만한 대안적인 대본이 없기에, 그들은 오히려 쉽게 선택을 내릴 수 있다. 하지만 이로 인해 그들은 종종 부모와 교회, 하나님에 대한 그들의 이해와 그 외 많은 것들과 불화하게 된다.

성인 자녀와의 관계에 있어서 흔히 대두되는 중요한 문제는 한계 설정과 경계선에 관한 부분이다. 나는 부모들에게, 한계 설정은 상징적인 의미를 지닌다는 사실을 기억하기를 격려한다. 따라서 부모들은 자신의 시각에서 한계 설정을 바라볼 뿐 아니라, 성인 자녀의 시각에서도 한계 설정을 바라보려고 노력해야 한다.

이 시기에 부부에게 지워지는 중압감을 고려해볼 때, 나는 부모들이 서로에게 멀어지기보다는 서로를 향해 나아감으로써 결혼 생활을 돌보기를 권면한다. 또한, 부모들이 분노와 혼란과 같은 부정적 감정까지 포함하여, 자신의 감정에 대해 하나님께 솔직히 나눔으로써 하나님을 향해 나아가는 것이 얼마나 중요한지 잊지 않기를 바란다.

산체스 부부는 그들의 확신에 비추어서 할 수 있는 부분까지 그들의 딸과 관계를 유지하는 방법을 찾아냈다. 관계는 부부가 바라는 것보다 훨씬 제한되었지만, 현재 존재하는 차이를 고려했을 때 이것이 현실적이다. 그들은 부부로서 양극화되는 것을 피했다. 그들은 또한 한 개인으로서, 그리고 부부로서 스스로를 돌보는 방법들을 알아가기 위해 노력했다.

배우자가 동성애자 정체성을 선언한다면?

제7장에서 우리는 혼합-지향 결혼, 즉, 한쪽 배우자는 이성애자지만, 다른 한쪽 배우자는 동성애적 끌림을 경험하거나 자신을 동성애자라고 여기는 결혼에 대해 살펴보았다. 우리는 관계 변화의 일반적인 단계에 관해 논의했다.

① 자각(동성애적 끌림이나 행동이 공개되거나 발견되는 시점)
② 감정적 반응(공개나 발견에 대한 반응으로, 대개 충격, 혼란, 불신, 분노의 감정)
③ 현실의 수용(공개되었거나 발견된 끌림을 받아들임)
④ 미래를 위한 협의(개인으로서, 그리고 부부로서 결혼 관계의 미래를 결정함)

성소수자인 배우자를 위해 다음과 같은 몇 가지가 제안되었다.

① 경험에 동일시하기보다 경험을 설명하기("나는 남편이자 아버지이며, 나는 또한 동성을 향한 끌림을 경험하고 있습니다")
② 동성에 대한 끌림이 무엇을 의미하는지 탐색하기(이것이 당신의 진정한 모습인가, 아니면 타락의 반영인가 등)
③ 당신이 자신의 다른 측면들에 대해 얼마나 무게를 두는지 탐구하기(예를 들어, 생물학적 성, 성 정체성, 목적, 가치 등)
④ 일치를 향해 노력하기(당신의 행동을 당신의 믿음과 가치관에 맞추

어 조정하기)

혼합-지향 부부가 직면하는 도전은 대인 관계의 트라우마와 혼외 정사(간혹 혼합-지향 부부에게 공개 또는 발견의 한 부분이 되는) 후에 부부가 직면하는 어려움에 비교되었다. 대인관계의 트라우마를 극복하기 위해서는 시간이 필요하며, 일반적으로 다음과 같은 세 가지 단계를 거친다.

① 충격(원치 않는 사건의 영향에 대한 초기의 깨달음)
② 의미의 탐색(무엇이, 왜 일어났는지에 대한 이해에 도달함)
③ 회복(종종 통찰을 따름으로써 더 잘 기능하며, 과거의 분노와 고통을 극복하게 되는 것을 특징으로 함. 부부가 결혼 관계의 미래를 결정하기에 더 나은 위치에 있는 시기)

셰리와 제임스는 여전히 함께하고 있으며, 두 사람 모두 결혼 관계를 위해 노력하려는 헌신의 의사를 표현했다. 그들은 서로 어떻게 관계할 것인가와 동성애적 끌림으로 인해 제임스가 직면하고 있는 도전들에 어떻게 대처할 것인가의 부분에 있어서 중대한 변화를 이루어냈다.

제임스는 계속해서 그의 삶의 한 부분이 된 행동 양식에 대한 통찰을 얻고 있으며, 셰리에게 더욱 투명해지고 열린 마음을 갖는 것이 무엇인지 배우고 있다. 제임스는 우정과 정서적 후원, 상호 책임감을 나누는 지원 그룹에 소속되어 있다.

셰리는 제임스의 공개에 대한 자신의 반응을 다루고, 상처와 분노, 상실감을 극복하는 방법들을 찾아갈 수 있는 지점에 이르렀다. 더불어 셰리는 제임스가 보여 주는 신뢰감 있는 모습에 힘입어, 그와 더욱 친밀해지는 방법을 알아감으로써 자신에게 맡겨진 부분을 감당하고 있었다.

제시카와 프랭크 역시 부부로 함께하기로 헌신했다. 제시카는 자신의 동성애적 끌림을 인정하되, 동성애적 관계는 추구하지 않기로 결단하는 의미 있는 성장을 이루어냈다. 대신 그녀는 결혼과 자녀를 위해 에너지를 쏟기로 다짐했다. 이것은 자신의 개인적, 종교적 가치를 반영하는 결정이었다. 제시카는 여성들과 함께할 때 느끼는 고유한 감정적, 성적 욕구가 채워지지 않는 것에 관련된 상실감에 대해 다루었으며, 이것은 때로 힘겹게 다가왔다.

프랭크는 계속하여 제시카를 지지했다. 그는 제시카의 감정적 필요를 채우는 방법을 배우는 데에 열려 있었다. 그의 열린 마음은 제시카에게 용기를 주었을 뿐만 아니라, 결혼 관계에 가치를 두기로 한 그들의 결정이 좋은 결정이었음을 제시카에게 확인시켜 주는 것처럼 보였다.

우리는 누구의 사람들에 대해 말하고 있는가?

"교회를 위한 질문"이라는 이 책의 제3부는 교회 공동체가 직면하고 있는 두 개의 핵심 질문에 우리의 관심을 집중한다.

먼저, 우리는 누구의 사람들에 대해 말하고 있는가?

나는 학술 회의에서 경험했던 내용에 대해 나누었다. 이 경험을 통해 나는 동성애자 공동체에 속한 사람들이 동성애적 끌림의 경험으로 인해 혼란과 고통 속에 있는 그리스도인들을 어떻게 바라보는지 마침내 이해할 수 있게 되었다.

어떤 면에서, 결국은 공동체의 문제이다. 동성애자 공동체에 속한 사람들은 성적으로 혼란스러운 사람들을 "우리의 사람들"로 여긴다고 말했다. 이 말 속에는 그들이 성적으로 혼란스러운 사람들도 동성애자 공동체의 일부분이라고 여긴다는 의미가 담겨있다. 또한, 그들은 동성에게 끌리는 사람들을 보수적인 종교 공동체에 놓치게 되는 것에 대해 안타까워하고 있었다.

교회가 그리스도인 성소수자들을 "우리의 사람들"로 여기지 않는 경향을 지닌다는 사실은 충격적이다. 우리는 그리스도인 성소수자들이 그리스도의 불완전한 제자들의 공동체보다, 오히려 동성애자 공동체와 더 많은 공통점을 가진다고 여긴다. 교회는 우리가 성적 지향의 극적인 변화를 기대하고 요구하게 하는 방법으로 동성애자 대본을 읽어 왔다. 이것은 결국 교회가 명쾌한 대안적인 대본을 제시하는 것을 방해하고, 사람들이 자신의 섹슈얼리티에 대해 진정한 기독교적 접근을 할 수 있도록 준비시키지 못했다.

교회 내의 성소수자들, 또는 동성애적 끌림을 경험하는 신앙인들은 우리의 사람들이다. 우리에게는 그들에 대한 책임이 있으며, 현재 교회가 이 문제에 접근하는 방식으로는 이 책임을 다할 수 없다. 성적 정체성의 문제로 갈등하는 교회의 사람들에게 대응하는 방법들을 찾아감에 있어서, 나는 교회가 그들을 우리의 사람들이라고 생각하는 방식으로 이 문제의 틀을 세워 갈 때 더 큰 긍휼과 기지로 인도될 수 있다는 사실을 발견했다.

이를 촉진할 수 있는 한 가지는, 내가 "적극적 옹호자"라고 부르는 사람들과 "진실한 분투자"라고 부르는 사람들 사이의 차이를 인식하는 것이다. 양측 모두 동성애적 끌림을 경험하는 신앙인들이지만, 동성애라는 주제에 대해 다른 방식으로 접근한다. 일반적으로, 적극적 옹호자는 교회로부터 부정적인 메시지를 듣고 한동안 고립감을 느끼며, 교회의 가르침에 상당히 급진적인 변화를 요구한다.

이와는 상반되게, 진실한 분투자는 자신의 동성애적 끌림의 경험에 비추어 어떻게 살아가야 할지 씨름하는 사람들로서, 교회의 정책을 변경하고자 하지 않는다. 다만 그들은 교회가 편안하고 안전한 장소가 되어, 그들의 경험과 갈등에 대해 좀 더 투명할 수 있고, 좀 더 실질적인 지지와 격려를 받을 수 있는 공간이 될 수 있기를 기대한다.

나의 경험으로, 진실한 분투자는 특별히 영적인 삶에 있어서, 무엇보다도 인내와 연단으로부터 얻어지는 열매들로 인해 큰 성장을 이룰 수 있는 잠재력을 지닌다. 시간의 흐름에 따른 영적 성장과 성숙은 지역 교회 공동체에 빛을 불러오는 기초를 제공하게 될 것이다.

지속적인 상황에 대해 교회는 어떻게 반응하는가?

제9장은 내가 보기에 교회가 앞으로 탐색해 나가야 할 또 다른 질문에 대답한다.

지속적인 상황에 대해 교회는 어떻게 반응하는가?

나는 당신에게 특별한 이야기를 가진 부부, 테리와 린다를 소개했다. 당신이 기억한다면, 테리는 혼합-지향 결혼 중에 있었고, 동성애적 끌림으로 갈등하고 있었다. 테리와 그의 아내 린다는 모두 신앙인이다. 테리는 지난 몇 년 동안 수차례의 동성애적 관계를 가졌고, 결국 에이즈 바이러스에 감염되었다. 시간이 흐름에 따라 린다는 테리를 용서할 수 있게 되었지만, 그녀 역시 자신의 건강 문제로 투병 중에 있었다. 그녀는 암 진단을 받은 상태였다.

나는 교회가 어떻게 이 두 가지의 지속적인, 또는 이들을 "포위하고" 있는 상황에 대해 다르게 반응하는지 설명했다.

맞다. 테리가 경험했던 동성애적 끌림은 그의 행동의 결과가 아니었지만, 에이즈 바이러스의 감염 상태는 그의 행동의 결과였다. 린다의 암은 이와는 다른 문제였다. 그럼에도, 테리와 린다가 공유하고 있는 것은 그들을 포위하고 있는 두 가지의 힘겨운 상황이었다.

린다는 자신의 투병에 대해 가족, 직장 동료, 친구, 교회 모임, 그리고 다른 사람들에게 나눌 수 있었다. 린다는 많은 지지와 격려를 받았다. 테리는 거의 고립된 채로 씨름했다. 오직 소수의 사람만이 그의 끌림에 대해서 알고 있었고, 더 적은 수의 사람들만이 그의 에

이즈 바이러스 상태에 관해 알고 있었다.

나는 교회가 동성애에 어떻게 반응하고 있는지 생각해 보도록 도전하고 싶다.

테리와 린다, 그리고 이 문제를 풀어가고 있는 다른 사람들을 통해 배움을 얻을 수 있겠는가?

동성애적 끌림을 쉽게 고칠 수 있는 무언가라기보다, 오랜 시간 지속될 가능성이 큰 무언가로 생각해야 하지 않겠는가?

성적 지향을 바꾸려는 시도에 관해 지금까지 우리가 아는 바로는, 대부분 사람이 완전한 전환을 경험하지 못한다는 것이다. 그보다는, 동성애적 끌림의 감소(일부 사람들)나 이성이나 특정한 사람에 대한 끌림의 증가(더 적은 수의 사람들)와 같은 다양한 성취를 경험하게 될 것이다. 소개한 사례들에서도, 대부분 사람은 자신이 어느 정도의 동성애적 끌림을 경험한다는 사실을 인정했다.

따라서, 만일 지속적인 상황이 동성애적 끌림이라면, 교회는 어떻게 반응해야 할까?

전반적으로 말했을 때, 내 경험으로 교회는 다른 지속적인 상황들에 대해 적절히 반응할 수 있고, 또 종종 그렇게 해 왔다. 그러나 어떤 이유에서인지, 우리는 동성애적 끌림에 있어서는 고전하고 있다. 이 분야로 씨름하고 있는 사람들을 위한 교회의 목표가 너무 높게 세워져서는 안 된다.

우리는 변화를 위한 시도를 지지해야 하지만, 깊이 있고 성숙한 영적 삶의 불가결한 단계로써 변화를 요구하지는 말아야 한다. 다시 말하자면 교회는, 동성에게 끌리는 일부의(만약 대부분이 아니라면) 개인들은 평생 이 문제를 갖고 씨름하게 되겠지만, 이것이 그들이 주님과 의미 있는 관계를 맺을 수 없다는 것을 의미하지는 않는다는 사실을 인식할 필요가 있다. 실제로 하나님의 공급하심은 매우 다양하고 예기치 못한 형태로 나타난다.

우리가 모두 함께 교회에서 할 수 있는 일은 하나님이 우리에게 허락하신 모든 것에 대해 더 나은 청지기가 되는 것이다. 여기에는 우리의 섹슈얼리티와 성적 행동도 포함될 것이다. 일부 성소수자들은 스스로를 동성애자이면서 그리스도인으로 명명함으로, 더 나은 청지기가 되고자 할 것이다. 여기서 그들은 동성애자라는 단어에 담긴 함축적 의미를 바꾸어 동성애적 끌림을 경험한다는 사실에 대한 단순한 동의어로 사용하는 것이다.

다른 성소수자들은 동성애자 정체성에 동일시하지 않고, "그리스도 안에" 정체성을 포함한 다른 측면을 중심으로 자신의 주된 정체성을 형성해 나갈 것이다. 그러나 사람들을 그리스도 안에 정체성으로 인도하고자 하는 이성애자들은 이것을 기독교 공동체의 나머지 사람들에게는 적용되지 않고 오직 성소수자들에게만 적용되는 또 하나의 메시지로 전달하기보다는 스스로 모범을 보임으로써 더욱 효과적으로 사람들을 인도할 수 있다.

테리와 린다는 함께 하기로 헌신했다. 테리는 계속하여 동성애적 끌림을 경험하고 있으며, 가까운 사람들과 신뢰할 수 있는 관계를 유지하면서 사회적 지지 기반을 확장하는 방법들을 찾아가고 있다. 린다는 테리를 용서했다고 말한다. 그녀의 암은 호전되고 있으며, 테리를 격려하고 지지할 수 있는 방법을 찾아가는 데에 마음을 열고 있다. 부부는 서로를 향한 친밀함 속에서 성장하기 위해 노력하고 있다.

마지막으로 남기는 두 가지 말

결론적으로, 나는 여러분들이 이 책으로부터 겸손과 관용에 대한 감각을 얻게 되기를 소망한다. 겸손은 우리가 동성애의 원인을 이해하기 위해 어떻게 접근하는가에 있어서 필수적이다. 동성애에 영향을 끼칠 수 있는 많고 다양한 요인들이 있기에, 그리고 어느 한 가지 요인이 성적 지향을 결정짓는 유일한 요인으로 보이지 않기에, 겸손은 부모들에게 비난의 화살을 돌리거나 "오직-주의"의 죄와 같은 단순화된 설명에 초점을 두는 것으로부터 우리를 막아 준다.

관용은 동성애적 끌림을 경험하는 우리 공동체의 사람들에게 우리가 어떻게 반응할 것인가에서 발견된다. 이 문제를 풀어가고 있는 동료 신앙인들은 우리의 사람들이다. 우리는 그들을 우리의 사람들로 바라보아야 하며, 최소한 항상 관용의 마음으로 이끌어야 한다. 관용은 실제적인 성경적 소망에서도 발견된다. 우리는 성적 지향의 변화를 위한 노력을 응원할 수 있다.

그러나 동시에 우리가 우리의 사람들과 분명히 소통해야 할 것은 하나님과의 동행, 영적 성숙, 인격의 깊이가 그들이 경험는 성적 지향의 변화 정도에 달려 있지 않다는 사실이다. 그들은 그리스도 안에 있는 삶, 곧 그들이 누구인가의 핵심이며 모든 믿는 자들에게 공통적인 정체성을 추구할 수 있다.

  우리 각자가 이렇게 할 때, 우리는 미래의 한 부분, 곧 그리스도를 따르는 자로서 우리 모두가 추구하는 것의 한 부분을 맛보기 시작한다. 우리의 목적은 하나님을 찬양하고, 하나님의 맛을 내고, 하나님께 영광을 돌리는 것이다. 그것이 신앙인들의 본질적인 지향이요 정체성이다.

부록

동성애와 그리스도인

올림픽 10종 경기 금메달리스트인 브루스 제너Bruce Jenner가 "캐틀린" 제너("Caitlyn" Jenner)라는 이름의 여성으로 성전환하기로 결정했다는 기사가 「베니티 페어」Vanity Fair 잡지의 커버스토리를 장식했을 때 성전환자 운동과 LGBT(레즈비언, 게이, 양성애자, 성전환자) 운동 전반에 완전히 새로운 차원의 평판이 주어졌다. 21세기가 본격적으로 진행되면서 미국에서 게이 권익 운동은 동성애 문제를 다루는 데 있어 새로운 많은 문제로 교회와 대결하면서 개인적 차원과 공공정책의 차원 모두에서 그들의 문제를 진전시키는 데 점점 더 성공하고 있는 것 같다.[1]

오늘날 미국에서 동성애가 얼마나 판을 치고 있는가?

동성애는 의식적으로 학습된 행동인가?

아니면 그것은 어쩌면 물려받은 호르몬과 유전인자의 영향 때문인가?

동성애는 적절한 심리 치료를 통해 바뀔 수 있는 성향인가?

서구 문명에서 이성애를 선호하는 전통적 경향은 주로 유대-기독교 성경의 영향 때문인가, 아니면 이런 경향은 비서구권 문화들에서도 광범위하게 나타나는 것인가?

기독교회는 동성애자들에게 어떻게 목회적으로 반응해야 하는가?

기독교인은 동성 결혼의 합법화와 그러한 성적 지향을 가진 사람들의 "시민적 권리"를 옹호하기 위한 운동을 지지해야 하는가?

이런 질문들은 동성애 문제에 관해 오늘날의 미국 복음주의자들이 신중하게 성찰해 봐야 할 중요한 문제 중의 일부다.

역사적이며 인류학적인 관점들

우리는 동성애자는 성인으로서의 삶에서 "같은 성의 사람을 향해 우선적이고 분명한 성애적 매력을 느끼고 대개의 경우 (그러나 반드시 그렇지는 않지만) 그런 사람들과 노골적인 성관계를 갖는" 사람으로 이해된다.[2]

이런 정의는 어떤 개인들, 예를 들면 교도소 수감자들은 비록 지속적인 동성애 지향성에 근거한 것은 아니지만 산발적으로 동성애 행위를 할 수도 있다는 사실을 인정한다.

동성애는 아주 오래전 고대에도 존재했던 현상이며 고대 문화의 그림 문자와 상형 문자에서뿐만 아니라 선사 시대의 미술에서도 그 흔적을 찾아볼 수 있다.[3] 고대의 히브리인들과 이집트인들, 그리고

앗시리아인들은 동성애 행위를 금지하는 법률을 갖고 있었다.[4]

기원전 6세기 이후 그리스의 예술과 문학에서 동성애가 점점 더 많이 언급되고 있다. 사포Sappho와 아나크레온Anacreon의 시에서, 플라톤Plato의 산문에서, 그리고 아이스킬로스Aeschylus의 희곡에서 동성애가 등장한다.[5] 그렇지만 고대 그리스문화에서 동성애가 사회적 규범으로 받아들여졌었다고 결론짓는 것은 잘못된 일일 것이다. 아리스토텔레스Aristotle와 헤로도토스Herodotus, 아리스토파네스Aristophanes, 그리고 후기 스토아학파와 견유학파의 많은 철학자가 그러한 행위에 대한 도덕적 불승인을 표현했다.[6]

그리스 상위 계급의 소수는 동성애에 관용을 보이거나 심지어 그것을 옹호했을 수는 있지만, 전반적인 그리스 사회는 그것을 승인하지 않았고 전통적인 이성애의 규범을 견지했다. 아르노 칼렌Arno Karlen이 평한 것처럼, 고대 그리스에서 동성애를 "용납"했다는 것은 "일차 문헌을 읽지 않은 사람들"에게나 "상식"으로 남아 있다.[7]

고대 로마 사회에 동성애가 존재했다는 것은 수에토니우스Suetonius의 저작들과 주베날Juvenal의 풍자시, 그리고 카툴루스Catullus와 마르티알Martial의 시에서 확인되고 있다.[8] 고대 그리스에서와 마찬가지로, 그러한 행위가 존재했다는 것이 사회의 일반적인 승인을 의미하지는 않는다.

바이킹족Vikings과 서고트족Visigoths, 켈트족Celts, 혹은 반달족Vandals이 동성애를 승인했다는 증거는 없다. 이런 이교도 문화의 일부에서는 사실 동성애를 엄하게 처벌했다. 서고트족의 법률은 동성애 행위를 하는 자에게 화형을 선고했다.[9] 이런 증거들은 서구에서의 동성애에 대한 적대감이 기독교회에서 비롯된 것이 아니라는 사실을 보여 준다. 교회의 가르침은 이미 유럽에 존재하고 있던 신념을 단지 강화했을 뿐이다.

1000년과 1500년 사이에 유럽에서 점점 더 도시화가 이루어지면서 동성애 행위에 대한 형적도 증가했다. 16세기 후반에서 19세기 초반까지 그러한 행위는 영국과 프랑스에서 더 흔히 볼 수 있는 일이 되었다.[10]

1970년대 이후 미국에서의 게이 권익 운동은 점점 더 알려지고 영향력을 갖게 되었다. 이것을 볼 수 있는 한 분야는 심리학 분야다. 1973년에 활동가들은 미국정신의학협회American Psychiatric Association의 이사회를 설득해서 동성애를 정신질환의 목록에서 제외하도록 했다. 동성애의 증상은 "성적 지향장애"sexual orientation disturbance라는 용어로 대체되었고,[11] 이것은 후에 "자아 이질적 성적 지향"ego-dystonic sexual orientation이라는 용어로 대체된 후 나중엔 목록에서 완전히 사라졌다. 2015년에는 미국정신의학협회가 동성 결혼을 지지하는 대법원의 판결에 찬성하는 공식 입장을 발표하는 정도까지 입장이 변화되었다. 협회 회장인 르네 바인더Renée Binder는 "동성애가 인간의 성적 본성의 정상적인 표현이라는 결론을 지지하는 강력한 증거가 있다"라고 말했다.[12]

비교문화 인류학의 연구들은 이성애적인 경향이 유대 기독교 전통에 뿌리를 둔 서구의 문화적 신념 그 이상이라는 사실을 보여 준다. 포드Ford와 비치Beach는 77개의 서로 다른 문화들로부터 얻은 자료에 근거해서 다양한 문화 속에 나타난 동성애적 행동에 대한 광범위한 연구(『성행위의 유형들』Patterns of Sexual Behavior, 1951)를 진행했다. 여기서 그들은 "알려진 모든 문화가 성적 표현의 다른 형태들과 대조되는 남녀 간의 성적 결합을 선호하는 쪽으로 확실하게 치우쳐 있다"라는 사실을 발견했다.[13]

칼렌이 지적한 것처럼, 어떤 사회들은 일부의 개인들이 삶의 특정한 기간 동안 산발적으로 하는 동성애 행위에 대해서는 허용할 수 있겠지만 그러한 문화들도 대다수의 성인이 일생의 대부분의 기간 동안 동성애 행위를 선호하는 것은 일반적으로 인정하지 않는다.[14]

덴버에 있는 콜로라도대학교 의료원의 비기독교인 정신과의사 워렌 게드패일 Warren J. Gadpaille 은 말하기를, "진화론적인 관점에서 볼 때 동성애를 선호하거나 강제하는 것은 분명 생물학적인 일탈 행위라는 사실은 자명하다"라고 했다.[15] 순전히 생물학적인 관점으로 볼 때 어떤 사회가 동성애적 행위보다 남녀 간의 결혼과 출산을 장려하지 않는다면 그 사회는 결국 존속할 수 없다는 사실은 분명하다. 생물학적으로 말해, 동성애를 선호하는 것은 성적 지향 부적응이다. 게드패일은 또 말하기를 "선천적으로 이성애를 추구하는 경향성에 대해 진화론적이고 신경생리학적인 증거"가 있다고 했다.[16]

단지 어떤 인간 문화들이 만들어 낸 것이라는 주장과는 달리 남성성과 여성성의 차이들과 "이성애를 선호하는 경향은 계통발생학적 단계를 통해 매우 일관적으로 나타난다."[17] 게드패일은 결론 내리기를 비교 문화적 자료들이 분명하게 보여 주는 것은 성인들의 동성애가 "선천적인 이성애 경향성이 표현되는 것이 허용되고 촉진되는 문화나 가정에서는 자연스럽게 나타나지 않는다"[18]라는 사실이라고 했다.

이런 결론들은 이전의 연구인 영국 인류학자 언윈[J. D. Unwin] 이 1927년에 발표한 중요한 논문인 "사회적 활력의 조건으로서의 일부일처제"에 의해서도 지지되고 있다. 인류 역사를 통틀어 서구와 비서구 문화들에 대한 광범위한 연구를 수행한 후 언윈은 결론 내리기를, 인류 역사를 살펴볼 때 "문명화된 사회 가운데 절대적인 [이성애적] 일부일처제를 따르지 않은 사회는 단 하나도 없고, 그 어떤 사회도 덜 엄격한 관습을 채택한 후 원래의 문화를 유지한 사례가 없다"라고 했다.[19]

한 사회가 이성애적 일부일처제를 사회적 규범으로 채택하고 유지하게 된 후에야 "모든 사회적 에너지가 발현되었는데 그 에너지는 정복이나 예술과 과학, 사회적 비전의 확장, 혹은 다신론이 유일신론으로 대체되고 유일하고 참된 신에 대한 개념이 우세하게 되는 것 등으로 나타났다"라고 언윈은 주장했다.[20]

비교문화적 자료에 근거한 언윈의 결론은 그 후의 포드와 비치와 게드패일의 결론, 즉 동성애에 대한 선호가 한 사회의 규범으로 채택된다면 결국 그 사회는 비생산적인 사회가 될 것이라는 결론을 미리 보여줬다.

의학적 측면들

발생빈도

1940년대 후반에 미국에서 알프레드 킨제이Alfred Kinsey와 그의 동료들은 성적 행동에 관한 광범위한 조사를 실시했다. 킨제이의 자료에 의하면, 지배적으로 동성애적 혹은 양성애적 성향을 갖게 되는 빈도는 남성 중에서 약 9% 그리고 여성 중에서 대략 2% 정도다.[21]

그러나 파사데나Pasadena에 위치한 풀러심리학대학원의 심리학 교수인 폴 카메론Paul Cameron은 킨제이의 자료에 오류가 있었다고 지적한다. 그가 사용한 표본 집단들은 일반인들을 대표하는 것이 아니었고, 또 많은 측정 과정에서 유년 시절의 성적 탐구가 성인들의 행위와 동일한 성격의 것으로 간주되었다.[22] 다른 조사들은 남성의 경우 2-4%, 그리고 여성의 경우 1-4% 정도의 발생 빈도를 보여 줬다.[23]

그렇지만 킨제이의 초기 연구가 가진 방법론적 한계가 어떤 것이든 1890년과 1950년 사이의 기간 동안 사회 전반에 걸쳐 성에 대한 태도가 상당히 변화되었음에도 그 기간 동안 동성애 행동에 있어 현저한 증가가 나타나지 않았다는 사실은 흥미로운 일이다. 갤럽 조사는 미국인들이 미국 내의 게이와 레즈비언의 비율에 대해 상당히 과대평가하는 경향이 있음을 보여 줬는데, 그들은 동성애자 비율을 실제 수치인 3.8%보다 훨씬 높은 수치인 23%로 추산했다.[24]

동성애의 원인

동성애의 원인이 무엇인가에 대한 질문은 연구자들 사이에 논란이 되어 왔다. 어떤 사람들은 유전적 인자와 염색체적 인자에 의해 동성애적 성향을 타고나므로 그것에 대한 개인적 책임을 물을 수 없다는 주장이 제기되어 왔다. 그렇지만 존스홉킨스대학교의 연구자이자 인간의 성이 가진 생리학적 측면에 관한 연구의 권위자인 존 머니John Money 박사는 입수 가능한 문헌들에 관한 연구에 근거해서 결론 내리기를, "동성애자들이나 양성애자들은 종류나 정도와 관계없이 이성애자들과 염색체상의 차이를 보인다"라는 가설을 뒷받침할 수 있는 증거는 존재하지 않는다고 했다.[25]

성 호르몬의 불균형이 동성애 행위의 원인이거나 그것을 유도하는 요인일 수 있다는 주장 역시 제기되어 왔다. 그렇지만 성 호르몬이 성행위를 위해 필요한 신체 기관들의 생리적 발달과 성적 자극에 대한 그 기관들의 민감성을 높이기 위한 생리적 발달을 위해 중요한 반면 성관계의 상대를 선택하는 것과 성감의 강도에 영향을 미치는 결정적인 요소는 심리적인 요인이라는 점이 지적되어 왔다.[26]

토니Tourney가 지적한 것처럼, 남성 동성애자들을 남성 호르몬으로 치료하는 것이 그들의 성적인 선호를 현저하게 변화시킨다는 증거는 없다.[27] 이런 결과들이 의미하는 것은 동성애적 이끌림은 유전적 혹은 호르몬적 요인만에 의해 처음부터 결정된 성향이라기보다는 상당 부분 사회적 학습에 의해 형성된 것일 수 있다는 사실이다.

구(舊)동독의 연구원이었던 도너G. Dorner는 쥐들을 대상으로 실시한 연구에 근거해서 주장하기를 출생전 4개월에서 7개월 사이의 태아 발달 과정 중에 나타난 호르몬 불규칙성이 동성애 성향을 갖게 만든다고 말했다.

하지만 그의 연구는 다른 과학자들에 의해 재현되지 못했다.[28] 머니 박사에 따르면, 출생전의 호르몬 결정 인자는 만일 그것이 실제적인 요인이라고 해도 "아마 하나의 기초적인 성향을 만드는 것에 불과한데 그 위에 출생 후의 성적 심리 상태의 상부 구조가 모국어의 경우에서와 같이 주로 사회적 작용의 프로그래밍에 따라 다른 형태로 분화하게 되는 것이다."[29]

가족 정신 병리가 동성애를 유발할 수 있는 하나의 원인이라는 주장이 종종 제기되어 왔다. 위압적인 어머니와 무관심하거나 적대적인 아버지를 가진 경우 이와 같은 상태를 야기할 수 있다는 몇몇 증거들이 있다. 그렇지만 그 증거들은 그러한 요인들의 결합이 동성애 행위의 발생을 위한 필요 혹은 충분 조건임을 가리키는 것은 아니라는 사실에 유의해야 한다.

어떤 동성애자들은 그런 가족 배경을 갖고 있지 않으며, 그런 가족 병리를 가진 사람이라고 해서 반드시 동성애 경향을 갖게 되는 것은 아니다.[30] 에벌린 후커 Evelyn Hooker가 동성애의 병인에서 다중 요인적 원인들이 작용하고 있다고 본 것은 아마 정확한 관찰일 것이다. 그녀는 결론짓기를, "생물학적, 문화적, 정신역학적, 구조적, 그리고 상황적 변수들을 포함한 다양한 변수들의 수많은 결합에 의해서" 여러 가지 형태의 성인 동성애가 나타난다고 했다.[31]

이 분석이 정확하다면 우리는 성경적 관점에 근거해서 동성애의 발생은 "후천성"nurture을 제외한 "선천성"nature만의 문제나 혹은 그 반대가 아니라 오히려 그 둘의 결합이라고 말할 수 있을 것이다. 인간은 타락한 인간 본성을 이미 그 자체로 죄의 영향을 나타내고 있는 사회적 환경 속으로 가져오며, 동성애는 그러한 상호 작용이 만들어내는 왜곡된 현상들 중 하나다.

성경은 인간의 본성이나 사회적 환경이 완전하다는 환상을 가지고 있지 않지만, 인간은 그를 둘러싼 세계와 어떻게 상호 작용하느냐에 대해 도덕적으로 책임이 있다고 가르친다.

변화는 가능한가?

동성애의 치료에 관해 그러한 성적 지향은 타고난 것이며 따라서 바뀔 수 없다는 주장이 일반적이다. 하지만 어떤 임상적 자료들과 자전적 증언들에 비춰볼 때 그러한 견해에 이의를 제기할 수 있다. 알바니에 있는 뉴욕주립대학교의 심리학 교수인 데이비드 바로우(David Barlow) 박사는, "내가 들은 어떤 주장들과는 반대로, 동성애나 어떤 성적 선호가 세 살 때까지 형성되고 그 후엔 바뀔 수 없다는 주장에 대한 증거가 없다"라고 말했다.[32]

한 사람의 성(gender)에 대한 자각은 매우 일찍 형성되지만, 그것이 성적 대상에 대한 선호와 동일한 것은 아니다. 현대의 심리학적 기법들의 발달과 더불어 "성적인 선호 경향을 변화시키는 것은 그렇게 하겠다고 선택한 사람에게 그렇게 각별히 어려운 일은 아니다"라고 바로우 박사는 지적하고 있다.[33]

그러한 변화는 이성애적 관계를 한 번도 경험해 본적이 없는 소위 말하는 "킨제이 6단계"(킨제이의 동성애 성향 분류에서 최고의 단계에 속한 전적인 동성애자-역주)나 "필연적인 동성애자"에게조차도 가능하다.

하버드대학교 의학대학원의 정신의학과 교수인 아만드 니콜라이 Armand M. Nicholi는 바로우의 증언을 지지한다. 니콜라이는 말하기를, "과거와 현재의 그 어떤 사회도 동성애의 제도화를 허용한 사회는 없는데 그 이유는 동성애는 사회의 기본 단위인 가족의 토대를 허물고 그리고 물론 출산을 불가능하게 하는데 이것은 인류의 멸종을 의미하는 것이며 따라서 동성애를 허용하는 사회는 그 자신의 멸종을 위한 씨를 뿌리는 것이 되기 때문이다"라고 했다.[34]

그에 의하면, 동성애가 바뀔 수 없는 상태라는 주장은 명백한 거짓이며 수많은 임상 연구 결과에 역행하는 것이다. 애나 프로이드 Anna Freud, 버글러 Bergler, 바이코프스키 Bychowski, 로랜드 Lorand, 헤이든 Hadden, 오버시 Ovesey, 에버 Eber, 소케이들스 Socaidles, 글로버 Glover, 빅크너 Bickner, 헤터러 Hatterer, 그리고 다른 여러 학자가 성정체성이 적어도 어떤 사례들에서는 바뀔 수 있다는 사실을 보여 준다.[35]

존스 Jones와 야르하우스 Yarhouse는 1950년대와 1970년대 사이에 행해진 연구들을 광범위하게 검토한 결과 그런 긍정적인 결과를 가져온 성공률이 평균 30%에 달한다는 사실을 발견했다.[36] 이것을 포함해 지금까지 언급했던 연구들은 물론 순전히 인간적인 방법들을 사용한 성공률을 보여 준다.

만일 하나님의 은총이라는 방책과 성령의 능력이 치료 과정에 포함된다면 변화를 갈망하는 동성애자에게 성공에 대한 실제적 희망이 없다고 누가 말할 수 있겠는가?

건강상의 합병증들

동성애 행위의 결과로 야기되는 심각한 공중 보건 문제들을 적절하게 살펴보지 않고서는 동성애의 의학적 측면들을 전부 고찰했다고 할 수 없다. 동성애는 성관계를 통해 전염되는 질병들이 통상적인 수치 이상으로 발병하는 것과 연관되어 있다.

에드워드 아트낵 Edward Artnak 박사와 제임스 세르다 James J. Cerda 박사가 의학 저널 「위장병학의 최신 개념들」Current Concepts in Gastroenterology에 기고한 글에 따르면, "남성 동성애가 성관계로 전염되는 질병들의 새롭게 나타난 많은 사례의 원인이 되고 있다."[37] 질병통제센터는 최근의 매독 발병사례들의 약 50%는 동성애에서 나타나고 있다고 보고했다. 센터에 따르면, "전국적으로 볼 때 동성애자들이 다른 이성애자들보다 5배 정도 더 매독에 취약하다."[38]

세 건의 추가적인 연구들은 남성 동성애자들 사이에 직장rectal 임질이 유행하고 있다는 사실을 입증했다.[39] 이런 증상은 항문 성교를 통한 동성애 행위와 연관된 것으로 생각된다. 아울러 B형 간염 바이러스의 전염도 동성애자들의 항문 성교와 연관되어 있는데 그것은 남성 동성애자들 사이에 일반적으로 나타나는 감염이다.[40] 그리고 브루스 뵐러 Bruce Voeller 박사에 의하면, 항문 성교는 남성 동성애자들 사이에 직장암 발병률을 높일 수 있다.[41]

최근 수십 년간 동성애과 에이즈(선천성면역결핍증)와의 관련성이 의학계에서뿐만 아니라 대중매체에 의해서도 큰 관심거리가 되었다. 이 증상과 그것이 초래하는 심각은 면역학적 문제들은 동성애 행위와 매우 밀접하게 연관되어 있다. 한 연구에 의하면, 동성애자들과 정맥 주사를 통한 마약 상습자들이 미국 내 전체 에이즈 사례의 76.4%를 차지한다.[42] 동성애자들이 헌혈한 감염된 혈액을 통해 그러한 질병이 전염될 수 있다는 사실은 에이즈에 관한 대중의 관심을 더욱 증가시켰다.

의학적 연구에 의해 밝혀진 바로는, 동성애 집단 문화에서 성관계로 전염되는 질병이 통상적인 수치보다 높게 발병하는 것은 많은 동성애자의 난교 행위와 연관된다. 드러신^{Drusin}이 그의 동료들과 함께 수행한 연구는 대학생 연령의 동성애자들은 그들의 이성애자 학우들보다 8배나 많은 섹스 파트너를 갖고 있다는 사실을 발견했다.[43] 덴버의 증기탕을 애용하는 남성 동성애자들은 한 달에 평균 7.9명의 섹스 파트너를 가졌으며 그중 삼분의 일은 한 달에 10명 이상의 섹스 파트너를 가졌다.[44]

샌프란시스코 베이 지역에 사는 575명의 남성 동성애자들과의 인터뷰에 근거한 한 연구에서 벨^{Bell}과 와인버그^{Weinberg}는 응답자들의 43%가 그들의 평생에 적어도 500명의 섹스 파트너를 가졌다는 사실을 발견했다.[45]

이런 의학 연구는 동성애와 성관계로 전염되는 질병 사이의 놀라운 연관성과 아울러 아주 분명하게, 동성애 행위는 단지 "서로 동의하는 성인들 간의 사적인 문제"가 아니라 사회 전체의 일반적인 이해 관계에 영향을 미치는 심각한 정도의 공중 보건 문제를 제기할 수 있다는 사실을 보여 준다.

성경의 증거

"오직 강력한 냉소주의만이 성경이 동성애에 관해 말씀하고 있는 것에 어떤 미심쩍은 것이 있다는 듯 주장할 수 있다"라고 마이클 어클레자Michael Ukleja는 쓰고 있다.[46] 다소 최근까지 학계의 일반적인 의견은 이와 같은 입장을 강하게 지지해 왔다. 대체적으로 말해 그와 같은 합의는 여전히 존재하지만, 그러나 베일리D. S. Bailey와 존 맥닐John J. McNeill과 같은 일부 학자들은 기존의 견해를 수정하려고 시도해 왔고 그래서 아래에서는 그들의 주장을 면밀하게 살펴볼 것이다.[47]

인간의 성에 관한 기독교적 이해의 기본이 되는 것은 창세기 1-2장에 나타난 창조 기사이다. 하나님의 본래적 창조 의도는 남자와 여자를 그 자신의 형상과 모양대로 창조하신 사실에서 명백하게 드러난다(창 1:27). 인간의 성은 성별을 셋이나 넷이 아닌 둘로 나눴다는 사실 혹은 그 둘을 남녀 양성으로 결합하도록 했다는 사실에 반영되고 있다. 인간이 독처하는 것은 좋지 않았으며(창 2:18), 따라서 하나님이 여자를 창조하셔서 남자의 짝이자 땅을 다스리라는 정복 사명을 함께 수행할 동역자가 되게 하셨다(창 1:28). 성적 구별은 결혼과 출산의 토대이며 인간 공동체의 근원적 형태인 가족의 토대이다. 돈 윌리암스Don Williams가 말했듯이, 하나님의 계획 속에서 "인류의 근원적 형태는 남자와 여자 사이의 교제다."[48]

동성애적 관계는 인류를 향한 하나님의 계획의 일부인 인간의 성과 결혼이 가진 출산의 차원을 성취할 수가 없다. 하나님이 "생육하고 번성하여 땅에 충만하라, 땅을 정복하라"(창 1:28)고 하셨다. 출산의 차원이 결혼의 의미와 중대성 전부는 아니지만, 원칙적으로 그것은 동성애적 관계에서와같이 결혼과 분리어서는 안 된다.

창세기는 또한 성을 포함한 인간의 삶은 더 이상 하나님의 본래적 의도를 완전하게 반영하지 못하고 있다고 말씀하는데, 그것은 인간의 삶이 죄로 인해 왜곡되었기 때문이다. 불순종의 결과로 말미암아 인간은 저주의 흔적을 갖게 되었다(창 3:16-19). 인간의 노동과 성생활은 하나님과 인간 사이의 관계가 무질서해지고 단절되었다는 사실을 보여 준다.

하나님의 형상을 가진 두 사람의 결혼 관계는 인간을 향한 하나님의 사랑을 반영하게 되어 있었지만, 오히려 욕망과 폭력으로 그리고 지배와 군림을 향한 투쟁으로 물들어 있다. 동성애는 인간의 삶이 가진 근본적인 무질서를 보여 주는 많은 증상 중의 하나일 뿐이다. 이성애든 동성애든 모든 정욕은 하나님의 법을 위반하는 것이며 인간의 타락한 본성을 반영한다. 성경은 인간이 처한 곤경의 원인을 사회적 환경에서 찾지 않고 인간 자신의 마음에서 찾는다.

성경에서 처음으로 동성애가 언급된 곳은 창세기 19:1-11이다. 롯은 소돔과 고모라의 죄로 인해 부르짖는 소리를 살펴보기 위해 소돔으로 보냄을 받은 두 천사를 접대했다(창 18:20-22 참조). 롯은 그 천사들을 자신의 집안으로 영접했고 그날 저녁에 소돔의 남자들은 롯의 집을 둘러싸고 그의 손님들을 보고자 했다. 그들은 롯에게, "오늘 밤에 네게 온 사람들이 어디 있느냐 이끌어 내라 우리가 그들을 상관하리라"고 말했다(창 19:5).

베일리 D. S. Bailey는 주장하기를, 소돔 남자들이 그 낯선 사람들을 "상관"하겠다는 말은 단지 그들과 좀 더 가까이 알고 지내기를 원한다는 뜻일 뿐이며, 이 에피소드는 나그네에게 적절한 환대를 베풀지 않은 문제 그 이상은 아니라고 말한다.[49]

"야다"yada라는 말은 구약성경에서 943번 정도 등장하는데 그중 단지 12번의 경우에만 "성관계를 갖다"라는 명확한 의미를 가지며 다른 곳에서는 "친해지다" 혹은 "알고 있다"라는 것을 의미한다고 베일리는 지적한다.

베일리의 주장이 가진 문제는 단지 단어의 빈도를 따지는 것이 그 의미를 결정하는 기준이 되지 못한다는 사실에 있다. 결정적으로 고려되어야 할 것은 그 단어는 어떤 특정한 문맥에서 사용되고 있느냐이다. 창세기에서 "야다"yada라는 말이 12번 사용되고 있는데 그중에 10번의 경우 성관계를 의미한다.[50] 더욱 분명한 사실은, 창세기 19장 8절의 직접적인 문맥에서 "야다"는 명백하게 성관계를 의미하는 방식으로 사용되고 있다. 롯은 그의 집에 머무는 손님들을 보호하기 위한 절박한 시도로서 소돔의 남자들에게 말하였다.

> 보라, 내게 남자를 가까이하지 아니한 두 딸이 있노라 청하건대 내가 그들을 너희에게로 끌어내리니 너희 눈에 좋을 대로 그들에게 행하고 이 사람들은 내 집에 들어왔은즉 이 사람들에게는 아무 일도 저지르지 말라(창 9:18).

이 경우에 롯의 판단에 대해 어떻게 평가하든지 간에 분명한 것은 그가 자기의 손님들과 동성애 성관계를 하려는 소돔의 남자들에게 손님들을 대신해서 자신의 처녀 딸들을 내어주려고 했다는 것이다.

기독교와 유대교 주석가들은 모두 이 본문이 분명히 동성애 행위를 언급하고 있다고 해석해 왔다. 유다서의 저자는 "소돔과 고모라와 그 이웃 도시들도 성적 문란함과 변태에 빠졌다"(7절, NIV)라고 기록하고 있다.[51]

한 랍비 주석은 창세기 19장 9절에 대해 이렇게 기록하고 있다.

랍비 메나헤마Menahema는 랍비 비비Bibi의 이름으로 이렇게 말했다. 소돔 사람들은 낯선 여행객이 그들을 방문하면 그를 동성애 강간하고 금품을 약탈하기로 그들끼리 공동 모의를 했다. 심지어 여호와의 도를 지켜 의와 공도를 행하게 하려고(창 18:19) 부르심을 받았다고 기록된 자도 성폭행하고 금품을 약탈하기로 했다.[52]

주전 25년경부터 주후 45년경까지 살았던 알렉산드리아의 유대인 필로Philo는 소돔사람들의 땅을 "헤아릴 수 없는 악행과… 폭식과 방탕으로 가득한" 곳으로 묘사했다. 소돔의 남자들은 "서로 간에 색욕을 품고 흉한 일들을 행하며 그들 상호 간의 본성을 중시하거나 존중하지 않았다.… 그 남자들은 여자처럼 취급받는 일에 익숙해졌다."[53]

유대인 역사가 요세푸스Josephus는 창세기 19장의 본문에 대해 고찰하며 다음과 같이 말했다.

소돔 사람들은 롯이 자신의 집으로 영접한 이 청년들의 뛰어난 용모를 보자마자 이 아름다운 젊은이들을 강간하고 능욕하기만을 마음먹었다.… 롯은 그들이 정욕을 억제하고 자신의 손님들을 욕보이지 않기를 간청했다.… 그러므로 그들의 극악무도함에 진노하신 하나님이 그 행악자들의 눈을 어둡게 하셨다.[54]

2세기에 저작 활동을 했던 순교자 저스틴[Justin Martyr]은 그의 『첫 번째 변증』[First Apology]에서, "모세는 소돔과 고모라가 불경건한 남자들로 가득한 도시들이었으며 하나님이 불과 유황으로 그 도시들을 불태우고 파괴하셨다고 말했다"라고 언급했다.[55]

3세기에 오리겐[Origen]은 그의 네 번째 창세기 설교에서 소돔사람들에 관해 다음과 같이 썼다.

롯 외에는 아무도 회개하려고 하지 않았으며 아무도 돌이키려고 하지 않았다.… 오직 그만 재앙으로부터 구원받았다.… 그 누구도 하나님의 자비를 알고자 하지 않았고 그 누구도 하나님의 긍휼하심을 피난처로 삼으려고 하지 않았다.[56]

올림피우스의 메도디우스[Methodius of Olympius, 260-312]는 소돔의 주민들이 "자연에 어긋나고 자손의 생식으로 이어질 수 없는 욕정인 남자들을 향한 욕정에 자극되었다"라고 썼다.[57]

중세 유대인 주석가인 라쉬[Rashi, ~1105]는 창세기 19장 5절의 "우리가 그들을 상관하리라"는 구절에 관한 주석에서 그것은 "남색"을 의미한다고 말했다.[58]

따라서 분명한 것은, 창세기 19장 5절의 직접적인 문맥과 그것에 대해 유대인과 기독교인 학자들이 오랫동안 해석해 온 것은 모두 그 본문의 올바른 의미를 명백하게 가리키고 있는데 그것은 바로 동성애적 행위라는 것이다. 본문에 대한 베일리의 오역은 동성애 옹호 진영의 표준적인 주장이 되어 왔지만 그러한 주장은 전혀 유지될 수가 없다. 모세의 율법은 동성애 행위를 단호하게 정죄하고 있다.

> 너는 여자와 동침함 같이 남자와 동침하지 말라 이는 가증한 일이니라 (레 18:22).

그러한 범죄 행위에는 사형이 따랐다.

> 누구든지 여인과 동침하듯 남자와 동침하면 둘 다 가증한 일을 행함 인즉 반드시 죽일지니 자기의 피가 자기에게로 돌아가리라(레 20:13).

가증함(*to'ebah*)이란 말은 레위기 18장에서 5번 사용되고 있는데 단호한 부정을 나타내는 용어로서 문자적으로는 하나님이 증오하고 미워하시는 어떤 것을 의미한다(잠 6:16; 11:1 참조).[59]

어떤 사람들은 생리 중인 여성과의 성관계에 대한 금지 규정(레 18:19)은 본문에서 그 뒤에 밀접하게 이어지고 있는 동성애 성관계의 금지 규정(레 18:22)도 그와 같이 본질에 있어서 도덕적 규정이 아니라 제의적인 것임을 보여 준다고 주장해 왔다.

그렇지만 동성애 금지 규정이 명백하게 도덕적인 성격을 가진 다른 규정들, 예를 들면, 간음(레 18:20)과 자녀 인신 제사(레 18:21)와 수간(레 18:23)에 대한 금지 규정들과 함께 등장하고 있다는 점에서 그러한 주장은 결코 성립될 수가 없다. 몰렉에게 자녀를 제물로 바치는 것은 하나가 아닌 두 개의 도덕법 규정, 즉 우상 숭배(출 20:3)와 살인(출 20:13)에 대한 금지 규정을 위반하는 것이었다.

사사기 19장에도 동성애에 대한 명백한 언급이 나타나 있다. 많은 점에서 이 기사는 창세기 19장의 기사와 유사하지만, 사사기 19장에 묘사된 사건은 소돔에서 발생한 사건과 분명히 구별된 것으로 제시된다.

한 레위인이 그의 첩과 함께 여행하다가 베냐민 지역의 기브아에서 유숙하게 되었는데 당시 그 땅에 거류하고 있던 에브라임 출신의 한 노인의 초대를 받아 그 집에 머물게 되었다(삿 19: 16-21). 그날 저녁 그 성읍의 "불량배들"이 그 집을 둘러싸고 노인에게 말하기를, "네 집에 들어온 사람을 끌어내라 우리가 그와 관계하리라"(22절; 우리가 그와 성관계를 갖겠다[NIV])고 했다.

그 레위인은 자신의 첩을 붙잡아 집밖으로 끌어냈고 그 성읍의 남자들은 "그 여자와 관계하였고 밤새도록 그 여자를 능욕하다가 새벽 미명에 놓아 주었다"(25절; 그들은 그녀를 강간하고 밤새 능욕했다[NIV]).

22절과 25절에 히브리 단어 '야다'(알다)가 동일하게 사용된 것은 22절에서 그 성읍 남자들이 레위인 방문객과 동성애 관계를 갖고자 했다는 사실을 분명하게 보여 준다. 본문의 나머지 부분들도 이 사건에는 나그네에 대한 단순한 환대 문제 이상의 문제가 달려 있다는 사실을 보여 준다.

22절에서 성읍 남자들은 "베네 벨리알"(불량배들 – 문자적으로는 "사악함의 아들들")이라고 묘사된다. 이 표현은 구약성경에서 27번 나타나는데 여기서는 사무엘상 1장 16절에서와 마찬가지로 "인간의 법이든 하나님의 법이든 모든 법을 무시하며 행동하는 인간"을 가리킨다.⁶⁰

현대의 한 학자는 이 표현을 오늘날 통용되는 일상어로 바꿔 말한다면 "동네 건달"이 가장 적합할 것이라고 말했다.⁶¹

23절에서 성읍 남자들의 요구가 "이 같은 악행"(*nebalah*; 이 수치스러운 일[NIV])이라는 말로 묘사되고 있다. 카일Keil과 델리치Delitzsch는 이 말이 "창세기 34장 7절과 신명기 22장 21절에서와 같은 추잡한 방종과 음탕함"을 가리키기 위해 사용되었다고 지적한다.⁶²

따라서 이 이야기에 사용된 용어들은 사사기 19장이 동성애에 대한 명백한 언급을 포함하고 있으며 그런 행위를 가증스러운 것으로 보고 있다는 사실을 분명하게 보여 준다.

구약성경에 나타나 있는 유대인들의 동성애 혐오는 랍비 저술들에서도 발견된다. 그런 행위에 대한 언급이 탈무드에 상대적으로 적게 나타나는데 그것은 분명히 그런 죄가 이스라엘에서 드물었기 때문이다.⁶³ 랍비들에 의하면, "이스라엘은 남색이나 수간의 혐의에서 자유롭다."⁶⁴

탈무드에 의하면 동성애를 상상할 수 없으므로 형제간에 함께 목욕하는 것이 허용된다.⁶⁵ 그렇지만 예루살렘 탈무드에는 한 의로운 사람이 동성애자들에게 그들의 행위를 중단하도록 타일렀다가 오히려 살해 협박을 받았다는 짧은 이야기가 등장한다.⁶⁶

랍비들은 동성애가 이스라엘에서는 매우 드물다고 믿었지만 이교도들 사이에서는 매우 빈번하다고 생각했다. 탈무드의 한 소론은 이교도들에게 동물을 맡기는 것을 금했는데 그 이유는 "이교도들은 이웃의 아내들을 자주 방문하는데 어쩌다 여자가 집에 없고 대신 가축이 있는 것을 보면 그것을 성적 욕구를 위해 사용할 수 있다"라고 여겼기 때문이다.[67]

이런 다소 지나치게 부정적인 판단이 또 다른 구절에서는 어느 정도 완화되고 있는데 그 구절은 "이것이 그들이 실제로 가지고 있는 심정이지만 그것을 드러내는 것은 자신들의 품위를 떨어뜨리는 것이라고 생각한다"라고 말하고 있다.[68]

이와 같이 비록 랍비 저술들은 동성애를 자주 언급하고 있지 않지만 그럼에도 불구하고 구약성경과 동일한 관점에서 그것을 도덕적으로 인정하지 않고 있다는 사실은 분명하다.

신약성경에서 동성애에 대한 금지는 세 군데에서 나타나고 있는데 것은 로마서 1장 26-27절, 고린도전서 6장 9절, 그리고 디모데전서 1장 10절이다. 이 세 군데의 언급 중에서 로마서의 본문이 신학적으로 가장 중요한데 그 이유는 그 본문이 동성애를 하나님에 대한 인간의 관계와 자연에 주어진 하나님의 일반계시라는 보다 넓은 맥락 속에서 논하고 있기 때문이다.

로마서 1장 18절-32절에서 사도 바울은 이방 세계가 하나님 보시기에 죄악된 상태 가운데 있으며 복음을 필요로 한다는 사실을 보여 주려고 한다. 이방 세계가 하나님으로부터 분리되어 있다는 사실은 인간의 성의 영역에서 분명히 드러난다. 그들은 하나님을 향한

참된 예배를 저버렸기 때문에 "하나님이 그들을 부끄러운 욕심에 내
버려 두셨으니 곧 그들의 여자들도 순리대로 쓸 것을 바꾸어 역리로
쓰며 그와 같이 남자들도 순리대로 여자 쓰기를 버리고 서로 향하여
음욕이 불 일듯 하매 남자가 남자와 더불어 부끄러운 일을 행하여
그들의 그릇됨에 상당한 보응을 그들 자신이 받았다"(26-27절).

26절에서 바울은 "파템 아티미아스"pathem atimias라는 말을 사용하고
있는데, 문자적으로는 "수치스러운 열정"을 의미한다. 파토스pathos
는 "열정" 혹은 "열정적 욕망," 즉 억제되지 않은 악한 욕망을 의미
한다. 아티미아atimia는 "수치" 혹은 "불명예"를 가리킨다.

27절에서 그는 엑케카우템산ekekauthemsan이라는 말을 사용한다. 그
것은 "불지르다"는 뜻의 엑카이에옴ekkaieom의 부정과거 수동형인
데, 여기서는 "불타버리다 혹은 불붙다"를 의미한다. 아스켐모수넴
aschemmosunem이란 용어는 "뻔뻔한," "수치스러운," 즉 "음란함"을 의미
한다. 따라서 이런 행위에 대한 바울의 도덕적 판단은 분명한다.

사도 바울이 단지 "무책임한" 혹은 "난잡스러운" 동성애 행위만
을 정죄하고 있다고 주장하는 건 통하지 않을 것이다. 본문의 문맥
을 고려할 때 동성애 자체가 하나님의 뜻에 반한다는 사실은 아주
명백하다.

사도 바울에 의하면, 그러한 행위는 인간이 창조와 양심의 빛을
거스려서 범죄하는 것이기 때문에 변명의 여지가 없다(롬1:18-20;
2:14-15). 그들은 억지로 외면하려고 하지만(롬 1:18) 그러나 그러한
행위가 거룩하고 의로우신 하나님의 성품에 반대되며 심지어 그가
보시기에 죽음에 해당되는 일이라는 사실(롬 1:32)을 본능적으로 깨

닫는다. 로마서 1장에서 동성애는 단지 유대교나 기독교의 어떤 종파적 규칙을 위반하는 것이 아니라 모든 문화 속에 계시되어 있는 하나님의 기본적인 도덕법을 위반하는 것으로 여겨진다.

바울의 분석에 의하면 동성애적 행위는 사회적 환경에서 기인하는 것이 아니라 궁극적으로 인간의 마음 혹은 내적 성향으로부터 기인하는데, 그것은 궁극적 선이신 하나님으로부터 돌아서서 자기 자신을 포함한 피조 세계의 유한한 물질을 추구하고 있다는 사실 역시 중요하다. 마음속에서 일어난 내적이고 비가시적인 배교는 결국 거짓된 종교들과 비도덕적이고 반사회적인 행동으로 드러나게 된다.

"우상 숭배는 악행들의 수문을 열어주고 그것들은 사회를 파괴하고 창조 세계를 끔찍한 혼돈으로 되돌린다"라고 에른스트 케제만 Ernst Käsemann은 언급했다.[69] 온갖 형태의 성적 부도덕은 그 전의 배교의 결과며 동시에 그러한 배교에 대한 하나님의 심판이다.

> 그러므로 하나님이 그들을 마음의 정욕대로 더러움에 내버려 두사⋯ (롬 1:24).

한 사회에서 동성애가 확산되는 것은 그 자체로 그 사회의 배교을 보여 주는 증상이며 임박한 하나님의 심판에 대한 신호다.[70] 고린도전서 6:9에서 바울은 말라코이 malakoi 와 아르세노코이타이 arsenokoitai 라는 두 단어를 사용했는데 이 단어들은 일반적으로 동성애 행위를 뜻하는 말로 여겨졌다.

속지 말라. 음행하는 자나 우상 숭배자나 간음하는 자나 여성화된 남자[*malakoi*]나 남자와 더불어 자신을 욕되게 하는 남자나…[하나님]의 왕국을 상속받지 못하리라(고전 6:9, 10[KJV]).

바레트^{C. K. Barrett}와 한스 콘젤만^{Hans Conzelmann}은 그들이 쓴 고린도전서 주석에서 말라코이^{malakoi}와 아르세노코이타이^{arsenokoitai}는 남성 동성애 관계에서 수동적인 파트너와 능동적인 파트너를 각각 의미하는 말로 보았다.[71]

그렇지만 이 두 단어의 올바른 번역에 대한 논쟁이 있어왔으며 그와 같은 불명확함이 영어번역의 표현에 반영되고 있다. KJV는 이 단어들을 각각 "여성화된 남자"와 "남자와 더불어 자신을 욕되게 하는 남자"로 표현하고 있다. ESV는 "동성애를 하는 남자"로 번역하고 있다. NEV는 단순히 "동성애적 도착"^{homosexual perversion}으로 번역하고 있다.

동성애를 옹호하는 학자인 존 보스웰^{John Boswell}은 두 단어 모두 바울 당시나 이후 수 세기 동안 동성애를 의미하는 말이 아니었다고 주장했다.[72] 이런 견해에 의하면 말라코스^{malakos}는 일반적인 도덕적 결함을 의미하며 특정하게 동성애를 가리키는 말이 아니다. 그리고 아르세노코이타이^{arsenokoitai}는 남창을 가리킨다.[73] 보스웰에 의하면 초기 기독교 저술가들은 그 단어들을 동성애를 가리키는 말로 사용하지 않았다.[74]

두 단어가 신약성경에서 상대적으로 드물게 나타나는 것은 사실이다. 첫 번째 단어인 말라코스^{malakos}는 4차례 등장하고 있는데 그

중 세 번(마 11:8에서 두 번; 눅 7:25에서 한 번)의 경우는 부드러운 옷을 입은 사람들을 가리키고 있다. 여기서는 사치스럽고 퇴폐적이기까지 한 생활태도에 대한 의미도 담고 있다.

네 번째 경우가 고린도전서 6장 9절에 나타나는데 이 본문이 학자들 사이의 논쟁의 대상이 되어 왔다. 하지만 아돌프 디스만$^{Adolf\ Deissmann}$은 이 단어가 "여성화된 남자"라는 분명한 의미를 지닌 말로 헬라 파피루스 사본에 등장한다는 사실을 지적했다. 이 말은 부유한 이집트인 데모폰^{Demophon}이 이집트의 경찰관인 톨레메우스^{Ptolemaeus}에게 보낸 편지(주전 245년경)에 등장한다. 이 용어는 음악가인 제노비우스^{Zenobius}가 생계를 꾸려가기 위해 행하는 음탕한 짓에 대한 암시로 사용되고 있다.[75] 이런 증거는 위에서 인용한 보스웰의 주장과 반대되는 것이다.

아르세노코이타이^{arsenokoitai}라는 단어는 신약성경에서 고린도전서 6장 9절과 디모데전서 1장 10절에만 사용되고 있다. 이 말은 "남자"를 의미하는 아르센^{arsen}과 명백하게 성적인 의미(롬 9:10; 히 13:4 참조)를 가지고 있는 코이템^{koitem}이 결합된 복합어다. 후자는 로마서 13장 13절에서 음탕함과 난봉을 의미하는 말로 쓰이고 있다. 이 복합어의 문자적인 어원은 "남자와 잠자리를 하는 남자"를 뜻한다.

이 말이 동성애 성관계를 행하는 이교(異敎)의 남창을 의미하는 말로 제한적으로 쓰인다고 하더라도 그럼에도 불구하고 그러한 행위는 도덕적으로 비난받아야 한다는 것이 문맥에서 분명하게 드러나고 있다. 고린도전서 6장 9-10절 전체는 아디코이^{adikoi}라는 말에 의해 그 기본적 의미가 정해지고 있다.

불의한 자가 하나님의 나라를 유업으로 받지 못할 줄을 알지 못하느냐?(고전 6:9)

우리가 다루고 있는 두 단어는 9절에서 다른 성적 범죄자들, 즉 음행하는 자들pornoi과 간음하는 자들moichoi과의 연관 속에서 나타나고 있다. 이렇게 어원과 당면한 문맥을 살피는 것이 보스웰이 제시하는 침묵으로부터의 논증보다 더 중요하다. 본문의 증거와 대다수 주석가들 모두에 의해서 지지되고 있는 결론은 고린도전서 6장 9절이 실제로 동성애를 언급하고 있으며 그것이 도덕적으로 비난받을 일이기 때문에 지속적으로 그것을 행하는 자는 하나님의 나라로부터 제외될 수 있다고 여긴다는 것이다.

아르세노코이타이 arsenokoitai는 디모데전서 1장 10절에서도 쓰이고 있다.

율법은 옳은 사람을 위하여 세운 것이 아니요 오직 불법한 자와 복종하지 아니하는 자와⋯ 음행하는 자와 남색하는 자를 위함이니 (딤전 1:9, 10).

KJV는 "색골들과 그리고 남자와 더불어 자신을 더럽히는 자들을 위함이니"라고 번역하고 있으며, NIV는 "간음하는 자들과 성욕 도착자들을 위함이니"라고 번역하고 있다. 고린도전서 6장 9절에서 이 단어에 대해 논할 때 적용했던 동일한 고려 사항들이 여기서도 적절하다.

바울이 디모데전서 1장 9절-10절에 열거하고 있는 악행들은 모두 예수 그리스도의 복음과 "바른 교훈을 거스르는" 일들의 실례들이다(10-11절). 도날드 거스리Donald Guthrie는 본 절에 대해 주석하기를, 열거된 다른 악행들이 십계명의 규정에 대한 다른 위반들의 사례들인 것처럼 "색골들"과 "남자와 더불어 자신을 더럽히는 자들"에 대한 언급도 아마 제7계명의 위반에 대한 극단적인 사례들로서 제시된 것이라고 했다.[76]

마이클 유클레자Michael Ukleja는 고린도전서 6장 9절-10절과 디모데전서 1장 10절에 관해 다음과 같이 썼다.

> 바울은 이 용어들을 사용했을 때 그가 무엇을 말하고 있고 어떻게 그의 말이 이해되어야 하는지에 대해 정확히 알고 있었다. 무모한 억측이 아니고서는 이런 결론을 피할 수가 없다.[77]

구약성경과 신약성경은 분명하게 일치된 목소리로 동성애 행위가 하나님의 도덕법에 위배되는 것이라 가르치고 있으며, 오직 가장 억지스럽고 독단적인 형태의 성경 해석만이 다른 결론을 주장할 수 있을 뿐이다.

신학적이고 목회적인 문제들

현대의 많은 신학자들은 성경이 어떤 동성애적 행위들을 정죄하고 있다는 사실은 기꺼이 인정한다. 하지만 그들은 "기질적인" 동성애, 즉 어떤 사람들은 그들의 성향에 선천적으로 타고 나기 때문에 도덕적으로 비난할 수 없는 조건적 상태로서의 동성애에 대해서는 성경의 저자들이 인식하지 않고 있다고 주장한다. 예를 들면, 로마 가톨릭 신학자인 존 맥닐John McNeill의 사상 속에 "행위"와 "성향"에 대한 이런 구분이 발견된다. 맥닐에 의하면, 성경은 이성애자들에 의한 변태적인 동성애 행위는 정죄하고 있지만,78 "기질적인" 동성애자들 사이의 "책임감 있는" 관계에 대해서는 아무 말도 하고 있지 않다.

그렇지만 인간과 인간의 행동에 대한 성경적인 이해가 "행위"와 "성향" 사이의 구분을 인식하지 않고 있다는 말은 간단히 말해 사실이 아니다. 사람의 성향("마음")이 그 사람의 겉으로 드러나는 행동 뒤에 놓여 있는 궁극적인 원동력이다. 잠언 4장 23절은 "모든 지킬 만한 것 중에 더욱 네 마음을 지키라 생명의 근원이 이에서 남이니라"라고 말씀한다.

인간의 "육신" 즉, 타락한 인간의 총체적 본성이 하나님과 이웃에 대한 인간의 관계를 망쳐놓는 모든 악의 근원이다(갈 5:19). 사람이 그의 동료들이 보기에는 사회적으로 인정받을 만하다고 여겨질 수 있을지라도 하나님이 보실 때 그의 마음은 위선과 악독으로 가득 차 있을 수 있다(마 23:28). 인간은 자기 자신의 욕망에 의해 경건한 삶에서 멀어지게 되고, 그 욕망은 죄를 잉태하여 낳게 한다(약 1:14-15).

그레그 반센Greg Bahnsen이 "성경은 인간 마음속의 타고난 내면적 성향을 인식하고 있으며 바로 이것을 인간의 죄악된 행동의 원천으로 여기고 있다"79라고 말은 것은 분명히 옳았다. 정욕은 그 타고난 죄악된 본성의 한 가지 표현이며, 성경은 이성애건 동성애건 모든 종류의 정욕을 정죄하고 있다.

성경적인 관점에서 보자면, 인간이 타락한 본성을 가지고 있다는 사실을 인식하는 것은 죄악된 행위에 대한 핑계거리를 제공하기 위한 것이 아니라 도덕적이고 영적인 속박으로부터 해방시키시는 하나님의 구속적 은총에 대한 인간의 필요를 인식하도록 하기 위한 것이다. 로마서 8장 2절은 "이는 그리스도 예수 안에 있는 생명의 성령의 법이 죄와 사망의 법에서 너를 해방하였음이라"고 말씀한다.

어떤 이들은 성경적 계시가 유대인들의 문화에 제약을 받고 있기 때문에 동성애에 대한 성경의 정죄가 오늘날 우리에게는 더 이상 규범적인 기준으로 여겨질 수 없다고 주장해 왔다.

그렇지만 성경적 관점이 인간의 성에 대한 하나님의 변함없는 뜻보다는 유대인들의 특이한 태도를 더 반영하고 있다고 할 수 있을까?

성경적 계시에 대한 "문화적인 제약"에 호소하는 이런 주장은 근본적인 문제점들을 갖고 있다.

첫째, 이런 주제에 대한 성경적 가르침은 하나님이 본래 남자와 여자를 구분하셨다(창 1:27)는 창조 규범에 근거한다.

그러한 창조 규범은 모든 문화들에 적용되며, 신정 국가였던 이스라엘에게 모세를 통해 독특하게 주어졌던 율법적 질서의 특정한 규정들보다 시간적으로 훨씬 이전에 주어진 것이다.

둘째, 정경 전체를 관통하고 있는 성경적 가르침의 동일성에 주목해야 한다.

어떤 문제들, 예를 들면 먹을 수 있도록 허용된 음식이나 공중예배에서 여성의 역할과 같은 문제들에 있어서는 시대와 상황, 그리고 하나님의 계획의 점진적인 전개에 따라 성경적 규정에 변화가 있다.

하지만 동성애에 관한 언급에 있어서는, 약 1,500년 동안의 다양한 문화적, 역사적 상황들 속에서 기록된 성경은 처음부터 끝까지 동성애는 하나님의 뜻에 어긋나는 것이라고 동일하게 가르치고 있다. 이런 동일성은 이 윤리적 규범이 영속적이고 문화를 초월하는 의미를 가지고 있음을 보여 준다.

셋째, 우리는 성경 자체를 통해 계시에 있어서의 하나님의 주권을 되새기게 된다.

이사야 55장 11절에서 하나님은 "내 입에서 나가는 말도 이와 같이 헛되이 내게로 되돌아오지 아니하고 나의 기뻐하는 뜻을 이루며 내가 보낸 일에 형통함이니라"고 말씀한다. 성경의 하나님은 문화의 수동적 희생자가 아니라 그것의 주인이시다. 만일 하나님이 그의 말씀과 뜻을 명백하게 보이기 원하신다면 죄악된 인간 문화는 하나님이 의도하시는 것을 궁극적으로 막을 수가 없다.

넷째, 우리는 또한 비교문화인류학적 연구들이 어떻게 성경적 규범들의 초문화적 타당성을 확증해 왔는지를 다시 떠올릴 수 있다.

앞서 언급했듯이, 77개의 문화들로부터 얻은 데이터에 근거한 포드와 비치의 연구는 이 77개의 문화들 중에서 대부분의 성인들이 인생의 주요한 시기에 동성애를 선호하는 것을 지지하는 문화는 단 하나도 없다는 것을 발견했다.

J. D. 언윈의 연구는 한 사회의 경제적, 군사적, 예술적 활력은 이성애에 근거한 일부일처제를 사회적 규범으로 유지하는 것과 밀접하게 관련되어 있다는 사실을 보여 주었다. 문화들의 흥망성쇠의 역사는 하나님이 성경에 계시하신 윤리적 원리들의 지혜와 진리를 확증하고 있다.

앞서 살펴본 논의에 비춰볼 때, 교회는 동성애의 문제에 목회적으로 어떻게 반응해야 할까?

교회가 보여 줘야 할 올바르게 균형 잡힌 반응은 최소한 두 가지 핵심 요소를 요구하고 있다고 보인다.

첫째, 확고한 성경적 가르침이다.

둘째, 동성애적 성향을 극복하고자 노력하거나 바라는 변화가 이루어지지 않을 때 독신으로 지내고자 하는 동성애자들을 위한 의미 있는 개인적 지지다. 존 바토 John Batteau 가 말했듯이, 동성애자들은 "멀리 떨어져서 혐오감을 갖고 있는 교회라고 불리는 사람들의 무리로부터 분리되어 냉혹한 정죄의 말과 함께 버려져 있어서는 안 된다. 그 대신 그들은 교회와 마주해야 하고, 크리스천들과 마주해야 하고, 정죄를 통해서조차 은총을 베푸시기 위해 다가오시는 하나님과 마주해야 한다."[80]

교회는 동성애적 행위가 인간의 성에 대한 하나님의 규범에 어긋나는 것이라는 성경의 근본적인 가르침에 대해 타협하지 말아야 한다. 이 점에 있어 타협하는 것은 교회의 근본적인 책임, 즉 시류에 따라 변하는 인간의 소신과 풍조를 초월하는 하나님의 분명한 말씀을 사회에 선포해야 하는 책임을 포기하는 것이다.

교회가 단지 인간적 소신의 현대적 표현들을 추종하는 것은 결국 동성애자들에게 실제적인 해를 끼치는 것이다. 교회가 그런 입장에 서는 것은 동성애자들이 하나님의 말씀과 성령의 능력을 통해 변화나 정결한 삶을 추구하도록 도전하기 보다는 단지 동성애적 삶의 방식을 합리화하도록 돕는 것이기 때문이다.[81]

동시에, 기독교인들은 죄성과 싸우고 있는 동성애자들을 향한 그들 자신들의 태도에 있어 정직하게 스스로를 점검해 봐야 한다. 성경은 그 어디에서도 동성애는 용서받을 수 없는 죄라고 가르치지 않는다. 교회는 반드시 죄를 거부해야 하지만 죄인들의 회복을 위해 하나님의 손에 쓰임받기를 원하고 그것을 위해 준비돼 있어야 한다.

그것은 성령께서 옛사람의 행동 방식을 구속하기 원하시기 때문에 동성애를 포함한 다양한 형태의 개인적 왜곡 상태로 인해 고통받는 사람들을 도와줄 수 있는 기독교인들의 협력 모임이 있어야 한다는 것을 의미한다. 일반적으로 그러한 변화는 진공 상태에서 일어나지 않으며, 그러한 과정에서 도움을 제공하는 자상한 사람들의 모임을 통한 사회적 협력을 필요로 한다.

기독교회는 또한 죄악된 생활 태도를 변화시키는 하나님의 은혜의 능력에 관한 메시지를 분명하게 선포할 필요가 있다. 하나님의 은혜는 단지 과거의 죄를 용서할 뿐만 아니라 회심 후에도 남아 있는 옛사람의 죄악된 태도와 기질도 변화시킬 수 있다.

고린도교회 교인들이 회심하기 전에 저질렀던 여러 가지 형태의 성적인 죄들을 나열한 후(고전 6:9-10), 이어서 바울은 "너희 중에 이와 같은 자들이 있더니 주 예수 그리스도의 이름과 우리 하나님의 성령 안에서 씻음과 거룩함과 의롭다 하심을 받았느니라"(고전 6:11)고 쓰고 있다.

이전에 동성애 행위에 참여했던 어떤 사람들은 하나님이 보시기에 완전히 새롭게 출발할 수 있는 기회를 갖게 되었으며, 옛사람의 본성은 그들의 품성 깊은 곳에서 예수 그리스도에 대한 믿음과 성령의 역사를 통해서 변화되어 가고 있었다.

기독교회가 "은혜의 능력을 부인"하는 이단적 과오를 따라가야 할 필요가 없다.

순전히 세속적인 상담 기법을 통해 어떤 경우 성정체성의 변화를 촉진할 수 있다면, 하나님의 성령의 능력을 통해 그보다 훨씬 극적인 변화 성공률을 이끌어낼 수 있다는 사실을 의심할 수 있을까?

성경 말씀에 근거한 이런 소망은 동성애의 죄에 사로잡힌 사람들을 위한 실제적인 가능성으로서 기독교회가 제시할 수 있어야 하는 것이다.

동성애자들을 교회의 사역자로 안수하는 문제가 최근 미국 교단들 내에서 왕성하게 논의되고 있는데, 성경이 매우 분명한 지침을 제공하고 있다. 성경의 권위를 인정하는 교단이라면 동성애자임을 공언하며 동성애 행위를 실천하고 있는 사람을 교회내의 지도자의 직분에 아무런 모순도 없이 안수할 수가 없다. 성적인 범죄행위를 회개치 않는 사람이 하나님 나라에서 제외된다면(고전 6:9), 가견적인 하나님 나라로서의 교회 내에서의 지도자 직분에서도 분명히 제외될 것이다. 교회 내에서 가르치는 직분을 가진 자들은 하나님으로부터 특별히 엄하게 심판받을 것이다(약 3:1). 교회의 지도자는 성도들에게 사랑과 믿음과 정결함에 있어서 본을 보여야 한다(딤전 4:12).

한편, 동성애 행위를 회개했고 이제 하나님의 은혜와 성령의 임재에 힘입어 살아가고 있는 사람을 안수하는 것에는 그 어떤 성경적 금지도 없는 것으로 보인다. "누구든지 그리스도 안에 있으면 새로운 피조물"(고후 5:17)이기 때문이다. 다소 출신의 사울은 비록 교회를 핍박하는 자요 비방자였지만(딤전 1:13) 하나님의 긍휼을 입었고 위대한 사역자요 이방인들을 위한 예수 그리스도의 사도로 변화되었다.

이런 변화와 이후에 그리스도를 위한 사역에 요긴하게 쓰임 받는 것은 동성애자들에게도 가능하다. 그들은 단지 다른 형태의 죄에 사로잡힌 사람들이기 때문이다. 이런 소망은 복음이 사람들에게 가져오는 "기쁜 소식"의 일부다.

동성애와 법

서구 문명에서 동성애 행위는 교회법과 시민법에 의해 엄격한 방식으로부터 가혹한 방식에 이르기까지 부정적인 태도로 다루어져 왔다. 기독교 황제인 테오도시우스Theodosius는 동성애로 단죄된 자들을 산 채로 화형에 처할 것을 요구한 반면, 유스티니아누스Justinian 황제는 교회의 감독하에 단지 죄를 고백하고, 삶의 태도를 바꾸고, 그리고 고행을 하도록 했다.[82]

동방교회는 간음을 행한 자에게 과하는 형벌과 유사하게 7년 동안 공개적으로 고행을 하도록 했으며 그 후에는 동성애를 범한 사람이 다시 성찬에 참여할 수 있도록 복권될 수 있었다.[83] 305년에서 306년 사이에 스페인의 엘비라Elvira에서 열린 교회 공의회에서는 동성애자임을 자인한 사람에게는 임종 시에도 성찬을 허락하지 않기로 했다.[84]

중세 시대에 캔터베리의 주교 안셀름은 "이 죄는 너무 공공연해져서 누구도 그것 때문에 부끄러워하는 사람이 없고, 따라서 많은 사람들이 그것의 위험성을 깨닫지 못한 채 그것에 빠지고 있다"라는 사실 때문에 교회의 처벌은 어느 정도 완화되어야 한다고 촉구했다.[85]

1290년에 출판된 한 영국법 주해는 "수간과 남색을 저지른 자들은 산채로 매장하도록 한다"라고 명시하고 있다.[86] 이 경우에 "산채로 매장"한다는 말은 습지에 빠뜨려 죽이는 것을 의미한 것이 분명하다. 하지만 그러한 사형 집행이 실제로 이루어졌는지는 분명하지 않다.

그렇지만 영국법에서 동성애 행위에 대한 형벌은 근대에 이르기까지 계속해서 가혹했다. 1861년이 되어서야 남색자들에 대한 형벌이 무기 징역에서 10년형으로 줄어들었다.[87] 1885년의 형사법 개정 법령은 성인들의 합의에 의한 사적인 동성애 행위는 죄질을 완화시켜 경범죄의 범주에 포함시켰다.[88] 이 법령은 계속해서 법률로 존속되었으나 1967년의 성범죄 법령은 합의한 성인들 간의 사적인 동성애 행위는 범죄 행위에서 완전히 제외시켰다.[89]

미국의 경우 최근의 법률과 공공 정책은 동성애의 특정 문화가 점차 사회적으로 가시화되고 공격적으로 나옴에 따라 사회 전반에 초래하고 있는 혼란을 반영하고 있다. 1979년 5월에 캘리포니아 주 대법원은 미국의 법률 역사상 처음으로 고용상의 차별에 대한 보호 규정을 동성애자들에게로 확대시켰다.[90]

  1980년 5월에 카터 행정부의 인사관리국은 새로운 정책 지침을 발표했는데 그것은 "구직자들과 고용자들은 종교나 지역, 사회 단체에 대한 소속이나 성적인 정체성과 같이 업무와 관련이 없는 행위에 대한 조사나 차별적 태도로부터 보호되어야 한다"라고 규정했다.[91] 1980년에 이르러서는 미국의 21개 주에서 합의한 성인들간의 사적인 동성애 행위는 범죄행위에서 제외되었다.[92]

  1983년까지 동성애를 옹호하는 비영리 단체의 전체 수입의 거의 46%가 지방과 주, 그리고 연방 정부의 자금 지원에 의해 조달되고 있었다는 사실은 동성애 로비 단체들이 가진 정치적 영향력을 보여주었다. 그로부터 20년이 지난 후 로렌스Lawrence가 텍사스 주를 상대로 제기한 소송에서 6대3의 판결로 미 연방대법원은 남색을 범죄로 규정한 13개 주의 법률을 무효화시켜서 논란이 되었다.

  반대 의견을 냈던 안토닌 스칼리아Antonin Scalia 대법관은 이 판결이 "도덕적 행실에 근거한 모든 법률의 종말을 사실상 포고하는 것이다"라고 썼다.[93] 미 연방대법원은 오버지펠Obergefell 대 하지스Hodges 소송에 대한 2015의 기념비적인 판결에서 5대4로 양분된 결정을 통해 미국의 50개 모든 주에서 동성결혼을 합법화시켰으며 동성 커플들도 결혼할 수 있는 기본권이 있음을 천명했다.

많은 사람들은 이 판결이 대법원이 가진 고유의 권한 범위를 넘어서는 것이며 현행 주법률들과 결혼의 본질에 관한 역사적 이해에 심각한 단절을 가져오는 것이라고 보았다.

21세기에 접어들면서 미국내의 지배적인 문화적 합의는 동성애 행위와 LGBT의 삶의 방식을 정당화하는 방향으로 계속해서 나아가고 있다. 복음주의 그리스도인들은 인간의 성에 대한 역사적인 성경적 가르침을 계속해서 고수할 수 있고 그렇게 해야 하며 동시에 그러한 기준을 따라 사는 것에 어려움을 겪고 있는 사람들을 목회적으로 돌보는 일에 나서야 한다.

그리스도인들은 동성애자들에 대한 괴롭힘이나 학대를 절대 묵과하거나 부추겨서는 안되며, 세속적이고 다원주의적인 사회에서의 법률적 규범들은 교회 내의 신자들을 위한 기준과 다르다는 사실을 인식해야 한다.

많은 보수적 기독교인들은 소위 "문화 전쟁"이라는 이름으로 이런 사회적 경향에 계속해서 대항해 왔는데, 그것은 때로 복음주의 기독교 자체에 대한 의도치 않은 반발을 불러일으켰다. 이런 "기독교국 이후 시대"post-Christendom의 문화적 상황에서 그리스도인들은 그들 자신들의 결혼과 성생활이 성경과 복음의 높은 기준에 더욱 온전히 일치하도록 하는 일에 시간과 에너지를 집중하는 것이 아마 더 현명한 일일 것이다.

주요 용어들

에이즈^{AIDS} : 선천적 면역결핍증. 성관계로 전염되는 질병

동성애 발생 빈도: 전체 인구 가운데 동성애적 경향을 가진 사람들의 발생 빈도. 일반적으로 3-4% 정도의 범위로 알려져 있다.

동성애적 지향성^{homosexual orientation} : 이성보다는 동성의 사람에게 분명하게 성적으로 끌리는 것. 그러한 동성애적 지향성이 동성애적인 성행위를 동반할 수도 있고 그렇지 않을 수도 있다.

연구를 위한 질문들

1. 동성애 문제에 관한 일반 대중들의 생각이 최근 수십 년 동안 급격하게 변화하고 있는 것에 대해 당신은 어떻게 설명하겠는가?

2. 당신은 동성애 행위에 대한 성경의 가르침이 분명하다고 생각하는가? "기독교인들은 과거에 여성과 소수 인종에 대한 문제에 있어 잘못된 생각을 갖고 있었으며, 이제 그들은 동성애 문제에 있어서도 잘못 생각하고 있다"라는 주장에 대해 당신은 어떻게 대답하겠는가?

3. 동성애적 지향성을 갖게 하는 가능한 원인들에 대한 현재의 연구들에 대해 당신은 어떻게 평가하는가? 그러한 주장들은 우리들의 도덕적 관점을 형성하는데 있어 성경적 가르침들과 어떻게 관련되어야 하는가?

4. 기독교인들은 교회를 위한 성경적 규범들과 성생활에 관해 일반 문화 전반에 적용되는 법률을 서로 구분해야 하는가? 언제 기독교인들은 사회적 법률들을 성경적 가르침에 부합되도록 만들기 위해 노력해야 하는가?

5. 당신은 사람들의 성적 지향이나 감정적 끌림이 변화될 수 있다고 생각하는가? 성정체성과 성적 지향, 그리고 동성애적 끌림의 문제로 어려움을 겪고 있는 사람들을 교회가 어떻게 하면 가장 효과 있게 목회적으로 돌볼 수 있을까?

참고 문헌

도서

Alan Chambers, *Leaving Homosexuality: A Practical Guide for Men and Women Looking for a Way Out* (Eugene, OR: Harvest House, 2009).

Christine A. Colón and Bonnie E. Field, *Singled Out: Why Celibacy Must Be Reinvented in Today's Church* (Grand Rapids, MI: Brazos, 2009).

Stanton L. Jones and Brenna Jones, *How and When to Tell Your Kids about Sex: A Lifelong Approach to Shaping Your Child's Character*, 2nd ed. (Colorado Springs, CO: NavPress, 2007).

Stanton L. Jones and Mark A. Yarhouse, *Homosexuality: The Use of Scientific Research in the Church's Moral Debate* (Downers Grove, IL: InterVarsity Press, 2000).

Andrew Marin, *Love Is an Orientation: Elevating the Conversation with the Gay Community* (Downers Grove, IL: InterVarsity Press, 2009).

Lisa Graham McMinn, *Sexuality and Holy Longing: Embracing Intimacy in a Broken World* (San Francisco, CA: Jossey-Bass, 2004).

Douglas E. Rosenau, *A Celebration of Sex,* 2nd ed. (Nashville, TN: Thomas Nelson, 2002).

Dan O. Via and Robert A. J. Gagnon, *Homosexuality and the Bible: Two Views* (Minneapolis, MN: Fortress Press, 2003).

Lauren F. Winner, *Real Sex: The Naked Truth about Chastity* (Grand Rapids, MI: Brazos Press, 2005).

Mark A. Yarhouse and Lori A. Burkett, *Sexual Identity: A Guide to Living in the Time Between the Times* (Lanham, MD: University Press of America, 2003).

소논문
Stanton L. Jones, *A Study Guide and Response to Mel White's What the Bible Says—and Doesn't Say—About Homosexuality* (Wheaton, IL: Wheaton College, 2006).

Mark A. Yarhouse, Stephanie K. Nowacki-Butzen, Trista L. Carr, and Christine H. Hull, *Sexual Identity: A Guide for Parents* (Virginia Beach, VA: Institute for the Study of Sexual Identity, 2007).

Mark A. Yarhouse, Trista L. Carr, Christine H. Hull, and Stephanie K. Nowacki-Butzen, *Sexual Identity: A Guide for Youth* (Virginia Beach, VA: Institute for the Study of Sexual Identity, 2007).

Mark A. Yarhouse, Christine H. Hull, Trista L. Carr, and Stephanie K. Nowacki-Butzen, *Sexual Identity: A Guide for Youth Pastors* (Virginia Beach, VA: Institute for the Study of Sexual Identity, 2007).

Mark A. Yarhouse, Jill L. Kays, Heather Poma, and Audrey Atkinson, *Sexual Identity: A Guide for Spouses* (Virginia Beach, VA: Institute for the Study of Sexual Identity, 2010).

웹사이트
www.sexualidentityinstitute.org
www.sitframework.com

미주

들어가는 말

1   섹슈얼리티(sexuality, 성성, 性性)란 성별, 성적 지향, 성행위, 성에 대한 감정, 가치관, 태도 등 성에 관련된 모든 것을 칭하는 용어이다-역주.

01

1   이것이 웨슬리 사변형 Wesley's Quadrilateral이다. R. G. Tuttle Jr., "Wesleyan Tradition," in *Evangelical Dictionary of Theology*, ed. Walter A. Elwell (Grand Rapids, MI: Baker Books, 1984), 1116을 참조하라.

2   Milton J. Erickson, *Introducing Christian Doctrine*, 2nd ed. (Grand Rapids, MI: Baker Books, 2001), 68. Milton J. Erickson은 이어서 말하기를, "성경무오설이란, 세부적인 과학적 설명이나 수학적인 정확한 진술은 가능하지 않지만, 성경은 그 시대의 사용으로 평가되었을 때 어떠한 오류도 없는 진리를 가르친다는 의미이다."

3   Ibid., 75.

4   동성애에 관한 교회의 논의에서 흔히 인용되는 구약의 성경 구절은, 창 19:1-29; 레 18:22; 20:13; 삿 19장 등이다. 신약에서 흔히 인용되는 구절은, 롬 1:21-27; 고전 6:9-11; 딤전 1:10 등이다. 성경 학자들은 창조 이야기(창 1-3장), 모세오경에 대한 예수님의 관점(마 5:17-18), 그리고 다른 본문들도 함께 인용한다. Dan O. Via and Robert A. J. Gagnon, *Homosexuality and the Bible: Two Views* (Minneapolis, MN: Fortress Press, 2003)을 참조하라.

5   Stanton L. Jones and Richard E. Butman, *Modern Psychotherapy: A Comprehensive Christian Appraisal* (Downers Grove, IL: InterVarsity Press, 1991).

6   Lewis Smedes, *Sex for Christians*, rev. ed. (Grand Rapids, MI: Eerdmans, 1994). 성의 교훈적이고 쾌락적인 영역 또한 Smedes에 의해 논의되었다.

7   예를 들어, 아가서 4-5장.
8   Neil Plantinga Jr., *Not the Way It's Supposed to Be: A Breviary of Sin* (Grand Rapids, MI: Eerdmans, 1995).
9   Mark R. McMinn, *Why Sin Matters* (Carol Stream, IL: Tyndale, 2004).
10 Plantinga, *Not the Way It's Supposed to Be: A Breviary of Sin*.
11 Smedes, *Sex for Christians*.
12 이것은 다음의 연구로부터 온 흥미로운 관찰이다. David Kinnaman and Gabe Lyons, *Unchristian: What a New Generation Really Thinks About Christianity… and Why It Matters* (Grand Rapids, MI: Baker Books, 2007), 41-60; 91-109.
13 John Frame, *Salvation Belongs to the Lord* (Phillipsburg, NJ: Presbyterian and Reformed, 2006), 311.
14 Rodney Clapp, *Families at the Crossroads: Beyond Traditional and Modern Options* (Downers Grove, IL: InterVarsity Press, 1993), 67.
15 Ibid., 67-68.
16 기독교 역사에 관한 이 부분은 Mark A. Yarhouse and Stephanie K. Nowacki, "The Many Meanings of Marriage: Divergent Voices Seeking Common Ground," *The Family Journal* 15, no. 1 (2007): 1-10의 내용을 각색한 것이다.
17 D. L. Carmody and J. Carmody, "Homosexuality and Roman Catholicism," in *Homosexuality and World Religions*, ed. A. Swidler (Valley Forge, PA: Trinity Press International, 1993), 135-148.
18 Ibid; W. Lienemann, "Churches and Homosexuality: An Overview of Recent Official Church Statements on Sexual Orientation," *Ecumenical Review* 50, no. 1 (2004): 1-40.
19 L. L. Ibsen al Faruqi, "Marriage in Islam," *Journal of Ecumenical Studies* 22, no. 1 (1985): 55-68.
20 D. L. Carmody, "Marriage in Roman Catholicism," *Journal of Ecumenical Studies* 28, no. 40 (1985): 32.
21 Ibid., 33.
22 이 내용에 관한 더 확장된 논의에 흥미를 느낀다면 읽어 볼 것을 추천한다. John F. Harvey, *The Truth About Homosexuality: The Cry of the Faithful* (San Francisco: Ignatius Press, 1996), 19-29. 다음도 함께 참조하라. John F. Harvey, *The Homosexual Person: New Thinking in Pastoral Care* (San Francisco: Ignatius Press, 1987).
23 W. Yates, "The Protestant View of Marriage," *Journal of Ecumenical Studies* 22,

no. 1 (1985): 41-81.

24 L. Granberg, "Theology of Marriage," in *Evangelical Dictionary of Theology*, 2nd ed., ed. W. A. Elwell (Grand Rapids, MI: Baker Books, 2007), 693-695.

25 Yates, "The Protestant View of Marriage."

26 Ibid.

27 Ibid.

28 Marvin Ellison, "Homosexuality and Protestantism," in *Homosexuality and World Religions*, ed. A. Swidler (Valley Forge, PA Trinity Press International, 1993), 149-179.

29 Stanton L. Jones and Mark A. Yarhouse, *Homosexuality: The Use of Scientific Research in the Church's Moral Debate* (Downers Grove, IL: InterVarsity Press, 2000).

30 버지니아성공회신학교 Virginia Protestant Episcopal Seminary에서 1992년 2월에 열린 Rev. John Song과 Rt. Rev. John Howe 사이의 논쟁(녹음테이프는 Truto Tape Ministries, 10520 Main St., Fairfax, VA 22030에서 구할 수 있다).

31 *Report of the Committee to Study Homosexuality to the General Council of Ministries of the United Methodist Church* (Dayton, OH: General Council on Ministries, 1991), 27-28.

32 George Edwards, *Gay/Lesbian Liberation: A Biblical Perspective* (New York: Pilgrim, 1984), 23.

33 공식적으로 알려진 로마 가톨릭의 동성애자 후원 그룹은 용기 Courage라고 불린다. http://couragerc.net를 보라.

34 저자의 서류 모음.

02

1 게이 gay는 성별과 관계없이 모든 동성애자를 총칭하는 용어이며, 상황에 따라 남성 동성애자를 지칭하는 용어로도 사용된다-역주.

2 레즈비언 lesbian은 여성 동성애자를 지칭하는 용어이다-역주.

3 양성애자 bisexual는 남성과 여성 모두에게 성적, 정서적 끌림이나 지향을 경험하는 사람을 지칭하는 용어이다-역주.

4 퀴어 queer는 다양한 형태의 성소수자를 포괄하여 지칭하는 용어이다-역주.

5 탐색자 questioning는 자신의 성적 정체성에 의문을 가지고 탐색 중인 사람을 지칭하는 용어이다-역주.

6 양성매념자 bi-curious는 동성과의 성적 경험에 흥미를 보이는 이성애자를 지칭하

는 용어이다-역주.

7 Edward O. Laumann, John H. Gagnon, Robert T. Michael, and Stuart Michaels, *The Social Organization of Sexuality: Sexual Practices in the United States* (Chicago: University of Chicago Press, 1994).

8 더욱 최근의 헌터대학 여론 조사Hunter College Poll에 따르면, 질문들은 성적 지향 보다는, 게이, 레즈비언, 양성애자 정체성의 분류에 초점이 맞춰져 있다. P. J. Egan, M. S. Edelman, and K. Sherrill, *Findings from the Hunter College Poll of Lesbians, Gays, and Bisexuals: New Discoveries About Identity, Political Attitudes, and Civic Engagement* (New York: The City University of New York, 2008).

9 머리카락 가르기splitting hairs란, 큰 차이가 없거나 중요하지 않은 상황에서 불필요한 구분을 만든다는 의미의 영어 표현이다-역주.

10 Ritch C. Savin-Williams and Kenneth M. Cohen, "Homoerotic Development During Childhood and Adolescence," *Child and Adolescent Psychiatric Clinics of North America* 13, no. 3 (2004): 540.

11 Ibid., 539.

12 Ibid.

13 Ibid.

14 Ibid., 541.

15 Ibid.

16 Ibid., 540.

17 Mark A. Yarhouse and Erica S. N. Tan, *Sexual Identity Synthesis: Attributions, Meaning-Making, and the Search for Congruence* (Lantham, MD: University Press of America, 2004).

18 Salvin-Williams and Cohen, "Homoerotic Development during Childhood and Adolescence."

19 Vivian Cass, "Homosexual Identity Formation: A Theoretical Model," *Journal of Homosexuality* 4 (1979): 219-235.

20 Lisa Diamond, *Sexual Fluidity: Understanding Women's Love and Desire* (Cambridge, MA: Harvard University Press, 2005). 분류의 이동에는, 19%의 참여자가 레즈비언 분류로, 23%의 참여자가 양성애자 분류로, 21%의 참여자가 이성애자 분류로, 그리고 37%의 참여자가 분류 없음으로 전환한 것이 포함된다.

21 Ritch C. Savin-Williams, *The New Gay Teenager* (Cambridge, MA: Harvard University Press, 2005).

22 Mark A. Yarhouse, Stephen P. Stratton, Janet B. Dean, and Heather L. Brooke,

"Listening to Sexual Minorities on Christian College Campuses," *Journal of Psychology and Theology* 37, no. 2 (2009): 96-113.

23 Yarhouse and Tan, *Sexual Identity Synthesis: Attributions, Meaning-Making, and the Search for Congruence* (Lautham, MD: University Press of America, 2004) 와 Mark A. Yarhouse, Erica S. N. Tan, and Lisa M. Pawlowski, "Sexual Identity Development and Synthesis Among LGB-Identified and LGB Dis-Identified Persons," *Journal of Psychology and Theology* 33, no. 1 (2005): 3-16을 보라. Michelle Wolkomir, *Be Not Deceived: The Sacred and Sexual Struggles of Gay and Ex-Gay Christian Men* (New Brunswick, NJ: Rutgers University Press: 2006)도 함께 참조하라.

24 "그리스도 안에 정체성" identity in Christ 대본이 특정한 형식을 취하고 있음을 주목하라. 다른 대본들, 심지어 다른 그리스도-안에-정체성 대본들도 젊은이들에게 그들의 신앙과 섹슈얼리티에 관해 매우 다르게 이야기할 수도 있다.

25 Neil Plantinga와 그의 책, *Not the Way It's Supposed to Be: A Breviary of Sin* (Grand Rapids, MI: Eerdmans, 1995)에서 차용했다.

26 이 사람 역시 그리스도인이며, 이 사실은 "동성애자 그리스도인" 정체성이 여러 대본으로부터 비롯되었을 수 있다는 초기의 관찰을 강화한다. 즉, 내가 앞서 언급한 것과는 매우 다른 의미를 지닌, "동성애자" 대본과 "그리스도 안에서" 대본 모두로부터 비롯되었을 수 있다.

27 Rogers M. Smith, *Stories of Peoplehood: The Politics and Morals of Political Membership* (New York: Cambridge University Press, 2003).

28 Dallas Willard, *The Divine Conspiracy: Rediscovering Our Hidden Life in God* (New York: HarperOne, 1998), 21.

03

1 맵퀘스트 MapQuest는 미국의 경로 안내 웹사이트이다-역주.

2 Stanton L. Jones and Mark A. Yarhouse, *Homosexuality: The Use of Scientific Research in the Church's Moral Debate* (Downers Grove, IL: InterVarsity Press, 2000). 내 동료인 Stanton Jones는 최근 학술 논문에 이 자료에 관한 내용을 업데이트했다. Stanton L. Johns and Alex W. Kwee, "Scientific Research, Homosexuality, and the Church's Moral Debate: An Update," *Journal of Psychology and Christianity* 24, no. 4 (2005): 304-326. 이 부분은 이 앞선 논평의 일부를 각색했다.

3 Simon LeVay, "A Difference in the Hypothalamic Structure Between Heterosexual and Homosexual Men," *Science* 253 (1991): 1034-1037.

4 J. Michael Bailey and Richard C. Pillard, "A Genetic Study of Male Sexual Orien-

tation," *Archives of General Psychiatry* 48 (1991): 1081-1096.

5   연구자들은 일란성 쌍둥이로부터 52%의 가중일치율probandwise concordance rate을, 이란성 쌍둥이로부터 22%의 가중일치율을, 비쌍둥이 형제로부터 9.2%의 가중일치율을 보고했다. Jones and Yarhouse, *Homosexuality: The Use of Scientific Research in the Church's Moral Debate*, 75-77에서 가중일치율에 대한 우리의 논의를 살펴보라.

6   이 표본은 호주 쌍둥이 등록에서 모집했으며, 일란성 쌍둥이의 가중일치는 52%에서 20%로 하락했다. J. M. Bailey, M. P. Dunne, and N. G. Martin, "Genetic and Environmental Influences on Sexual Orientation and Its Correlates in an Australian Twin Sample," *Journal of Personality and Social Psychology* 78, no. 3 (2000): 524-36.

7   예를 들어, K. S. Kendler, L. M. Thornton, S. E. Gilman, and R. C. Kessler, "Sexual Orientation in a U.S. National Sample of Twin and Nontwin Sibling Pairs," *American Journal of Psychiatry* 157 (2000): 1843-46.

8   N. Långström, Q. Rahman, E. Carlström, and P. Lichtenstein, "Genetic and Environmental Effects on Same-Sex Sexual Behavior: A Population Study of Twins in Sweden," *Archives of Sexual Behavior* 39, no. 1 (2008): 75-80.

9   R. Blanchard, "Review of Theory and Handedness, Birth Order, and Homosexuality in Men," *Laterality* 13 (2008): 51-70; R. Blanchard, J. M. Cantor, A. F. Bogaert, S. M. Breedlove, and L. Ellis, "Interaction of Fraternal Birth Order and Handedness in the Development of Male Homosexuality," *Hormones and Behavior* 49 (2006): 405-414.

10 Bearman과 Bruckner는 성적 지향의 유전적 영향과 위에서 언급된 "형" 영향 모두에 대한 증거를 발견하지 못했다. 오히려, 통계학적으로 유의미했던 유일한 시나리오는 이란성 쌍둥이인 청소년 남성에게 여성 쌍둥이 자매가 있을 경우였다(이 경우에 동성애 발생률이 두 배 이상으로 증가했다). 이런 영향은 쌍둥이에게 형이 있을 때는 나타나지 않았는데, 이에 대해 저자는 성별 사회성이 동성애의 형태에 영향을 미쳤음을 의미하는 것일 수 있다고 제안한다. P. S. Bearman, and H. Bruckner, "Opposite-Sex Twins and Adolescent Same-Sex Attraction," *American Journal of Sociology* 107 (2002): 1179-1205.

11 이 부분은 Mark A. Yarhouse and Jill L. Kays, "Homosexuality and Sexual Identity: An Update," in Doug Rosenau, Michael Sytsma, and Debra Taylor, eds., *Basic Issues in Sex Therapy*, pamphlet, 2008에서 각색되었다.

12 R. Blanchard, "Review of Theory and Handedness, Birth Order, and Homosexuality in Men," *Laterality* 13 (2008): 51-70; R. Blanchard, J. M. Cantor, A. F. Bogaert, S. M. Breedloe, and L. Ellis, "Interaction of Fraternal Birth Order and

Handedness in the Development of Male Homosexuality," *Hormones and Behavior* 49 (2006): 405-414; R. Blanchard and R. A. Lippa, "Birth Order, Sibling Sex Ratio, Handedness, and Sexual Orientation of Male and Female Participants in a BBC Internet Research Project," *Archives of Sexual Behavior* 36 (2007): 163-176; A. F. Bogaert, R. Blanchard, and L. E. Crosthwait, "Interaction of Birth Order, Handedness, and Sexual Orientation in the Kinsey Interview Data," *Behavioral Neuroscience* 5 (2007): 845-853.

13 예를 들어, 이 이론에 관한 가장 최근의 연구는, 더 나아가 관계를 분명히 설명해 주는 잘 쓰는 손의 정도가 있음을 발견했다. 형을 가진 경우에는 보통의 오른손잡이인 경우에만 동성애의 비율이 증가했다. 비오른손잡이와 극심한 오른손잡이 남성들이 형을 가진 경우에는 동성애의 가능성에 아무런 영향을 받지 않거나, 동성애의 가능성이 감소했다. Bogaert, Blanchard, and Crosthwait, "Interaction of Birth Order, Handedness, and Sexual Orientation in the Kinsey Interview Data"를 보라.

14 Charles E. Roselli, Kay Larkin, Jessica M. Schrunk, and Frederick Stormshak, "Sexual Partner Preference, Hypothalamic Morphology and Aromatase in Rams," *Physiology & Behavior* 83, no. 2 (2004): 233-245.

15 Demir와 Dickson은 이성의 성염색체 내의 남성 또는 여성 모드에 접합한 유전자 파편(the "Fruitless[fru]" 대립유전자 또는 염색체의 한 쌍의 유전자의 하나의 구성원)을 생성해 냈다. 예를 들어, 만약 남성이 유전적으로 조작된다면, 그들은 남성의 구애 행동을 하지 않을 것이다. 만약 여성이 유전적으로 조작된다면, 그들은 남성의 구애 행동을 하게 될 것이다. E. Demir and B. J. Dickson, "Fruitless Splicing Specifies Male Courtship Behavior in Drosophilia," *Cell* 121 (2005): 785-794를 보라. 이전 연구와 모순되는 점은, 유전적으로 조작된 초파리 역시 "동성애적 행동"을 했지만, 유전적으로 비조작된 초파리도 유전적으로 조작된 초파리들의 서식지에 들어가게 되면 동성애적 행동을 했다는 것이다. 이는 환경에 대한 흥미로운 전개를 시사한다. S. D. Zhang and W. F. Odenwald, "Misexpression of the White Gene Triggers Male-Male Courtship in Drosophilia," *Proceedings of the National Academy of Sciences* USA 92 (1995): 5525-9를 보라.

16 D. H. Hamer, S. Hu, V. L. Magnuson, N. Hu, and A. M. L. Pattatucci," A Linkage Between DNA Markers on the X Chromosome and Male Sexual Orientation," *Science* 261 (1993): 320-326.

17 예를 들어, 뇌 영상법 brain imaging 연구 역시 시행되었다. 연구자들은 동성애자와 이성애자 사이의 뇌의 대칭과 신경세포 연결망의 차이를 확인했는데, 여성보다 동성애자 남성에게서 더 강력하게 나타났다. I. Savic and P. Lindström, "PET and MRI Show Differences in Cerebral Asymmetry and Functional Connectivity

Between Homo- and Heterosexual Subjects," *Proceedings of the National Academy of Sciences of the United States of America* (2008): 1-6.

18 N. E. Whitehead, "Strong Chance Factors in SSA," www.mygenes.co.nz/chance.htm (2008년 4월 23일에 접속함).

19 Ibid.

20 Warren Throckmorton and Gary Welton, "Multiple Paths to Sexuality: A Synopsis of Effect Size and Twin Research" (paper presentation, Sexual Identity Summit, Nashville, TN, September, 2007).

21 Stanton L. Jones and Mark A. Yarhouse, *Homosexuality: The Use of Scientific Research in the Church's Moral Debate* (Downers Grove, IL: InterVarsity Press, 2000), 54에서 각색되었다.

22 I. Bieber, H. J. Dain, P. R. Dince, M. G. Drellich, H. G. Grand, R. H. Gundlach, M. W. Kremer, A. H. Rifkin, C. B. Wilbur, and T. B. Bieber, *Homosexuality: A Psychoanalytic Study of Male Homosexuals* (New York: Basic Books, 1962).

23 R. B. Evans, "Childhood Parental Relationships of Homosexual Men," *Journal of Consulting and Clinical Psychology* 33 (1969): 129-135.

24 Helen W. Wilson and Cathy Spatz Widom, "Does Physical Abuse, Sexual Abuse, or Neglect in Childhood Increase the Likelihood of Same-Sex Sexual Relationships and Cohabitation? A Prospective 30-Year Follow-Up," *Archives of Sexual Behavior* 39, no. 1 (2009): 63-74.

25 K. Alanko, P. Santtila, K. Witting, M. Varjonen, P. Jern, A. Johansson, B. von der Pahlen, and N. Kenneth Sandnabba, "Psychiatric Symptoms and Same-Sex Sexual Attraction and Behavior in Light of Childhood Gender Atypical Behavior and Parental Relationships," *Journal of Sex Research* 2 (2009): 1-11.

26 E. O. Laumann, J. H. Gagnon, R. T. Michael, and S. Michaels, *The Social Organization of Sexuality: Sexual Practices in the United States* (Chicago: The University of Chicago Press, 1994).

27 William C. Holmes and Gail B. Slap, "Sexual Abuse of Boys: Definition, Prevalence, Correlates, Sequelae, and Management" *Journal of the American Medical Association* 280, no. 21 (1998): 1855-1862.

28 Stanton L. Jones and Mark A. Yarhouse, *Ex-gays? A Longitudinal Study of Religiously Mediated Change in Sexual Orientation* (Downers Grove, IL: InterVarsity Press, 2007), 164-165.

29 Ibid., 342.

30 Wilson and Widom, "Does Physical Abuse, Sexual Abuse, or Neglect in Child-

31 Judith Stacey and Timothy J. Biblarz, "How Does the Sexual Orientation of Parents Matter?" *American Sociological Review* 66, no. 2 (2001): 159–183.

32 David F. Greenberg, *The Construction of Homosexuality* (University of Chicago Press, 1990).

33 지방과 비교하여 도심에서 비율이 상승한다: 9.2%(도심) 대 1.3%(지방), 또는 1.3%(지방) 대 2.8%(일반). 이런 비율의 상승은 레즈비언의 경우에도 사실이다: 2.6%(도심) 대 1.4%(일반) 그리고 〈 1%(지방). Laumann, Gagnon, Michael, and Michaels, *The Social Organization of Sexuality: Sexual Practices in the United States*, 305–306.

34 Robert Gagnon, *The Bible and Homosexual Practice* (Nashville, TN: Abingdon Press, 2001), 416.

35 Laumann, Gagnon, Michael, and Michaels, *The Social Organization of Sexuality: Sexual Practices in the United States*, 308.

36 예를 들어, Margaret Nichols는 "Mike"와 "Jenny"의 사례를 제시했는데, 이들은 비전통적인, 다애적(개방적) 관계를 표방하는 커플이다. 그들은 다애적 공동체에서 흔히 논의하는 몇몇 주제에 대해 생각해 본 후, 마이크는 다른 남성에게 성적으로 반응하는 자신의 능력에 대해 시도해 보기로 했다. "최근에, 마이크는 한 양성애자 남성과 가까워지기 시작했다. 마이크는 이 남성과의 성관계를 매우 원하는데, 그 주된 이유는 이 경험이 [제니와의] 관계를 향상해 줄 것이라고 느끼기 때문이다. 마이크는 매우 흔치 않은 경우에만 남성에게 매력을 느끼지만, 그는 자신의 섹슈얼리티가 굉장히 유동적이기 때문에, 남성-남성 간 성관계를 즐길 수 있는 능력을 개발할 수 있다고 느낀다. 치료적 개입은 독서요법과 함께 마이크가 남성 동성애자 공동체에서 '개인 교사'를 만나는 방법을 찾는 것을 포함한다." Margaret Nichols, "Sexual Minorities," in *Principles and Practice of Sex Therapy*, 3rd ed. (New York: Guildford Press, 2000), 357을 보라.

37 "Answers to Your Questions about Sexual Orientation and Homosexuality," *American Psychological Association*, www.apa.org/topics/ sorientation.html#what-causes.

04

1 "APA Task Force on Appropriate Therapeutic Responses to Sexual Orientation," *Report of the Task Force on Appropriate Therapeutic Responses to Sexual Orientation* (Washington, DC: American Psychological Association, 2009), 120.

2   Houston MacIntosh, "Attitudes and Experiences of Psychoanalysts," *Journal of the American Psychoanalytic Association* 42, no. 4 (1994): 1183-1207.

3   이 연구에 익숙한 독자들은 나르쓰the NARTH가 성적 지향 변화를 측정하기 위해 킨제이 등급Kinsey Scale을 사용한다는 것을 알게 될 것이다.

4   일 년 후 추가 설문 참여자는 140명이었다 (일 년 전 최초 참여자는 248명이었으며, 그중 208명이 추가 설문 참여를 수락했다).

5   200명 중 143명이 남성, 57명이 여성이었다.

6   이것이 반드시 여성보다 남성이 더 수월하게 변화를 경험한다는 것을 의미하지는 않는다. 우리가 이 연구에서 보게 되는 것은, 더 높은 비율의 남성이 성공적인 이성애적 기능 수행을 보고했다는 것이다. 이는 더 많은 수의 기혼 남성이 이 연구에 참여했거나, 남성이 여성보다 결혼할 확률이 크다는 것을 보여줄 수도 있다. 이것은 성공에 관한 진술이 아니며, 다른 여러 분야 중 이성과의 성관계의 빈도로 측정한 "바람직한 이성애적 기능수행"에 관한 것이다.

7   Stanton L. Jones and Mark A. Yarhouse, *Ex-gays? A Longitudinal Study of Religiously Mediated Change in Sexual Orientation* (Downers Grove, IL: InterVarsity Press, 2007).

8   1차 연구에서는 개인 면접이 시행되었다. 2차 연구에서는 대략 15%에게 전화 면접이 시행되었으며, 3차 연구에서는 전체 참여자에게 전화 면접이 시행되었다.

9   Jones and Yarhouse, *Ex-gays? A Longitudinal Study of Religiously Meditated Change in Sexual Orientation*.

10 우리는 처음 98명으로 시작하여, 6, 7년의 마지막에는 61명의 참여자로부터 결과를 발표했다. 따라서 비율에 관한 논의는 오해의 소지가 없도록 이 부분을 고려해야만 한다.

11 스트레이트straight는 이성애자를 지칭하는 용어로써 사용된다-역주

12 "APA Task Force on Appropriate Therapeutic Responses to Sexual Orientation," *Report of the Task Force on Appropriate Therapeutic Responses to Sexual Orientation*, 53.

13 202명 중 176명, 즉 87%이다. 그러나 이것은 편의 표본convenient sample이었으며, 이 연구가 개념화된 방법과 치료에 실패한 사람들을 확인하는 절차를 고려했을 때, 이것이 성적 지향의 변화를 도모하는 사람들을 대표하기는 어렵다는 사실에 주목해야 한다.

14 즉, 26명의 참여자 또는 표본의 13%.

15 Shidlo와 Schroeder는 성공적인 이성애로의 전환(그리고 이로 인해 고군분투하지 않음)의 항목에 8명의 참여자를 분류했다.

16 Lynde J. Nottebaum, Kim W. Schaeffer, Julie Rood, and Deborah Leffler, *Sexual Orientation—A Comparison Study* unpublished manuscript.
17 남성의 43%와 여성의 47%는 변화 시도 전에 "현저하게" 또는 "극심하게" 우울감을 나타냈다.
18 남성의 1%와 여성의 4%는 변화 시도 후에 "현저하게" 또는 "극심하게" 우울감을 나타냈다.

05

1 성적 지향에 관하여, Michael Bailey와 Kenneth Zucker는 성별 역할에 따른 행동과 성적 지향의 관계에 관한 연구 조사 분석을 시행했고, 다음과 같은 결론을 내렸다. "연구 조사는 남성과 여성 모두에게 있어서, 동성애자인 피실험자가 이성애자인 피실험자보다 현저히 많은 아동기 교차 성별 역할 행동을 기억한다는 것을 확고히 입증했다." 남성의 평균 효과 크기는 1.31, SD = 0.43으로 나타났으며, 여성의 평균 효과 크기는 0.96, SD = 0.35로 나타났다. J. M. Bailey and K. J. Zucker, "Childhood Sex-Typed Behavior and Sexual Orientation: A Conceptual Analysis and Quantitative Review," *Developmental Psychology* 31 (1995): 49를 참조하라.
2 Kenneth Zucker and Susan Bradley, *Gender Identity Disorder and Psychosexual Problems in Children and Adolescents* (New York: The Guilford Press, 1995), 302-318을 참조하라.
3 예를 들어, 정신 장애의 진단을 위해 정신과 의사와 심리학자들이 사용하는 공식 편람에는, "아동기에 성별 정체성 장애를 보고했던 소년들의 대략 4분의 3이 사춘기 후반과 성인기에 이르러 동성애적 지향이나 양성애적 지향을 보고한다"라고 기술되어 있다. American Psychiatric Association, *Diagnostic and Statistical Manual of Mental Disorders*, 4th ed. (Washington, DC: American Psychiatric Association, 1994), 536을 참조하라.
4 예를 들어, Dube와 Savin-Williams는 백인, 흑인, 동양인, 남미인 남성 청소년을 대상으로 한 연구에서, 동성애적 끌림의 자각(만 8-11세), 첫 동성애적 행동(만 12-15세), 스스로에 대한 분류(만 15-18세), 정체성의 공개(만 17-19세), 그리고 첫 동성애적 관계(만 18-20세)라는 일련의 과정을 보고했다. E. M. Dube and R. C. Savin-Williams, "Sexual Identity Development Among Ethnic-Minority Male Youths," *Developmental Psychology* 35, no. 6 (1999): 1389-1398을 참조하라.
5 Mark A. Yarhouse, Stephen P. Stratton, Janet B. Dean, and Heather L. Brooke, "Listening to Sexual Minorities on Christian College Campuses," *Journal of Psychology and Theology* 37, no. 2 (2009): 103.

06

1   수정론자(revisionist)의 주장에 익숙해지기 위해서, 부모들은 Mel White의 *What the Bible Says—and Doesn't Say—about Homosexuality* (www.soulforce.org/article/homosexuality-bible)을 참조할 수 있다. 부모들은 Stanton L. Jones의 *A Study Guide and Response to Mel White's What the Bible Says—and Doesn't Say—About Homosexuality* (www.wheaton.edu/CACE/resources/booklets/StanJonesResponsetoMelWhite.pdf) 역시 읽어 볼 수 있다. 성경 자료에 관한 자세한 연구는 Robert A. J. Gagnon의 *The Bible and Homosexual Practice: Texts and Hermeneutics* (Nashville, TN: Abingdon Press, 2001)에서 찾아볼 수 있다.

2   John Gottman, *Seven Principles for Making Marriage Work* (New York: Three Rivers Press, 2000).

3   Jerry Sittser, *When God Doesn't Answer Your Prayer: Insights to Keep You Praying with Greater Faith and Deeper Hope* (Grand Rapids, MI: Zondervan, 2004); Philip Yancey, *Disappointment with God* (Grand Rapids, MI: Zondervan, 1997).

07

1   Mark A. Yarhouse and Jill L. Kays, "The P.A.R.E. Model: A Framework for Working with Mixed Orientation Couples," *Journal of Psychology and Christianity* (2010)에서 각색되었다.

2   A. P. Buxton, "Works in Progress: How Mixed-Orientation Couples Maintain Their Marriages After the Wives Come Out," *Journal of Bisexuality* 4 (2004): 76–82; B. C. Hernandez and C. M. Wilson, "Another Kind of Ambiguous Loss: Seventh-day Adventist Women in Mixed-Orientation Marriages," *Family Relations* 56 (2007): 185–195; J. D. Latham and G. D. White, "Coping with Homosexual Expression within Heterosexual Marriages: Five Case Studies," *Journal of Sex and Marital Therapy* 4 (1978): 198–212.

3   Kristina Coop Gordon, Donald H. Baucom, Douglas K. Snyder, D. C. Atkins, and A. Christensen, "Treating Affair Couples: Clinical Considerations and Initial Findings," *Journal of Cognitive Psychotherapy: An International Quarterly* 20 (2006): 375–392.

4   Kristina Coop Gordon and Donald H. Baucom, "Forgiveness and Marriage: Preliminary Support for a Measure Based on a Model of Recovery from a Marital Betrayal," *The American Journal of Family Therapy* 31 (2003): 179–199.

5   이 연구 조사에 관한 확장된 토론을 위해서, Jill L. Kays and Mark A. Yarhouse, "Resilient Factors in Mixed Orientation Couples: Current State of the Research," *American Journal of Family Therapy* 38 (2010): 1–10을 보라.

6   결혼에서의 "우리"라는 의식에 관한 확장된 토론과 결혼 갈등에서의 상담 지침을 위해서, James N. Sells and Mark A. Yarhouse, *Counseling Couples in Conflict* (Downers Grove, IL: InterVarsity Press, 2011)을 보라.

08

1   성소수자와 관련된 수치심이라는 주제에 대한 훌륭한 논의를 위해, Veronica R. F. Johnson, "Reducing Shame in Same-Sex Attracted Christians: A Group Therapy Intervention" (unpublished doctoral dissertation, Regent University, Virginia Beach, Virginia, 2009)를 보라.
2   나는 이런 분류를 세우는 데에 도움을 준 Stan Jones에게 감사를 표한다. 분명, 사람들은 한, 두 가지로 나타나는 분류로써 축소될 수 없다. 그러나 신앙 공동체의 진실성 여부를 주장하지 않으면서, "분투자"와 "옹호자" 사이의 차이를 인식하는 구분을 만든 것은 도움이 될 수 있다.
3   이퀄리티 라이드Equality Ride는 소울포스Soulforce라는 성소수자를 위한 비영리 단체의 후원을 받아 수년 동안 진행되었던 버스 투어 행사의 명칭이다. 이 행사를 이끄는 젊은 성소수자 청년들은 버스를 타고 보수 기독교대학을 포함한 다수의 대학, 사관 학교 등을 방문하여, 그곳에서 만난 사람들과 성소수자에 관련된 대화와 토론을 진행하였다. 그중, 2006년에 진행되었던 첫 이퀄리티 라이드 행사를 다큐멘터리로 제작한 영화가 "이퀄리티 유Euqality U"이다_역주.
4   www.youtube.com/watch?v=TihG-ZHB61k (2009년 5월에 접속함).
5   Mark A. Yarhouse, Stephen P. Stratton, Janet B. Dean, and Heather L. Brooke, "Listening to Sexual Minorities on Christian College Campuses," *Journal of Psychology and Theology* 37, no. 2 (2009): 103.
6   이는 Alan Chambers가 주장하는 내용이며, 나는 여러분에게 그의 책을 소개한다. Alan Chambers, *Leaving Homosexuality: A Practical Guide for Men and Women Looking for a Way Out* (Eugene, OR: Harvest House, 2009).
7   나는 이와 같은 표현을 제공해 준 것에 대해 Wheaton College의 Richard E. Butman에게 감사를 표한다.
8   이 부분은 Mark A. Yarhouse and Lori A. Burkett, "Living a Practical Theology of Sanctification," chapter 7 in *Sexual Identity: A Guide to Living in the Time Between the Times* (Lanham, MD: University Press of America, 2003), 108-111에서 각색되었다.
9   Stanton L. Jones, "Identity in Christ and Sexuality," in *Timothy Bradshaw, ed., Grace and Truth in the Secular Age* (Grand Rapids, MI: Eerdmans, 1998), 100.
10 C. S. Lewis, *The Weight of Glory* (New York: McMillan, 1965), 27.

11 Ibid., 28.
12 John Piper, "The Immeasurable Power of Grace" (plenary address given at the American Association of Christian Counselors' World Conference, Nashville, TN, September 16, 2009).
13 Dallas Willard, *The Divine Conspiracy: Rediscovering Our Hidden Life in God* (New York: HarperOne, 1998), 366.
14 Ibid.
15 Ibid.
16 Ibid.
17 Ibid., 348.
18 Ibid.
19 아마도 성적 지향과 완전히 일치하는 비유는 없을 것이며, 나는 이것이 위에서 언급된 조건과 동등하다고 제안하는 것은 아니다. 조금 덜 부정적인 예시를 사용한다면, 어떤 사람들은 다양한 성격에 대한 경향성을 지닌다. 예를 들어, 얼마나 쉽게 동의하는 성격인가(혹은 아닌가), 아니면 얼마나 논쟁적인 성격인가(혹은 아닌가) 등이 있다.
20 이 주제에 관해 시작하기 좋은 책은 Christine A. Colón and Bonnie E. Field, *Singled Out: Why Celibacy Must Be Reinvented in Today's Church* (Grand Rapids, MI: Brazos, 2009)이다. Doug Rosenau and Michael Todd Wilson, *Soul Virgins: Redefining Single Sexuality* (Grand Rapids, MI: Baker Books, 2006)도 함께 참조하라.
21 "찬양대에게 설교하기" Preaching to the choir란 어떤 주장이나 의견에 대해 이미 알고 있거나 동의하는 사람들을 대상으로 가르치거나 주장하는 것을 의미한다-역주.
22 Andrew Marin, *Love Is an Orientation: Elevating the Conversation with the Gay Community* (Downers Grove, IL: InterVarsity Press, 2009).
23 Ibid., 182.
24 Ibid., 183.
25 Ibid., 184.
26 Ibid., 185.

09

1 Letter from C. S. Lewis, in *Sheldon Vanauken's A Severe Mercy* (New York: Harper & Row, 1977), 146.

2   C. S. Lewis, *The Abolition of Man* (New York: MacMillan, 1947), 47-48.
3   James Earl Jones(1931~)는 심바의 아버지인 무파사Mufasa의 목소리를 연기한 미국의 영화 배우이다-역주
4   Stanton L. Jones, *A Study Guide and Response to Mel White's What the Bible Says-and Doesn't Say-About Homosexuality* (Wheaton, IL: Wheaton College, 2006).
5   원래는 '죽순과 나뭇잎을 먹는다'cats shoots and leaves는 의미이지만, 문장 부호를 잘못 사용함으로써 '먹고, 쏘고 튄다'(eats, shoots and leaves)라는 완전히 다른 의미로 바뀌었다-역주
6   Lynne Truss, *Eats, Shoots & Leaves* (New York: Gotham Books, 2004), back cover.
7   Ibid.
8   나의 이전 목회자는 다른 주제에 관해 논의하면서 나에게 이 내용을 공유했다. 나는 그의 허락하에, 이를 성적 정체성의 논의에 맞게 각색하였다.

부록

1   Ravi Somaiya, "Caitlyn Jenner, Formerly Bruce, Introduces Herself in Vanity Fair," *New York Times*, June 1, 2015, 1.
2   Judd Marmor, ed., *Homosexual Behavior: A Modern Reappraisal* (New York: Basic Books, 1980), 5.
3   Ibid,. 6.
4   Arno Karlen, "Homosexuality in History," in *Marmor, Homosexual Behavior*, 76.
5   Ibid,. 79.
6   Ibid,. 80.
7   Ibid.
8   Ibid,. 81.
9   Ibid,. 84.
10 Ibid,. 93.
11 하지만 의학 잡지인 *Medical Aspects of Human Sexuality*가 1977년에 진행한 설문 조사에 의하면 미국정신의학협회의 정신과 의사 회원 중 69%는 동성애가 정상적 상태라기보다는 병리적 현상이라고 간주했고 13%에 조금 못 미치는 사람들은 의견을 보류했다 (Fred Barshaw, "The Truth about Homosexuality, Part I," *Grace to You*, January-February 1984, 2에서 재인용).
12 "APA Applauds Supreme Court Decision Supporting Same-Sex Marriage," *American Psychiatric Association*, June 26, 2015, http://www.psychiatry.org/news-

room/news-releases/apa-applauds-supreme-court-decision-supporting-same-sex-marriage.

13 J. M. Carrier, "Homosexual Behavior in Cross-Cultural Perspective," in *Marmor, Homosexual Behavior*, 118.

14 Karlen, "Homosexuality in History," 76.

15 Warren J. Gadpaille, "Cross-Species and Cross-Cultural Contributions to Understanding Homosexual Activity," *Archives of General Psychiatry* 37 (1980): 354.

16 Ibid,. 355.

17 Ibid.

18 Ibid.

19 J. D. Unwin, "Monogamy as a Condition of Social Energy," *Hibbert Journal* 25 (1927): 663.

20 Ibid.

21 Paul Cameron, "A Case Against Homosexuality," *Human Life Review* 4 (1978): 20. Marmor, *Homosexual Behavior*, 7은 남성의 경우 5–10% 그리고 여성의 경우 3–5%의 수치를 제시하고 있지만 Cameron이 보여 주는 정보에 비춰볼 때 이것은 좀 높게 추산된 걸로 보인다.

22 Cameron, "Against Homosexuality," 18.

23 Ibid,. 20.

24 "Americans Greatly Overestimate Percent Gay, Lesbian in U.S.," *Gallup* http://www.gallup.com/poll/183383/americans-greatly-overestimate-percent-gay-lesbian.aspx, 2015년 5월 21일에 발표됨. 이 연구는 "텔레비전과 영화에서 게이 등장인물이 눈에 띄게 묘사"되고 있고 게이 옹호 활동들이 빈번하게 대중들에게 보이는 것이 게이 인구를 지나치게 높게 추정하게 만드는 원인일 수 있다고 언급했다.

25 John Money, "Genetic and Chromosomal Aspects of Homosexual Etiology," in *Marmor, Homosexual Behavior* 66.

26 Garfield Tourney, "Hormones and Homosexuality," in *Marmor, Homosexual Behavior*, 42.

27 Ibid,. Masters and Johnson에 의하면, 어떤 경우에는 호르몬 요인이 환경적 요인과 상호 작용함으로서 동성애 성향을 갖게 할 수 있지만 대부분의 경우에는 그렇지 않은 것으로 나타난다. *Homosexuality in Perspective* (Boston: Little, Brown, and Co., 1979), 411을 볼 것. Verle E. Headings, "Etiology of Homosexuality," *Southern Medical Journal* 73 (1980): 1024–27, 1030, and Warren J.

Gadpaille, "Research into the Physiology of Maleness and Femaleness," *Archives of General Psychiatry* 26 (1972): 193-206도 참조할 것. Gadpaille는 호르몬이 아니라 유아기의 양육 방식이 이후의 성적 적응을 결정짓는 주요인이라고 본다.

28 Tourney, "Hormones and Homosexuality," 55.
29 Money, "Genetic and Chromosomal Aspects," 70.
30 Evelyn Hooker, "Sexual Behavior: Homosexuality," in *International Encyclopedia of the Social Sciences*, ed. David L. Sills (New York: Macmillan, 1968), 14:224.
31 Ibid., 225.
32 David H. Barlow, "Homosexuality: Changing Sexual Preference Not Particularly Difficult—For Those Who Make the Choice," *The Pilot*, May 2, 1980, 5.
33 Ibid.
34 Armand M. Nicholi, *the Presbyterian Layman*, June/July 1978, 6에서 재인용함.
35 Ibid.
36 Stanton L. Jones and Mark A. Yarhouse, *Homosexuality: The Use of Scientific Research in the Church's Moral Debate* (Downers Grove, IL: InterVarsity Press, 2000), 150.
37 Edward J. Artnak and James J. Cerda, "The Gay Bowel Syndrome," *Current Concepts in Gastroenterology*, July/August 1983, 6.
38 Ibid.
39 Ibid., 7.
40 William F. Owen Jr., "Sexually Transmitted Diseases and Traumatic Problems in Homosexual Men," *Annals of Internal Medicine* 92 (1980): 807.
41 Bruce Voeller, "Anorectal Cancer and Homosexuality," *Journal of the American Medical Association* 249 (1983): 2459.
42 AIDS: Issues and Answers 6, 2 (April 1992): 3. 에이즈 유행에 대한 보수적 기독교 관점에서의 의학적, 성경적 분석을 위해서는 Franklin E. Payne Jr., M.D., *What Every Christian Should Know About the AIDS Epidemic* (Augusta, GA: Covenant Books, 1991)을 볼 것. 에이즈와 하나님의 심판에 관한 문제에 대해서는 Andrew A. White, M.D., "AIDS as Divine Judgment," *Journal of Biblical Ethics in Medicine* 2, 3 (July 1988): 60-67을 볼 것. 그리고 에이즈 유행에 대한 현재의 통계적 정보와 기독교적 관점의 논설을 위해서는 *AIDS: Issues and Answers, a bimonthly newsletter* (P.O. Box 14488, Augusta, GA 30919)를 참조할 것.
43 Artnak and Cerda, "Gay Bowel Syndrome," 7.
44 Ibid.

45　William W. Darrow et al., "The Gay Report on Sexually Transmitted Diseases," *American Journal of Public Health* 71 (1981): 1009.

46　P. Michael Ukleja, "Homosexuality and the Old Testament," *Bibliotheca Sacra* 140 (1983): 259–68.

47　D. Sherwin Bailey, *Homosexuality and the Western Christian Tradition* (London: Longmans, Green and Co., 1955); John J. McNeill, *The Church and the Homosexual* (Kansas City: Sheed Andrews and McMeel, 1976).

48　Don Williams, *The Bond That Breaks: Will Homosexuality Split the Church?* (Los Angeles: BIM, 1978), 53.

49　Bailey, *Homosexuality and the Western Christian Tradition*, 3–5.

50　Ukleja, "Homosexuality and the Old Testament," 261.

51　ekporneusasai kai apelthousai opisō sarkos heteras, 문자적으로, "행음하며 다른 육체를 좇아 행하며"라는 의미이다. "다른 육체"(sarkos heteras) 라는 말은 천사들을 의미하는 것이 분명하다.

52　*Midrash Rabbah: Genesis 1*, trans. and ed. H. Freedman and Maurice Simon (London: oncino Press, 1939), 1:438.

53　"On Abraham," xxvi, in Nahum N. Glatzer, ed., *The Essential Philo* (New York: Schocken, 1971).

54　Ant. I, 200–2, *Jewish Antiquities*, Books I–IV, trans. H. Thackeray (London: William Heinemann, 1930).

55　*First Apol.* 53, in Saint Justin Martyr, ed. Thomas B. Falls (New York: Christian Heritage, 1948).

56　Origen, *Homilies on Genesis and Exodus*, trans. Ronald E. Hein (Washington, DC: Catholic University of America Press, 1982), 110–11.

57　*The Banquet of the Ten Virgins* 5.5.

58　Abraham Ben Isaiah and Benjamin Sharfman, *The Pentateuch and Rashi's Commentary: Genesis* (Brooklyn, NY: S.S. and R. Publishing Co., 1949), 167.

59　Gordon J. Wenham, *The Book of Leviticus* (Grand Rapids: Eerdmans, 1979), 259. Stephen F. Bigger, "The Family Laws of Leviticus 18 in Their Setting," *Journal of Biblical Literature* 98, 2 (1979): 203도 볼 것. 히브리인들은 동성애를 이성애의 비정상적인 변형으로 보았다.

60　J. Alberto Soggin, *Judges* (Philadelphia: Westminster, 1981), 288.

61　Boling, 1975, 위의 책에서 인용함.

62　C. F. Keil and F. Delitzsch, *Biblical Commentary on the Old Testament: Joshua,*

Judges, Ruth, trans. James Martin (Grand Rapids: Eerdmans; repr., 1950), 445. George F. Moore도 이 말이 "남녀 간의 관계를 규정하는 율법에 대한 위반을 의미하는 말로 자주 사용된다(창 34:7; 신 22:21)"라고 지적한다. George F. Moore, *A Critical and Exegetical Commentary on Judges* (Edinburgh: T. & T. Clark, 1895), 418을 참조할 것.

63   William Orbach, "Homosexuality and Jewish Law," *Journal of Family Law* 14, 3 (1975-76): 359. 탈무드에 대한 언급은 Orbach가 인용한 것을 따른 것이다.

64   *Kiddushin* 82a.

65   *Pesachim* 51a.

66   *Sanhedrin* 6:3.

67   *Avodah Zarah* 2b.

68   *Gittin* 38a.

69   Ernst Käsemann, *Commentary on Romans*, trans. Geoffrey W. Bromiley (Grand Rapids: Eerdmans, 1980), 49. 여러 주석가들은 지혜서 14:22-31에 나타난 이방인들 사이의 우상 숭배와 성도착 행위 간의 관련에 대해 주목해 왔다.

70   이 주제에 대한 연구로는, S. Lewis Johnson Jr., "God Gave Them Up: A Study in Divine Retribution," *Bibliotheca Sacra* 129 (1972): 124-33을 볼 것.

71   C. K. Barrett, *A Commentary on the First Epistle to the Corinthians* (New York: Harper and Row, 1968), 140; Hans Conzelmann, *First Corinthians*, trans. James W. Leitch (Philadelphia: Fortress Press, 1975), 106.

72   John Boswell, *Christianity, Social Intolerance, and Homosexuality* (Chicago: University of Chicago Press, 1980), 353.

73   Ibid., 340, 344.

74   Ibid., 345-46.

75   Adolf Deissmann, *Light from the Ancient East*, rev. ed. (Grand Rapids: Baker, 1965), 164n4. *Dionysius of Halicarnassus* (1st cent. B.C.), Roman Antiquities 7.2도 볼 것. 여기서도 말라코스(*malakos*)가 분명하게 동성애적 의미에서 "여성화된 남자"를 언급하는 말로 등장하고 있다.

76   Donald Guthrie, *The Pastoral Epistles* (Grand Rapids: Eerdmans, 1957), 61-62. 유사한 해석을 위해서는 H. R. Reynolds, "The First Epistle to Timothy," *Expositor*, 1st series, 2 (1875): 135볼 것. Reynolds는 "유괴가 도둑질의 가장 사악한 사례로서 언급되듯이 7계명의 가장 추악한 위반으로서 남색이 언급되고 있다"라고 말했다. Martin Dibelius and Hans Conzelmann, *The Pastoral Epistles*, trans. P. Buttolph and Adela Yarbro (Philadelphia: Fortress Press, 1972)에서는 10절을

"간음하는 자들과 남색꾼들"로 번역하고 있다. Otto E. Sohn, "Study on 1 Tim. 1:3-11," *Concordia Theological Monthly* 21 (1950): 419-28도 참조할 것. 특히 427쪽을 볼 것.

77 P. Michael Ukleja, "Homosexuality in the New Testament," *Bibliotheca Sacra* 140 (1983): 356.

78 McNeill, *Church and the Homosexual*, 66.

79 Greg L. Bahnsen, *Homosexuality: A Biblical View* (Grand Rapids: Baker, 1978), 67.

80 John M. Batteau, "Sexual Differences: A Cultural Convention?" *Christianity Today*, July 8, 1977, 10.

81 예를 들면, Charles Curran은 "중재적 입장"을 제안하는데, 그것은 "동성애적 행위가 잘못된 것이라고 인식하면서도 어떤 사람들의 동성애 행위는 첫 번째 입장이 제기하는 전적인 정죄 대상에 포함되지 않을 수 있다고 인정하는 것이다." *Catholic Moral Theology in Dialogue* (Notre Dame: University of Notre Dame Press, 1976), 209. 이것은 근본적으로 모순되고 불확실한 입장으로 보인다. 간음을 비롯한 다른 이성애적인 색욕에 있어 만일 문제가 되는 사람이 그러한 방향으로 "기질적으로" 타고 났다고 한다면 교회는 또한 그러한 행위에 대한 금지에 일종의 예외를 인정해 줘야 하는가? 이런 접근 방식은 그 사람이 변화되기 전의 옛사람의 생활 방식을 강화시켜줄 수 있고 그것은 "은혜의 능력을 부인"하는 이단적인 것이다. Curran의 입장과 유사하며 따라서 동일한 문제를 안고 있는 또 다른 관점을 살펴보기 위해서는, Helmut Thielicke, *The Ethics of Sex*, trans. John W. Doberstein (Grand Rapids: Baker, 1964), 284-87을 볼 것.

82 Ellen M. Barrett, "Legal Homophobia and the Christian Church," *Hastings Law Journal* 30, 2 (1979): 1021.

83 Ibid,.

84 Ibid,.

85 David F. Greenberg and Marcia H. Bystryn, "Christian Intolerance of Homosexuality," *American Journal of Sociology* 88, 3 (1982): 531.

86 Barrett, "Legal Homophobia," 1023.

87 Ibid,. 1025.

88 Ibid,.

89 Ibid,. 1026.

90 Rhonda R. Rivera, "Recent Developments in Sexual Preference Law," *Drake Law Review* 30 (1980-81): 315. 이 소송은 게이법대생협회가 퍼시픽전화 통신회사

를 상대로 제기한 것이었다.
91 Ibid,.319.
92 Ibid., 346. Rhonda R. Rivera, "Our Straight-Laced Judges: The Legal Position of the Homosexual Person in the United States," *Hastings Law Journal* 30, 4 (1979): 950-51도 참조할 것.
93 Enrique T. Rueda, *The Homosexual Network* (Old Greenwich, CT: Devin-Adair, 1983), Allan Browfield, "The Homosexual Network—A New Political Force," *Presbyterian Layman, September,* October 1983, 8에서 재인용함; "Justices, in Reversal, Legalize Gay Sexual Conduct," *New York Times*, June 27, 2003, A17.